高职高专"十二五"规划教材

上海"十二五"重点图书出版规划项目

连锁企业人力资源管理

王胜桥 主编

图书在版编目(CIP)数据

连锁企业人力资源管理/王胜桥主编. —上海:立信会计出版社,2012.6

高职高专"十二五"规划教材.连锁经营管理系列

ISBN 978-7-5429-3556-4

Ⅰ.①连… Ⅱ.①王… Ⅲ.①连锁企业－企业管理－人力资源管理－高等职业教育－教材 Ⅳ.①F717.6

中国版本图书馆 CIP 数据核字(2012)第 134947 号

责任编辑　洪梅春
封面设计　周崇文

连锁企业人力资源管理

出版发行	立信会计出版社				
地　　址	上海市中山西路 2230 号		邮政编码	200235	
电　　话	(021)64411389		传　　真	(021)64411325	
网　　址	www.lixinaph.com		电子邮箱	lxaph@sh163.net	
网上书店	www.shlx.net		电　　话	(021)64411071	
经　　销	各地新华书店				
印　　刷	江苏凤凰数码印务有限公司				
开　　本	787 毫米×960 毫米		1/16		
印　　张	15.25		插　　页	1	
字　　数	285 千字				
版　　次	2012 年 6 月第 1 版				
印　　次	2018 年 1 月第 2 次				
书　　号	ISBN 978-7-5429-3556-4/F				
定　　价	33.00 元				

如有印订差错,请与本社联系调换

"连锁经营管理"专业系列教材编委会

主　任　冯伟国

副主任　乔　刚　曹　静

编　委（以姓氏笔画为序）

　　　　　王胜桥　冯国珍　刘　斌　池丽华
　　　　　汪　明　沈荣耀　周　勇　郑　蓓
　　　　　赵文竹　赵黎黎　徐为明　徐慧群
　　　　　曹　静

序 Preface

"连锁经营管理"专业是20世纪90年代我国内地商业营运模式发生重大变革,并在上海市首先出现"连锁经营"模式的背景下,由上海商学院于1998年率先创设的,旨在培养商业管理高技能人才的高等教育专业。2001年,该专业获批为上海市第一批高职高专教育教学改革试点专业,当年10月,经上海市教委报教育部批准为全国第二批高职高专改革试点专业。该专业在建设过程中,首创实质性"产学研"全面结合模式,联手行业专家首创全国连锁企业的行业标准,首创培养"连锁经营"高技能人才的主干课程教材系列,教学成果被全国有关高校广为应用,继荣获2005年高等教育上海市教学成果一等奖之后,又荣获2005年高等教育国家级教学成果二等奖。

随着连锁业态在我国各行各业的广为呈现,其内涵越来越清晰,模式越来越丰富,管理手段越来越先进和高效,有关研究也越来越深入。因此,高等教育必须对社会经济的发展予以及时反映,也应当在研究的基础上预判其发展趋势,并通过教育教学和对企业实践的指导作出正确引领。

本教材系列由《连锁经营管理原理》、《连锁店营运管理》、《连锁企业商品管理》、《连锁店开发与设计》、《连锁企业物流与配送管理》、《特许经营原理与实务》、《连锁企业信息管理》和《连锁企业人力资源管理》组成,由上海市人力资源和社会保障局组建的上海商贸类专业理事会秘书长曹静老师领衔的专业教学团队具体开发和提升，其编写具有以下特点：

1. 基于校企合作、双证融通，彰显出鲜明的高等职业教育属性。上海是全国商业发达城市，志在打造国际贸易中心。根据近年的市场调研，在上海商业从业人员中，大专以上文化程度者尚不足20%；目前大专层次的毕业生首次就业对应的职场岗位一般是店长助理、店长或营运助理、部门主管；其对应的职业资格等级证书可以是上海市人力资源与社会保障局颁发的"营业员"（三级），也可以是该局颁发的"营销师"（三级）。为此，根据社会企业对高职毕业生的人才培养规格要求，我们先期做了三项"提升"工作。首先是在集团常务副理事长、上海商学院副院长冯伟国教授主持下完成了"各级各类职业教育协调发展研究"[①]，作为上海市教委委托的"上海市中长期教育改革和发展规划纲要（2010—2020）"重点子课题，明确了职教、普职渗透、双证融通、校企合作、集团化办学、中高职贯通等关键词的内涵，对"协调发展"有了思想理念上的"提升"。其次是在集团理事长、原上海商学院院长方名山研究员的主持下，联手百联集团有限公司等行业专家完成了上海市人力资源与社会保障局委托的"营业员（五级）和营业员（食品）（四、三级）职业提升项目"；"营业员（日用百货、五金建材、家用电器）（四、三级）职业开发项目"；"营销师（三、二、一级）职业开发项目"和"营销师（国际商务）（四、三级）职业提升项目"，在完善和健全商贸类职业资格等级证书内涵上实现了"提升"。然后在上述基础上，完成了有关专业教学方案[②]以及核心课程标准的"提升"。进而得以基于校企合作、双证融通，组编体现培养高素质、高技

---

① 2011年荣获上海市第十届教育科学研究二等奖。
② 2011年荣获上海市第十届教育科学研究三等奖。

能人才需要的适用教材。

2. 吸纳了我国近年来连锁经营发展的最新理念和典型案例。连锁经营管理自 20 世纪 90 年代在我国内地出现以来,获得了突飞猛进的发展,特别是近 10 年来,各种零售业态和新型的连锁业种不断涌现,连锁经营管理的侧重点和发展趋势也有了新的变化。行业的迅速发展要求教材也必须不断地进行更新。本教材系列在原有教材第一版和第二版的基础上,进行了较大的调整,将近年来连锁经营发展的最新理念、趋势和典型案例融入其中,联合行业、企业专家,共同进行教材提纲的讨论和教材内容的编写,既兼顾教材必须具备的基础知识和原理内容,又具有一定的操作实战内容。

3. 体现了下衔中职、上接本科的职业教育协调发展的思想,是对国家和上海市中长期教育改革和发展规划纲要精神的贯彻和创新实践。由上海商贸职业教育集团牵头,集聚 20 多家校企单位、百余名专家学者研制和论证完成了包括"连锁经营管理"专业在内、体现"中高职教育有效衔接"思想的 8 个商贸大类专业教学方案,对各阶段人才培养规格、对应的职场岗位(群)、对应政府主导的职业资格等级证书(含等级)以及课程体系作了具体规划。同时通过对应用型本科的办学定位和人才培养规格研究和实践,勾勒出本科人才乃至未来向专业硕士人才提升的教育教学发展空间。目前,通过依法自主招生,已经在中职与高职教育的有效衔接、专科层次向应用型本科有效提升等方面开始了实质性的改革实践,本教材系列是这种改革探索的继续,也是这种改革探索的成果固化和推进的必要保证。

课程建设是专业建设的重要内容之一,是专业建设改革的核心,是教学研究的重要平台;教材建设是课程教改的重要内容之一,但由于教材编写总有一定的滞后性,同时教师在使用教材过程中也会有不同的把握和处理,因而对教材的认识也应当有较正确的尺度,即:它既是教材,又是学材;既是教学的依据,又是教学中举一反三的起点;既有以往经验成果的积聚意义,又有未来发展的局限性。而且,在主编负责制的教材编写过程中,也难免会有不足和疏漏之处,这些都将在教学实践中逐步完善,同时也希望使用者批评指正。

上海商贸职业教育集团秘书长　乔　刚
上海商学院高等技术学院院长

2011年9月

前 言

<<< Foreword

管理学大师彼得·德鲁克说:"所谓企业管理,最终就是人事管理。人事管理,就是管理的代名词"。被誉为"经营之神"的松下电器创始人松下幸之助也说过"管理即人也"。时至今日,"人事管理"这个名词已经逐渐被"人力资源管理"所替代。现代的人力资源管理已从传统的人事管理中纯粹的职能管理和事务性特征,更多地面向组织战略发展和注重"人"的开发。人力资源管理已成为推动企业发展的内在动力和获取市场竞争优势的工具。

我国的连锁商业经过近二十年的蓬勃发展,规模效益越来越明显,市场份额不断扩大,市场地位日益突显,连锁业态也更加丰富,已从最早的业态形式发展成为经营模式。伴随连锁业的快速发展,连锁商业的人才需求矛盾也越来越突出。目前我国连锁商业的专业技术和经营管理人才极度匮乏。这种人才的匮乏已成为一个"瓶颈",严重阻碍了我国连锁商业的发展;而且连锁业的经营业态及人才要求与传统零售与服务业有很大不同,这也对连锁经营和管理人才的培养提出了更高的要求。因此,如何针对连锁商业的特殊性要求开展人才培养,已成为一个重要的任务。

本书系统地阐述了连锁企业人力资源管理的基本理念、内容和方法,内容包括了连锁企业人力资源管理的理论基础、特点任务、发展规划、组织设计、招聘管理、培训管理、绩效管理、薪酬管理、信息管理及服务外包等。体现了人力资源管理的最新理念、发展趋势和连锁企业的实践特征。

本书每章结构安排先说明本章学习目标,让学习者对重点内容有个初步的框架印象,再以引导案例导入正文内容;正文中部分内容安排有匹配的专栏知识拓展、延伸阅读和图表资料等;最后有每章小结以及与章节配套的复习思考题、实训题或案例分析,为学习者提供系统的知识学习要点和丰富的练习与思考空间。

本书由上海商学院管理学院"教育部连锁经营管理国家特色专业建设点"教学团队成员联合编写。具体编写分工情况如下:王胜桥教授、博士(大纲设计、第一章、统稿),郑蓓讲师、硕士(第二章),侯宏亮讲师、硕士(第三章),焦玥副教授、博士(第四章),康海燕讲师、硕士(第五章),南洋副教授、博士(第六章),王明佳讲师、硕士(第七章),刘会齐副教授、博士(第八章)。

本书可作为高等院校尤其是高等职业技术学院、商科类院校的专业课和选修课教材,也可作为经济类、企管类专业的参考书,还可以作为连锁企业管理人员的培训教材。本书的教学课件可直接向立信会计出版社(网址:www.lixinaph.com,电子邮件:lixinaph@163.com)免费索取。

在本书编写过程中,团队成员参阅了大量前期出版的相关教材、论著和研究资料,收益众多,在此一并感谢。由于时间和能力所限,书中难免会出现一些纰漏,请广大师生及专家学者指正。

编 者

2012 年 6 月

目录
<<< Contents

第一章　连锁企业人力资源管理概述 ……………………………………… 1
　　学习目标 ……………………………………………………………………… 1
　　引导案例 ……………………………………………………………………… 1
　　第一节　人力资源管理概述 ………………………………………………… 3
　　第二节　人力资源管理的理论与发展趋势 ………………………………… 6
　　第三节　连锁企业人力资源管理的特殊性 ………………………………… 14
　　本章小结 ……………………………………………………………………… 20
　　思考题 ………………………………………………………………………… 21
　　实践应用 ……………………………………………………………………… 21

第二章　连锁企业人力资源规划 …………………………………………… 26
　　学习目标 ……………………………………………………………………… 26
　　引导案例 ……………………………………………………………………… 26
　　第一节　连锁企业人力资源规划概述 ……………………………………… 27
　　第二节　连锁企业人力资源供给与需求的预测 …………………………… 33
　　本章小结 ……………………………………………………………………… 49
　　思考题 ………………………………………………………………………… 51
　　实践应用 ……………………………………………………………………… 51

第三章　连锁企业组织结构与岗位设计 …………………………………… 53
　　学习目标 ……………………………………………………………………… 53
　　引导案例 ……………………………………………………………………… 53
　　第一节　连锁企业的组织结构设计 ………………………………………… 53
　　第二节　连锁企业组织结构模式 …………………………………………… 69

  第三节 连锁企业的组织变革 ·· 77
  本章小结 ·· 81
  思考题 ·· 82
  实践应用 ·· 82

第四章 连锁企业人力资源招聘管理 ·· 84
  学习目标 ·· 84
  引导案例 ·· 84
  第一节 人力资源招聘概述 ·· 85
  第二节 人力资源招聘渠道 ·· 95
  第三节 人力资源招聘测试与技术 ·· 101
  本章小结 ·· 112
  思考题 ·· 112
  实践应用 ·· 112

第五章 连锁企业人力资源培训管理 ·· 115
  学习目标 ·· 115
  引导案例 ·· 115
  第一节 连锁企业人力资源培训概述 ······································ 117
  第二节 连锁企业人力资源培训体系设计 ·································· 125
  第三节 连锁企业人力资源培训项目设计 ·································· 128
  本章小结 ·· 139
  思考题 ·· 140
  实践应用 ·· 140

第六章 连锁企业人力资源绩效管理 ·· 143
  学习目标 ·· 143
  引导案例 ·· 143
  第一节 绩效管理观念 ·· 146
  第二节 企业绩效管理流程 ·· 154
  第三节 企业绩效管理技术 ·· 163
  本章小结 ·· 176

思考题…………………………………………………………………… 177
　　实践应用………………………………………………………………… 177

第七章　连锁企业人力资源薪酬管理……………………………… 179
　　学习目标………………………………………………………………… 179
　　引导案例………………………………………………………………… 179
　　第一节　连锁企业薪酬概述…………………………………………… 179
　　第二节　连锁企业薪酬体系设计……………………………………… 186
　　第三节　连锁企业福利与社会保险…………………………………… 195
　　本章小结………………………………………………………………… 204
　　思考题…………………………………………………………………… 204
　　实践应用………………………………………………………………… 205

第八章　连锁企业人力资源信息管理与服务外包………………… 206
　　学习目标………………………………………………………………… 206
　　引导案例………………………………………………………………… 206
　　第一节　连锁企业人力资源信息管理………………………………… 207
　　第二节　连锁企业人力资源服务外包………………………………… 220
　　本章小结………………………………………………………………… 226
　　思考题…………………………………………………………………… 227
　　实践应用………………………………………………………………… 227

参考文献……………………………………………………………………… 229

第一章 连锁企业人力资源管理概述

学习目标

1. 了解人力资源管理的内涵与作用；
2. 掌握人力资源管理的职能与目标；
3. 区别人力资源管理与人事管理的特征；
4. 熟悉人力资源管理的经典理论；
5. 了解人力资源管理的发展趋势；
6. 掌握连锁企业人力资源管理的特点；
7. 掌握连锁企业人力资源管理的任务。

【引导案例】

三步到位：华冠连锁借助HR，跨入发展高速路

华冠公司根据企业发展需求为人力资源部制订了管理目标：在改进人力资源工作的基础上建立战略驱动型人力资源管理系统。他们希望分三步实施到位：首先，利用计算机系统做好基础数据的梳理和存储；其次，能够及时提供准确的人力资源管理数据，部门工作人员从原来繁琐的手工劳动中解放出来，从事更高层次的管理工作；再次，有计划、有目标地配合企业长远发展规划，建立科学的人力资源管理流程和体系。借助亚信 E-HR 系统，华冠连锁公司迅速建起了现代化的人力资源管理体系。

1. 人事管理遇挑战

华冠连锁商贸有限公司，是一家集连锁超市、便利店、大卖场于一体的大型商业连锁企业，旗下设有总部机关和 30 多家分店，并于 2003 年跻身全国连锁企业百强的行业。然而，在公司高速发展的快车道上不可避免地遇到了如何提升企业运营效率、降低成本等问题，其中人力资源管理系统急待建立、健

全的需求最迫切。"原有员工信息还没有更新,管理还没有理顺,这边新开的分店又开始招人了。"很长一段时间,华冠公司人力资源管理还停留在人事管理的层次上。采用纸质员工登记表采集员工人事信息,不仅只能简单记录员工基本信息,而且查询起来也不方便。在这种情况下,如何有效进行人力资源管理,调配人事,利用薪酬激励机制发挥员工最大的积极性是当务之急。另外,连锁企业复杂、流动频繁的人事管理工作特点,也长期困扰着华冠人力资源部门。仅连锁超市这一个业务种类,人力资源管理就要涉及总经理、部门经理、店面经理、柜长、超市员工、普通员工、见习员工、促销员等多个层次的不同人员,而且根据工作需要,人员流动也非常频繁。这些繁琐的事情成为人力资源部的主要工作,且不能给企业提供完整、准确的数据。企业领导无法及时、直观、全面地了解人力资源情况的全貌。

2. 决策 E-HR 系统

"我们希望人力资源部在完善薪酬管理的监控和人才培训基础上,给企业的决策发展提供翔实有力的参考和支持。"华冠连锁公司对人力资源部提出新的要求。目标确定后,华冠公司开始接触 E-HR 系统供应商。在全面考察了多家软件产品之后,华冠公司选择了亚信 E-HR 系统。华冠连锁希望借助亚信的 E-HR 系统,实现人员基本情况的清点盘活,机构岗位的设置与管理,员工薪酬的管理,并能提供灵活的统计报表和在线分析决策支持功能,为构建起一个完整的人力资源管理体系奠定基础。

3. 变革显现佳绩

新系统上马后的第一个变化就是公司人力资源部的员工感觉到自己从以往曾经陷入的手工劳动中解脱了。第二个变化就是人力资源部门有了"数据权威性"。E-HR 系统提供人员指标从原来的 17 项,增加到 73 项,全面记录了人员基本信息、学历情况、岗位变动情况、薪资福利等信息。使人力资源管理人员可在很短的时间之内对任何一个企业员工的详细信息有一个全面的了解。不仅调用数据速度快,而且可以做到实时更新,充分保障了其数据的绝对权威性。同时,新系统上线,也让公司领导对人力资源状况一目了然。过去,公司领导只能了解片面的、单个员工信息,现在通过 E-HR 系统的多样查询方式可以轻松解决,节省了大量的时间及人力。而且现在系统还可以定制 16 张人力资源月报表,让集团领导对于一定期限内的企业人力静态信息及动态信息有一个全面的了解。E-HR 系统的实施,给企业人力资源管理工作带来了可观的改进,提升了企业整体管理水平。同时,人力资源配备与连锁经营的自动分析也给企业决策提供了重要的参考依据。华冠总经理张兵现在更加信心十足,要将华冠连锁公司发展成全国一流的连锁企业。

第一节 人力资源管理概述

一、人力资源管理的内涵与作用

（一）人力资源管理内涵

人力资源是指一定范围内人口总体所具有的劳动能力的总和，是指在一定范围内具有为社会创造物质财富和精神财富、从事体力劳动和智力劳动能力人们的总称。从宏观角度看，人力资源是指一个国家或地区所有人口所具有的劳动能力的总和；从微观角度看，人力资源是企业等组织雇佣的全部员工所具有的劳动能力的总和。

人力资源管理就是运用现代化的科学方法，对与一定物力相结合的人力进行合理的培训、组织和调配，使人力、物力经常保持最佳比例，同时对人的思想、心理和行为进行恰当的引导、控制和协调，充分发挥人的主观能动性，使得人尽其才，事得其人，人事相宜，以实现组织目标。简而言之，是指人力资源的获取、整合、激励及控制调整过程。

人力资源管理的本质与核心是认识人性、尊重人性、以人为本，最大限度地调动人的积极性和创造性。人是现代人力资源管理工作的出发点和落脚点。以人为本，就是要充分地认识人、尊重人、关心人、依靠人、凝聚人、造就人、培养人，最大限度地满足人的潜在需求，发挥人的潜能，促进人的全面发展。市场经济是竞争经济，企业之间的竞争是产品的竞争、资本的竞争，但归根到底是人与人的竞争，企业只有充分发挥每个人的潜能，为员工提供良好的发展空间，整合所有人的力量，才能在激烈的市场竞争中立于不败之地。

（二）人力资源管理作用

1. 人力资源管理是推动企业发展的内在动力

在一定物质条件下，劳动者是推动生产力前进的决定性因素，这是因为人与物根本不同，人是有理智的社会人，具有能动性和创造性。科学化的人力资源管理是以企业中的员工为对象的管理，它的中心任务就是有效地开发和利用企业各级员工的潜能。无论是组织员工的招聘、配置、培训，还是确立完善的绩效考核和薪酬福利制度，或是不断地调整工作的分工与协作，改善工作环境和条件，实现组织的科学化，其目的都是为了有效开发和利用企业的人力资源。总而言之，以人力资源开发为主导的人力资源管理就是要通过有效的物质与精神鼓励，不断发掘员工的主观能动性和聪明才智，为企业的发展提供丰富充足的内在动力。

2. 人力资源管理是企业获取市场竞争优势的工具

随着科学技术的迅速发展,市场需求的变化,企业间的竞争将会比以往任何时期都要激烈得多。企业外部社会环境深刻变化,促使企业竭尽全力去探寻克敌制胜的法宝,获得市场竞争的优势地位。在激烈的市场竞争中,企业为了赢得经营战略上的先机,应当抢占至少五个制高点,即人才的制高点、资本的制高点、技术的制高点、产品的制高点和市场的制高点,而其中人才的制高点或者说是智力资本的制高点则是关键。哪个企业拥有大批高素质人才,占据了智力资本上的优势,哪个企业就能开发、引进、采用高新的技术,开发研制出具有高科技含量、高品质、高附加值的产品,并运用最新的经营战略和战术去占领市场,最终在激烈的市场竞争中获得竞争优势。

二、人力资源管理的职能与目标

(一)人力资源管理的职能

人力资源管理职能是围绕合理地组织劳动力、最大限度地提高人员素质和最充分发挥人的作用这一核心而开展的一系列的管理工作。具体来讲,包括以下几方面。

1. 职务分析与设计

通过对工作任务的分解,根据不同的工作内容,设计为不同的职务,规定每个职务应承担的工作职责、人员素质要求、工作条件等,吸引和保留合格的员工。

2. 人力资源规划

根据组织的发展目标,对其一定时间内所需的人员数量和质量作出规划,包括招聘规划和裁员规划及员工职业发展规划等,从而保证人力资源管理活动的各个环节互相协调。

3. 人员招聘与选配

采用现代招聘方法,经过理论、实践、心理等系列考核,为组织挑选所需要的合适的员工。

4. 员工绩效管理

运用科学方法,对员工在一定时间内的工作进行目标设定、过程指导、考核评价,奖优罚劣,不断改善员工的工作绩效,以充分调动员工的积极性。

5. 激励薪酬管理

针对不同员工的表现,采用各种激励手段,调动所有员工的工作积极性。同时对员工的工资、津贴、资金、福利等进行合理的设计与分配,充分体现按劳分配的原则,促进员工工作效率的提高。

6. 员工教育培训

通过各种形式的教育与培训,以及为员工进行职业生涯设计,切实提高全体员工的思想素质与业务能力,以适应现代化建设及组织发展的需要。

7. 劳动关系管理

人力资源管理要遵守国家的有关劳动用工等方面的法律与政策,切实保障劳动者的合法权益,正确处理劳动纠纷,为劳动者与企业提供最佳服务。

8. 协调人际关系

人力资源管理主要是对人进行管理,解决的主要问题是人与事以及在工作中发生的人与人的矛盾,面对各类人员和千变万化的事,人力资源管理者要学会协调人际关系的技巧,正确处理各种复杂的人际关系,最终完成既定的组织目标。

现代化的人力资源管理,不仅能为企业的经营管理者选拔和配置高素质的人力资源奠定可靠的基础,也能为企业抢夺人才的制高点,并相继占领资本、技术、产品和市场的制高点,在激烈的市场竞争中获得竞争优势提供必要的决策依据。人力资源管理之所以成为现代企业管理的核心、中心和重心,正是因为它是企业获取竞争优势的工具。

(二)人力资源管理的目标

企业人力资源管理目标可分为战略层次、职能层次和个人层次三个目标。

1. 战略层次目标

人力资源战略是企业战略的子战略,人力资源部门要为企业长远发展做好人力资源规划,为企业战略提供组织保障和人才支撑。唯有如此,企业才能驾驭高速增长和快速变革,才能在市场竞争中占有一席之地。

2. 职能层次目标

人力资源部门要为企业的各个岗位,特别是关键核心岗位配备合适人选,充分发挥人的主观能动性,做到人尽其才,才尽其用,事得其人,人事相宜,实现组织目标。古人云:"万事知易行难",想达到人—职匹配必须做好很多细节工作,包括岗位分析、人员甄选、教育培训和人员配置等,需要部门和人员之间的密切合作。

3. 个人层次目标

人力资源部门应当结合企业目标,综合考虑员工个人的素质、兴趣和志向,帮助员工进行职业生涯设计。让员工认知未来的职业路线,有利于员工自我学习和培训,有利于人才成长和人才梯队建设,有利于企业的持续、有效发展。

三、人力资源管理与人事管理的区别

虽然现代人力资源管理从传统人事管理发展而来,但两者有着显著不同的特征:

(1)从管理视角来看。人事管理视人力为成本,而人力资源管理则视人力为第一资源,为人力资本。

(2)从管理活动来看。人事管理多为"被动反应型",而人力资源管理多为"主动开发型"。

(3) 从部门性质来看。人事管理部门属非生产、非效益型职能部门,而人力资源管理部门则为生产与效益部门。

(4) 从管理地位来看。人事管理处于执行层,是事务性部门,而人力资源管理则处于决策层,是战略性部门,逐步由行政权力型转向了服务支持型。

(5) 从管理焦点来看。人事管理是以事为核心,而人力资源管理则是以人为中心,注重人事相宜。

(6) 从管理深度来看。人事管理注重管好现有人才,而人力资源管理则更加注重开发人的潜能;不但重视专业知识、技能等智商的开发,更重视人的意志、品质等情商的开发。现代心理学的研究成果表明,在决定一个人获得成功的诸要素中,智商只起20%的作用,情商要起到60%～80%的作用。智商讲的是做事的本领,情商讲的是做人的道理。智商决定人的录用,情商决定人的升迁。

(7) 从管理视野来看。相对人事管理概念来讲,人力资源管理的视野更为宽阔。从宏观上说,现代人力资源管理除了考虑劳动者数量的供求平衡外,还要考虑各类人力资源的优化配置。从微观上说,不仅管人而且管人与工作的关系、人与人的关系、工作与工作的关系。

(8) 从管理方法来看。人事管理是经验管理时代的"拍脑袋"方法,而人力资源管理则是普遍、深入地应用各种现代管理方法。现代管理方法可以大致分为两类:一类是决策方法,包括调查方法、决策技术等方法;另一类是管理方法,包括职位分析、绩效考核、情景管理、工作设计等方法。

(9) 从管理内容来看。相对人事管理而言,人力资源管理的内容更为丰富。现代人力资源管理比传统的人事管理增加的内容有:工作分析、人才开发、职业生涯设计、人力资本会计、人才测评、人事诊断、工作关系协调等。

(10) 从管理手段来看。以"软件"来说,人事管理多侧重于政治动员、行政指令等,人力资源管理更侧重于契约化、个性化等人性化的管理;以"硬件"来说,人力资源管理则大量应用电子计算机、网络、高端的通讯设备等先进办公技术,工作效率大大提高。

第二节 人力资源管理的理论与发展趋势

一、人力资源管理的经典理论

(一) 泰勒的科学管理理论

泰勒(Taylor,1856—1915),美国古典管理学家,"管理科学之父"。他的主要著作是《科学管理原理》(1911)。

1. 科学管理的核心

(1) 管理要科学化、标准化。

(2) 管理要倡导精神革命,劳资双方利益一致。实施科学管理的结果是提高了生产效率,而高效率是雇员和雇主实现共同富裕的基础。因此,泰勒认为,只有用科学化、标准化的管理替代传统的经验管理,才是实现最高工作效率的手段。

2. 科学管理的内容

(1) 进行动作研究,确定操作规程和动作规范,确定劳动时间定额,完善科学的操作方法,以提高工效。

(2) 对工人进行科学的选择,培训工人使用标准的操作方法,使工人在岗位上成长。

(3) 制订科学的工艺流程,使机器、设备、工艺、工具、材料、工作环境尽量标准化。

(4) 实行计件工资,超额劳动,超额报酬。

(5) 管理和劳动分离。

3. 科学管理理论应用的成功案例

利用甘特图表进行计划控制,创建了世界第一条福特汽车流水生产线,实现了大工业的机械化,大幅度提高了劳动生产率,出现了高效率、低成本、高工资和高利润的局面。

(二) 闵斯特伯格的工业心理研究

闵斯特伯格(Münsterberg, 1863—1916),工业心理学主要创始人,被尊称为"工业心理学之父",曾任美国心理学会主席。他的主要著作是《心理学与工业效率》(1913)。他认为,心理学应该对提高工人的适应能力与工作效率作出贡献。他研究的重点如下:

(1) 如何根据个体的素质以及心理特点把他们安置到最适合他们的工作岗位上。

(2) 在什么样的心理条件下可以让工人发挥最大的干劲和积极性,从而能够从每个工人处得到最大的、最令人满意的产量。

(3) 怎样的情绪能使工人的工作产生最佳的效果。

闵斯特伯格认为,研究疲劳问题对提高工业生产效率非常重要。他和他的继承者研究了许多工厂每天和每周的工作曲线。典型的日产记录表示,每天上午九十点钟产量有轻度的增加,而午饭前产量下降,午饭之后产量又上升,但不如上午九十点钟的情况,下午下班前,产量急速下降。一周的产量也表示出类似的情形,星期一的产量平常,星期二和星期三是最好的记录,然后逐渐下降,直到星期六为止。

这些研究为工业心理学开辟了新的研究领域,并为后续的研究奠定了基础。

(三) 韦伯的层峰组织理论

韦伯(Weber,1864—1920),德国古典管理理论学家,被尊称为"组织理论之父"。他的主要著作有:《新教伦理与资本主义精神》(1904)、《一般经济史》、《社会和经济组织的理论》(1922)等。

韦伯认为,社会上有三种权力:一是传统权力,依传统惯例或世袭而来;二是超凡权力,来源于自然崇拜或追随;三是法定权力,通过法律或制度规定的权力。对经济组织而言,只有以合理、合法权力为基础,才能保障组织连续和持久的经营目标。而规章制度是组织得以良性运作的保证,是组织中合法权力的基础。韦伯构建的理想的官僚组织模式如下:

(1) 组织依据合法程序产生,有明确的目标和完整的规章制度。

(2) 组织的结构是层控体系,组织中的人依据其职位的高低和正式的工作职责行使职权。

(3) 人与人的关系是人对工作的关系,而不是人对人的关系。

(4) 按职位需求,公开甄选适岗人才。

(5) 对人员进行合理分工,并进行专业培训,以提高生产效率。

(6) 按职位和贡献付酬,并建立升迁奖惩制度,以提高工人的事业心和成就感。

韦伯理性地、创建性地提出了行政组织科学的组织理论和组织准则,这是他在管理思想史上的最大贡献。

(四) 法约尔的一般管理理论

法约尔(Fayol,1841—1925),法国古典管理理论学家,与韦伯、泰勒并称为西方古典管理理论的三位先驱,并被尊称为管理过程学派的开山鼻祖。他的代表作是《工业管理和一般管理》(1916)。

法约尔提出了管理的四大职能说:即管理就是计划、组织、指挥和控制四大职能,并提出14项管理原则:劳动分工、权力与责任、纪律、统一指挥、个人利益服从整体利益、人员报酬、集中、等级制度、秩序、公平、人员稳定、创新和团队精神。

法约尔的一般管理理论凝练出了管理的普遍原则,至今仍被作为我们日常管理的指南。

(五) 梅奥的人际关系理论

梅奥(Mayo,1880—1949),美国著名心理学家,哈佛大学教授,人际关系理论的创始人。他的主要著作是《组织中的人》和《管理和士气》。

梅奥在英国西方电器公司进行了著名的霍桑实验,真正揭开了对组织中人的行为研究的序幕。霍桑实验的初衷是试图寻找改善外部条件与环境以提高劳动生产率的途径,但结果表明,影响生产率的根本因素不是外部工作条件,而是工人自身因素和被团体接受的融洽感和安全感。

梅奥提出的"人际关系理论"指出,工人是社会人,不是单纯意义上的经济人;企业中存在着非正式组织,必须注意与正式组织保持平衡;提高工人满意度是提高劳动生产率的首要条件,高满意度来源于物质和精神两种需求的合理满足。

(六)马斯洛的需要层次理论

马斯洛(Maslow,1908—1970),美国著名心理学家,人本主义心理学的主要发起者,曾任美国心理学会主席。他的代表作是《人类动机理论》,并提出人类需要层次论学说。

马斯洛认为,人类价值体系存在两类不同的需要:一类是沿生物谱系上升方向逐渐变弱的本能或冲动,称为低级需要;另一类是随生物进化而逐渐显现的潜能或需要,称为高级需要。

人都潜藏着这五种不同层次的需要,但在不同的时期表现出来的各种需要的迫切程度是不同的。人最迫切的需要才是激励人行动的主要原因和动力。人的需要从外部得来的满足逐渐向内在得到的满足转化。在高层次的需要充分出现之前,低层次的需要必须得到适当的满足。

马斯洛还认为:在人自我实现的创造性过程中,产生出一种所谓的"高峰体验"的情感,这个时候是人处于最激荡人心的时刻,是人的存在的最高、最完美、最和谐的状态,这时的人具有一种欣喜若狂、如醉如痴、销魂的感觉。

(七)麦格雷戈的X理论—Y理论

麦格雷戈(McGregor,1906—1964),美国著名心理学家。他的代表作是《企业的人性方面》(1957),并提出了著名的X理论—Y理论。

麦格雷戈把传统的管理观点称为X理论。X理论的特点,是对人性作了一个丑恶的假定,即人们基本上厌恶工作,对工作没有热诚,如非必要就会加以逃避。人类只喜欢享乐,凡事得过且过,尽量逃避责任。所以要使之就范,雇主必须用严密的控制、强迫、惩罚和威逼利诱的手段来对付之,使工人能够保证生产水平。

与X理论消极的人性观点相对照,麦格雷戈提出了Y理论。Y理论对于人性假设是正面的,假定人性本善,假设一般人在本质上并不厌恶工作,只要循循善诱,雇员便会热诚工作,在没有严密的监管下,也会努力完成生产任务。而且在适当的条件下,一般的人不仅愿意承担责任而且会主动寻求责任感。

(八)赫兹伯格的双因素理论

赫兹伯格(Herzberg,1894—1989),美国著名心理学家。他的主要著作有:《工作的激励因素》、《工作与人性》、《管理的选择:是更有效还是更有人性?》等。

双因素理论是他最主要的成就。

赫兹伯格认为,能对工作带来积极态度、较多满意感和激励作用的因素多为工作内容或工作本身方面的因素,这称为激励因素,比如成就感、同事认可、上司赏识、更多职责或更大成长空间等。能使员工感到不满意的,属于工作环境或工作关系方面的,称为保健因素,如公司政策、管理措施、监督、人际关系、工作条件、工资福利等。

双因素理论对管理者的启示是:要重视员工工作内容方面因素的重要性,特别是要使工作丰富化,多方面满足员工的需求。

(九) 韦廉·大内的 Z 理论

韦廉·大内(William Ouchi)是美国日裔学者,代表作为《Z 理论》(1981)。

Z 理论认为,一切企业的成功离不开信任、敏感和亲密,因此完全可以以坦白、开放、沟通作为原则进行民主管理。建立 Z 型组织的过程如下:

(1) 培养每个人正直、善良的品行。
(2) 领导者和管理者共同制订新的管理战略,明确共同的经营宗旨。
(3) 通过高效协作、弹性激励措施来贯彻执行公司目标。
(4) 培养管理人员的沟通技巧。
(5) 稳定的雇佣制度。
(6) 合理、长期的考核和晋升制度。
(7) 岗位轮换,培养、扩大员工的职业发展之路。
(8) 鼓励雇员、工会参与公司管理,并扩大参与领域。
(9) 建立员工个人和组织的全面整体关系。

(十) 彼德·圣吉的学习型组织理论

彼德·圣吉(Peter M. Senge,1947—),是美国"学习型组织理论"创始人,当代最杰出的新管理大师。其代表作是《第五项修炼——学习型组织的艺术与实务》。

学习型组织理论认为,企业持续发展的源泉是提高企业的整体竞争优势,提高整体竞争能力。未来真正出色的企业是使全体员工全心投入并善于学习、持续学习的组织——学习型组织。通过酿造学习型组织的工作氛围和企业文化,引领员工不断学习、不断进步、不断调整观念,从而使组织更具有长盛不衰的生命力。学习型组织的特点如下:

(1) 全体成员有共同的愿望和理想。
(2) 善于不断学习。
(3) 扁平式的组织结构。
(4) 员工的自主、自觉性管理。

(5) 员工家庭与事业之间的平衡。
(6) 领导者的新角色改变为设计师、仆人和教师。

二、人力资源管理的发展趋势

人力资源管理明显具有以下发展趋势：

(一) 战略化趋向：人力资源部门由事务性职能部门走向战略性部门

从战略的角度考虑人力资源管理问题，把它与企业的经营战略相结合是近年来企业发展的主要趋势，人力资源管理进入了战略人力资源时代。人力资源是企业获得和保持竞争优势的核心资源，企业决策比以往任何时候更多地考虑人力资源问题，人力资源管理已经成为企业管理的核心，人力资源管理部门自然也就从过去的职能部门上升为战略部门，更多关注于人力资源政策的制订、执行、培训与开发、生涯规划、绩效管理等具有全局性、前瞻性、战略性的人力资源管理。

(二) 人性化趋向：由以物为中心走向以人为中心

以物为中心的传统人事管理导致人成为物的附属品，更是效率的牺牲品。现代人力资源管理以人为中心的真正内涵是以员工为中心，换言之，只有以员工为上帝，员工才会以顾客为上帝；只有企业为员工创造价值，员工才能为顾客创造价值。人是现代人力资源管理工作的出发点和落脚点。以人为中心，要从尊重员工的权利入手，包括尊重他们的人格、自尊，尊重他们的劳动权、休息权、自主择业权、民主参与权、投诉权、培训权等。在此基础上，不断增加人力资源开发的投入，促进员工岗位成才，这是实现以人为中心的首要工作。

(三) 科学化趋向：由随意性大的经验管理走向科学管理

1911年泰勒的《科学管理原理》问世，标志着企业管理由漫长的经验管理阶段，迈进了划时代的科学管理阶段。科学管理走上了规范化、制度化和科学化的轨道，极大地推动了生产效率的提高。同时，在实践中，也暴露出其本质的弱点——对人的忽视。于是，文化管理应运而生。经验管理、科学管理、文化管理是企业现代化管理的三部曲，尽管实现文化管理是当今企业的向往所在，然而对当前绝大多数的企业而言，当务之急不是登上文化管理的台阶，而是进入科学管理的殿堂。要实现现代人力资源管理的科学化，关键就是要夯实四项基础工作：精简优化组织结构、编写完善的职位说明书、开展职位评价和建立职位薪点体系、能力评价体系等。

(四) 专业化、职业化趋向：人力资源管理人员由事务型走向专家型

作为人力资源管理的对象，人是最复杂的，不仅有物质需求，更有精神需求，且多种多样，千差万别。因此，人力资源管理的难度越来越大，相应地随着其科学化程度越来越高，专业化程度也越来越强。这要求人力资源管理工作人员具备更多

的人力资源管理专业知识,要求管理人员向职能专家转变,成为人力资源战略策划专家、人力资源开发专家、劳动关系专家以及企业文化专家;向职业化转变,人力资源管理人员要有职业化的精神、职业化的道德、职业化的守则。专业化程度决定企业人力资源管理实现科学管理的程度,更重要的是可以为员工提供内部的咨询和服务,而这项功能往往比以往的简单管理控制更为重要。

(五)制度化趋向:由人治走向法治

传统的人事管理有着浓厚的人治色彩:一个人说了算,而且决策只凭个人的直觉和经验。由于缺乏深入的调查研究和预测,缺乏健全的决策支持系统,又不遵循科学的决策程序,这种决策方式既无科学性,又无民主性,因此决策质量差、失误高。现代人力资源管理是科学管理,科学管理指的是建立在严密的科学分析基础上的一整套企业管理规范。首先,要建立科学的人力资源管理制度,包括计划与招聘制度、绩效考核制度、薪酬福利制度以及用人和晋升制度。其次,树立制度的权威性。制度不是拿来看的,而是要严格执行的,只有严格执行的制度才真正算得上是制度,否则,制度就会变成一堆废纸。

(六)社会化、国际化趋向:人力资源管理由封闭式管理走向开放式管理

进入21世纪,经济全球化、国际化的脚步加快。经济超越了国界,跨国公司如雨后春笋般拔地而起,企业的经营范围也跟着扩大到了全球,其员工也跨地区、跨民族、跨文化,经济全球化、国际化的趋势要求人才的全球化和国际化,更要求人力资源开发的社会化、国际化,进而要求人力资源管理的社会化、国际化,逐步从封闭式管理走向开放式管理。譬如:近几年出现的工作外包、劳务外包、职能外包等,不能不说也是人力资源走向开放式管理的又一项重要产物,也是人力资源管理社会化的必然趋势。

(七)多元化趋向:人力资源激励由单一走向多元

众所周知,激励是建立在员工需求基础之上的,需求不同,激励的方式、手段自然就不同。随着社会经济的发展,教育的普及,员工队伍的文化层次迅速提高,人们除了希望满足物质需求外,更追求在社会群体中的归属感、认同感、自尊感和成就感,希望实现自我价值。可见,员工的需求层次逐步提高并趋向多元化的同时,其精神需求也逐步成为主导需求。对于已经解决了温饱问题、需求层次越来越高的员工,满足其生理需要和安全需要的单一物质激励已越来越乏力。因此,人力资源的激励从薪酬独木桥走向薪酬与文化并行,由单一走向多元,已成为现代人力资源管理的当务之急。

(八)目标长期化趋向:人力资源工作由重管理、轻开发走向以开发为导向、开发与管理并重

员工不仅是"成本",更是"资源",在人力资源上投资比在物质上投资收益更

高,意义更大。人的潜力十分巨大,人才是招来、挖来的,更应该是培养出来的。传统的人事管理重在管理而不是开发,现代人力资源管理应该实现由重管理、轻开发,走向开发与管理并举,不再是仅仅关注企业的短期效益,而应更多地以长期目标为导向,重视人力资源开发,发挥人的潜能。现代人力资源管理在目标长期化导向的前提下,管理者自身也面临着深刻的角色转变,管理手段、管理风格、管理方法、管理重点等也要与之相适应,发生转变。

(九)资本化趋向:人才管理从单一的金融资本走向金融资本与人力资本并重

人才不仅是再生资源、可持续资源,而且是资本性资源。在现代企业和经济发展中,人才是一种无法估量的资本,一种能给企业带来巨大效益的资本。人力资本在企业发展中将越来越占据主要动力源泉的位置。人力资源的拥有者是人,它虽然表现为人,却具有资本的功能。因此,其回报就不是劳动收益,而应该是产权收益。劳动收益是工资,人力资本的收益是产权收益。产权收益包括股权、职权、晋升权等。建立有效的人才激励机制,大胆改革分配制度,探索并形成与国际惯例接轨的、符合市场经济规律的分配制度,充分调动人才的积极性,已成为现代人力资源管理必须解决的重要问题。

(十)核心化趋向:人力资源管理的重心越来越转向基于职位分析的绩效管理

绩效管理在人力资源管理中的位置越来越高,越来越重要,已经从单一的考核评价,转向多层次、全方位的考核评价,从绩效的考核转向了绩效的过程管理,更加侧重于建立动态目标管理的绩效评估体系,由以往对员工的态度与特质评估,转向与动态目标管理相结合的评估体系,把员工的个人目标和企业的经营目标完美地统一起来,从而激发出更大的工作热情。

(十一)信息网络化趋向:人力资源管理手段从单一走向信息网络化

信息网络化一个最重要的标志之一就是人力资源管理的电子化(E-HR),电子化(E-HR)有广义和狭义之分,狭义是指基于互联网的、高度自动化的人力资源管理工作,包括招聘、薪酬管理等。广义是指基于电子商务管理理念的所有电子化人力资源管理工作,包括公司内部网及其他电子手段的人力资源管理工作。人力资源管理的电子化一方面可以缩短管理周期,使工作流程自动化,使员工自主选择HR信息和服务信息等,另一方面可以使HR部门从提供简单的HR信息转变为提供HR知识和解决方案,可以随时向管理层提供决策支持,提高运作效率,降低企业成本。

(十二)职能外包化趋向:人力资源管理职能从"包管"走向外包

职能外包就是将人力资源管理活动委托给组织外部的公司承担,将一部分基础性的工作向社会化的企业管理服务网络转移。例如,招聘,很多国家的企业招聘工作已经不再自己去做,而是外包给专门的人力资源咨询公司、猎头公司去做;又如,档案管理、社会保险、职称评定、培训等事务性工作、知识含量不太高的工作等,也都可外包。人力资源管理工作职能外包的实质就是降低管理成本,从战略高度对企业成本结构和成本行为全面了解、控制和改善,寻求长久的竞争优势,这也已经成为现代人力资源管理的大势所趋。

第三节 连锁企业人力资源管理的特殊性

一、连锁企业人力资源管理特点

连锁企业是现代商业企业的一种主要组织形式,因为企业通过这种形式可以实现快速有效的扩张和跨地区经营,实现规模效益,提升竞争能力。连锁企业一般集中分布于餐饮、零售、服务等第三产业领域,它所提供的产品中,无形的部分(包括服务、信息等)占有很大的比重,而企业的技术条件、物资设备等对这一部分的控制力比较弱,性能优良、技术先进的硬件系统并不能保证产品的高质量。因此,产品质量的规范性、统一性等在很大程度上是由企业的员工所决定的,只有通过规范的人员招聘、岗前培训、操作规范、技能开发、企业文化熏陶内化等人力资源管理措施才能达到。而产品的统一规范可以说是特许经营的生命。因此,从这个意义上说,人力资源管理对连锁经营来说关系重大。

由于连锁集中分布的行业特性及其组织结构、产权关系、制度安排等方面都具有特殊性,因此其人力资源管理就需要适应、体现这些特殊性的要求,从而具有不同于一般人力资源管理的一些特点。

(一)空间分散性

特许经营的特征和目的决定了其空间分散性的特点,连锁企业要完成目标市场的覆盖和品牌知名度的提升,就必须向尽可能远的地方建立尽可能多的网点。连锁经营空间分散性特点决定了连锁人力资源管理其他的一些特点和难点,如管理的集中与分散、管理权向加盟店的倾斜、统一与多样性的平衡以及沟通手段的现代化等。

(二)顾客接触性

连锁经营大多分布在服务行业,给顾客传递高信赖的服务和价值传递是其业务获得生命的关键。高顾客接触这一特点决定了连锁模式下人力资源管理的其他环节,如人员选聘、培训、考评等环节的特殊性。在人员选聘方面,情感态度方面的特征可能要比智力水平更重要,热情勤恳的员工比思维敏捷的员工更符合企业的需要。有些企业，比如上岛咖啡，甚至有意选择智力水平中等偏下的员工，因为这样的员工更容易承受面对顾客带来的情感、心理挫折，而且，这样的员工更能给顾客带来安全感、可信赖感。在员工培训方面，除了一般的操作技能培训外，更应该强调心理情绪调节、沟通技巧方面的培训。相应的，在绩效考评上，工作结果量的度量的比例相对下降，而员工的情感态度、顾客心理感受、操作过程的标准规范等，则成为考评的重要内容。

（三）劳动密集性

一般来说，劳动力成本是特许经营成本的主要部分，同时也是连锁经营效果最直接、最关键的影响因素，对人的管理也就成了日常经营管理的主要内容和关键环节。连锁人力资源管理面临的劳动密集这一特点，决定了它必须强调基层管理，加强企业文化建设。另外，这一特点也导致连锁企业薪酬设计、培训开发等方面与其他行业的差异性。

（四）管理对象复杂性

连锁模式下人力资源管理的对象比较复杂，从整个连锁体系来看，至少存在三类不同的管理对象，即总部管理者、加盟店员工、加盟者。由于他们的身份地位不同，彼此的利益追求也不完全一致，针对不同类别的管理对象和管理内容，管理手段相应地也存在差异。总部员工既是加盟店的服务者、支持者，又承担着管理、规范、监督的职能，能否有效地协调平衡两方面的关系，将影响到对总部员工的管理和考评。加盟者既是产权独立的合伙人，又是特许体系中的一个业务单位的管理者。也就是说，加盟者相当于整个特许体系的员工。这就要求针对加盟者的激励约束手段要有特殊性，必须考虑一般管理手段的适用性。加盟店员工在面临双重管理者身份时的态度及行为选择也会增加管理的复杂性。

（五）管理对象的自主能动性

与一般的人力资源管理相比，连锁模式下人力资源管理的对象有着更大的自主能动性。首先，作为被管理者的分店经理即加盟者，由于其独立的产权地位和收益安排，拥有比一般基层管理者更大的自主管理权限。情况差异性，要求基层管理单位拥有更多的自主权。工作结果度量的主观性，要求应给予被考评者更多的能动性。工作环境的开放多变性、高顾客接触性要求员工应拥有更多的自主决策权。麦当劳通过让一般员工轮流担任值班店长来提高员工的主动性，同时又节省了劳动成本。

（六）管理主体的多样性

在加盟店的管理上，有加盟者和特许总部两个管理主体。尽管两个管理主体总体利益上有一致性，而且有前期的加盟契约的安排，两者在经营观念和管理行为上会大体一致。但两者在经营环境判断、未来预期、利益诉求上都可能会产生分歧,这些差异会影响到其经营策略,进而会在人力资源管理策略上发生分歧。比如在人力资源开发投资上,加盟者可能会倾向于短期行为,而特许总部更追求长期利益。就各加盟店员工而言,他们面临着双重管理主体,即加盟者和特许总部,他们的态度及行为选择也会增加管理的复杂性。

(七)管理手段的局限性

加盟者既是产权独立的合伙人,又是特许体系中的一个业务单位的管理者,也就是说相当于整个特许体系的员工,这就要求针对加盟者的激励约束手段要有特殊性,必须考虑一般管理手段的适用性。对于加盟者,有些管理手段,比如调任、降职、免职等管理措施就失去作用。即使是对于加盟店的员工而言,由于总部和加盟者的利益、出发点的差异而导致权利上的分配与制约,使得一些管理手段不能顺利实施,比如对员工的激励、培训等。对于连锁企业来说,在人力资源管理实践中存在一系列的难点,应该予以妥善处理。

(八)集权或分权管理模式的选择

特许经营系统中特许总部和加盟店之间的利益关系,一方面,可表述为相互依存的关系;另一方面,特许总部和加盟者毕竟是两个不同的所有权单位,各自独立核算,在经济利益和经营目标上也有对立的一面。这就导致人力资源管理方面缺乏统一性。如众多连锁企业的招聘、考核、薪酬激励、培训等人力资源管理环节都由加盟店自主负责。总部最多是给一些规划、指导,而这些规划、指导往往得不到加盟店的贯彻。这常常导致员工素质、精神风貌的差异,进而导致服务规范不统一,企业文化不协调,考评、激励政策的不一致也会导致内部的冲突和混乱,如不公平感、无序流动等,同时也给一个特许体系内人力资源的优化整合带来困难。

(九)员工职业生涯发展中断

目前,连锁企业在人力资源管理上大多采用总部统一规划并制订规范标准,加盟店负责就具体管理操作执行。基层员工的劳动关系由加盟店管理,这导致绝大多数员工的职业生涯空间局限于加盟店之中,而基层加盟店一般只有时间纬度上的发展,即获利的持久性,而没有空间、规模上的发展。加盟店的员工最多能做到值班店长,绝对不会超过基层经理。这就使绝大多数追求自我实现、要求不断成长的员工的职业生涯中断,得不到继续成长的机会,一旦有别的选择机会,员工可能就会选择跳槽,这也许是连锁企业员工流动性比较高的原因。

(十)人力资本投资主体的确定技能专用性

在连锁体系中,从理论上讲至少有三个投资主体,即特许者、加盟者和一般员工。根据德姆塞兹的人力资本理论,如果人力资本的使用条件不完整,人力资本投资主体的投资积极性就会有巨大的下降。但由于他们对投资后所形成的人力资本的使用和收益分配不确定性的担心,使得他们在人力资本投资上的热情不是很高。

对于一般加盟店员工而言,由于连锁人力资本都具有专用性,再加上职业发展空间的限制,所以加盟店员工对投资后人力资本的使用条件的局限性和不确定性心存担忧,不大愿意在具有很大专用性的人力资本上投入很多的时间和精力。

(十一) 企业文化的统一

企业文化可以分为四个层面:物质层面,制度层面,行为层面,精神层面。对于物质层面和制度层面的企业文化,连锁体系可以通过总部的统一规划指导来实现融合统一。而在行为和精神层面的企业文化的融合统一,固然可以通过规范、培训获得一定程度的实现,但这两个层面上的企业文化与地域环境、历史有很大的关联性,而特许加盟店的环境系统、历史背景各不相同,就不易形成统一的文化。而且,群体间的相互交流对企业文化的形成和传递有重要影响,而特许加盟系统缺乏群体间的相互交流影响,不利于统一的企业文化的形成和维持传递,加盟者通过招聘和日常管理,对员工有一种过滤作用,从而使分店的文化打上个人性格的烙印,这也会影响连锁系统文化的融合统一。

(十二) 总部人员的角色定位

总部人员既是加盟店的管理者、监督者,又是加盟店的服务者、支持者。总部人员如何在这两种角色之间转换、平衡会存在一些问题,对于具有双重身份的总部人员的管理、考核也可能遇到一些问题。需要提请总部领导和人员注意的是,从职能上讲,在决策层之下,连锁总部职能部门与分店的关系是平等的关系,不存在上下级关系,而是分别执行连锁店的采购、配送、销售职能,只是连锁经营的规范性决定了人事、财务等职能必须由总部统一管理。但根本的一条就是,连锁总部是为分店而存在的。一些企业领导只重视对高层人员的引进和培训,一些总部人员盲目滋生一种优越感,这是非常错误的。因此,总部职能部门的人员必须下店任职锻炼、选拔方可任用,而店长也必须经过总部职能部门的任职和培训方可下店,营运总监应从店长中产生。

二、连锁企业的人力资源管理任务

(一) 制订完整的人力资源规划

连锁企业应根据企业扩张计划、经营总目标制订企业的中长期、年度、短期人力资源计划。

连锁企业的中长期人力资源计划应对人力资源规划具有方向指导作用,如在10年内实现本科以上学历的人数占企业员工总数的5%等。连锁企业的年度人力资源计划应确保中长期人力资源计划的贯彻和实现,如今年引进若干名本科生、研究生等。连锁企业的短期人力资源计划是人力资源需求变动较大时的应急计划,如在新的连锁门店开业前招聘若干名销售人员。

连锁企业人力资源规划具体可分为岗位职务规划、人员补充规划、人力分配规划等。岗位职务规划主要解决企业定岗定编问题。企业应根据其发展目标、扩张目标、销售目标等确立相应的总部、配送中心、连锁门店的组织机构、岗位职责、人员数量，进行定岗定编。人员补充规划是根据企业在中长期发展过程中可能的岗位职务空缺，制订一定数量和素质要求的人员补充计划。人力分配规划需依据企业总部、配送中心、连锁门店的组织机构、岗位职务的专业分工来配置所需的人员。

（二）减少员工流失率与人才引进优化同步进行

连锁企业应采取有效措施减少员工流失率，特别是关键岗位的流失率，具体可从以下几方面着手：提高薪资福利；改善工作环境；签订服务年限契约；缩短教育训练时间与升迁年限；改进教育训练内容；规划员工的职业生涯，鼓励员工内部创业；通过工作轮调以减少工作的单调；建立合理的排班、轮休制度；设计公平的、激励性的薪酬体系；建立有效的沟通渠道。

同时，连锁企业还要对人才引进的工作进行优化，具体可从以下几方面着手：一是对招聘工作进行总结，建立信息库，包括招聘的最佳方式、最佳渠道、最适合的人（地方、学历、性格、能力等），完善适合本企业的招聘体系；二是要做好人力资源规划和工作分析工作，根据人员需求分析和工作说明书招聘适合的人才；三是要参考人才测评以及绩效考核结果，寻找具备高素质与能力的人才。

（三）建立有效的、有针对性的培训体系

连锁企业应依据企业发展的需要，通过各种教育培训途径，为企业培养当前和未来所需要的各类优秀人员。培训方式应有助于企业经营目标、培训目标的实现，应针对不同层次、不同类别的培训对象采用多样的培训方式，并应在培训前制订培训后期望达到的标准，在培训过程中建立适当的监督和强化机制，使培训效果可以衡量。其中，各级管理人员可采用脱产培训、会议交流、案例研究、事物处理、参观访问等方法。销售人员可采用个别指导、开办讲座、岗位轮换、角色扮演、模拟训练、小组培训等方法。

连锁企业的培训内容主要包括岗前培训、知识和技能培训和继续教育三种。岗前培训分为两类：一类是针对所有员工在加入企业后上岗前的培训；另一类是对有特殊培训要求的岗位员工上岗前所进行的培训。知识和技能培训使员工具备和掌握完成本职工作所必需的基本知识和技能。继续教育旨在提高在职员工已有知识和技能的培训，主要有企业外部和内部继续教育两种形式。

（四）改善绩效考核体系，建立完善的绩效管理体系

绩效管理是人力资源管理中难度最大的一项工作。绩效考核指标的制订非常复杂、繁琐，即便是经验丰富的老手也很难在短期之内制订出一套科学、合理且操作性很强的绩效体系。在连锁企业的绩效管理工作中，设计一套科学、合理、操作

性强的绩效考评指标体系和考评方式是非常重要的,在设计绩效考评指标时,要注意财务指标与非财务指标结合(非财务指标:客户、内部经营流程、学习与成长);滞后指标与前瞻性指标的结合(滞后指标:销售额、毛利、成本;前瞻性指标:客户满意度、客户忠诚度、员工满意度)。

在设计考评方式时,要从结果和行为两方面进行考核,适当关注员工行为方面的考核,找出影响员工绩效的因素,正确地进行指导和帮助。另外,连锁企业还需加强对考评人员的培训,减少考评的误差,做好考评结果的沟通,减少因考评引发的矛盾。

(五)关注员工成长,完善员工职业生涯设计体制

连锁企业关注员工的成长,完善员工的职业生涯设计体制,可以从以下几个方面着手:

第一,确定员工的职业性方向及基本技能,帮助员工认清职业发展方向。出于进行职业规划的目的,连锁企业的人力资源部门最好有一套完整的测验工具来对一个人的资质进行衡量。在通过测量确定员工的职业倾向与其所掌握的基本技能后,再通过企业与员工之间的相互交流与沟通,双方在达成一致意见的基础上,员工就开始按企业所提供的职业方向、路径向前发展。

第二,提供阶段性的培训进修、工作轮换,为员工设计良性发展的职业通路。员工的发展在很大程度上依赖于企业合理的职业管理。企业首先要为员工创造一个能够施展才华、实现自我价值的舞台,同时善于引导,让员工能够在企业中找到一条发展道路,把全部身心融入到企业的发展中,奉献全部智慧。

第三,进行以职业发展为导向的工作绩效评价,帮助员工自我实现。从长期来看,上级了解自己所属员工的工作绩效评价的有效信息是十分重要的。但是,上级不仅仅评价员工过去的绩效。相反,主管人员和评价者将负责把员工过去的工作绩效、职业偏好与他们的发展需要以一种正式职业规划的形式联系起来。

(六)建立有激励性质的与绩效考核体系挂钩的薪酬体系

连锁企业的薪酬体系首先要具有激励性。而薪酬激励性效果的好坏主要取决于三个因素:

首先,取决于薪酬体系的公平性。薪酬体系的公平性可以分为外部公平性和内部公平性。外部公平性体现在与同行业同等工作相比员工的薪酬应该具有可比性,至少不应该与之相差过于悬殊;对内部公平性来说,最关键的是"不患寡而患不均",其主要表现为纵向公平和横向公平上。纵向公平要求不同级别的员工之间薪资应该拉开差距,横向公平则要求企业根据不同部门对企业的重要程度设定不同的薪酬标准。

其次,需要按照科学的程序对薪酬体系进行设计。科学的薪酬设计体系是保

证薪酬公平性的基础,而薪酬体系设计的科学性主要体现在薪酬体系设计与企业的发展战略相结合上,这样可以使收入分配向对企业的战略发展作出突出贡献的员工倾斜,以达成企业的战略目标。同时,还必须将付给员工的薪酬与其工作业绩挂钩。否则,组织的薪酬体系不仅起不到激励作用,甚至会形成障碍。

再次,连锁企业应该将薪酬体系与绩效考核有机地结合起来。绩效考核的结果在连锁企业薪酬管理体系中应用主要体现在三个方面:第一,根据职位价值和任职资格评价体系确定员工的基本工资。这需要在职位分析的基础上,对职位的价值进行科学有效的评价,通过科学的手段和科学的工具评价出各个职位在企业中的价值,确立职位的薪资水平,即为职位工资,它是一个有上下限的区间。然后,根据任职资格体系确立员工的个人价值,即不同的员工做同一个职位的工作的价值是不同的,根据员工所掌握的知识、技能、经验的层次确定该员工在职位工资中的具体值,即员工价值。通过以上两个步骤,基本上确立了员工的基本工资,即职位工资+员工价值。第二,根据KPI指标体系和能力评价体系确定员工的绩效工资;绩效工资是指通过对员工的工作业绩、工作态度、工作能力等方面的考核评估,确立员工的绩效工资增长幅度。因此,绩效工资应该是基本工资的一个百分数,基本工资是不变的,所要变动的是绩效工资的增幅。绩效工资的增幅应根据员工的绩效评价分数和其在工资结构中的位置确定。员工的绩效考核分数可从"优秀"到"差"分为四档。第三,根据KPI指标体系、能力评价体系和任职资格评价体系决定员工的工资定级。在进行员工工资定级时,只有三者结合起来,才能有效实施工资调整。

本 章 小 结

所谓人力资源管理就是运用现代化的科学方法,对与一定物力相结合的人力进行合理的培训、组织和调配,使人力、物力经常保持最佳比例,同时对人的思想、心理和行为进行恰当的引导、控制和协调,充分发挥人的主观能动性,使得人尽其才,事得其人,人事相宜,以实现组织目标。简而言之,是指人力资源的获取、整合、激励及控制调整过程。人力资源管理的本质与核心是认识人性、尊重人性、以人为本,最大限度地调动人的积极性和创造性。

人力资源管理的作用在于为企业的发展提供丰富充足的内在动力,是企业获取市场竞争优势的工具。人力资源管理职能包括职务分析与设计、人力资源规划、人员招聘与选配、员工绩效管理、激励与薪酬管理、员工教育培训、劳动关系管理、协调人际关系。人力资源管理内涵区别于传统的人事管理,具体体现在:管理视角、管理活动、部门性质管理地位、管理焦点、管理深度、管理视野、管理方法、管理内容、管理手段等方面。

人力资源管理的经典理论最主要包括泰勒的科学管理理论、闵斯特伯格的工业心理研究、韦伯的层峰组织理论、法约尔的一般管理理论、梅奥的人际关系理论、马斯洛的需要层次理论、麦格雷戈的X理论—Y理论、赫兹伯格的双因素理论、韦廉·大内的Z理论、彼德·圣吉的学习型理论。

从理论的发展来看，越来越强调人力资源管理的人—机—社会环境的统一。具体分析，人力资源管理的发展趋势表现为：战略化趋向；人性化趋向；科学管理化趋向；专业化和职业化趋向；制度化趋向；社会化与国际化趋向；多元化趋向；目标长期化趋向；人力资源资本化趋向；绩效管理核心化趋向；信息网络化趋向；人力资源职能外包化趋向。

连锁企业的人力资源管理具有特殊性，在空间分散性、顾客接触性、劳动密集性、管理对象复杂性、管理对象的自主能动性、管理主体的多样性等方面具有不同于一般人力资源管理的一些特点。根据这些特殊性，连锁企业的人力资源管理任务也相对体现在多方面，包括制订完整的人力资源规划；减少员工流失率与人才引进优化同步进行；建立有效的、有针对性的培训体系；改善绩效考核体系，建立完善的绩效管理体系；关注员工成长，完善员工职业生涯设计体制；建立有激励性质的与绩效考核体系挂钩的薪酬体系等。

1. 人力资源管理的职能与目标有哪些？
2. 人力资源管理与人事管理有哪些区别？
3. 人力资源管理的经典理论有哪些？
4. 人力资源管理的现代发展趋势有哪些表现？
5. 连锁企业的人力资源管理有哪些特殊性？

沃尔玛——连锁性经营标准化管理

连锁经营是零售行业业务扩展、成功经营的重要模式。然而，作为劳动密集型的零售行业不论在产品市场上还是在人才市场上都面临着激烈的竞争，人力资源管理对于企业能否继续做大做强、长远发展起着至关重要的作用。世界零售巨头沃尔玛在连锁经营方面取得了巨大的成功，成为零售行业乃至其他行业学习的典范。

业务专家中心、共享服务中心、前线业务伙伴：构建总部、区域、门店三重人力资源服务体系

连锁经营模式的特点，决定了公司在业务上须实行高度规范化和标准化的管理，因而在组织结构上也采取了以集中管理为主、分散管理为辅的管理模式，这既能保证整个公司内部操作的一致性，以及文化、政策执行的规范性和高效性，又能保证具体业务操作的灵活性和对市场反应的及时性。沃尔玛总部对门店实行"监控"和"支持"并重，在强调内部运作标准统一性的同时，也强调自上而下的整体协同效应，突出"既有清晰的专业职能线，又有顺畅的跨部门合作沟通渠道"的特点。在公司内部治理上，沃尔玛采用公司"宪法"的概念，在其指导下，鼓励各分区、各门店积极开发、应用各具特色的"最佳实践"，并鼓励相互分享、广泛推广。不仅业务上如此，沃尔玛的人力资源管理部门和职能设置以及人力资源管理的政策和流程等方面也同样体现了连锁经营行业合规性和标准化的特点。公司特地编制了完善的人力资源管理手册，并建立了一套有效的内部人力资源稽核体系。具体可以用"业务专家中心"、"共享服务中心"和"前线业务伙伴"三个概念来概括沃尔玛的人力资源服务模型。基于连锁经营行业的特定要求，沃尔玛的人力资源管理在政策和流程等方面体现了其合规性和标准化。

1. 总部人力资源部

该部门负责制订公司的人力资源战略和策略，既为总部业务部门提供操作性的人力资源服务，又是整个公司人力资源部的"业务专家中心"。它在全国范围内提供专业性的支持和政策方向指引的同时，还负责人力资源业务流程的设计等，以确保为公司业务部门提供专业、有效的人力资源服务。

2. 区域人力资源部

该部门承担着"前线业务伙伴"和"共享服务中心"的双重角色。首先，它起着承上启下沟通桥梁的作用。一方面代表总部人力资源部向商场相关同事分享公司的人力资源战略和发展方向，另一方面及时向总部反映前线的需求，从而保证总部人力资源部与门店业务的紧密衔接，具有以顾客和业务为导向提供前瞻性方针策略的特点。其次，为了整合资源、提高效率，区域人力资源部也是"共享服务中心"，为前线同事提供直接、高效的人力资源服务及解决方案。

3. 门店人力资源部

该部门是公司核心业务的"前线业务伙伴"，它服务于最前线的门店。零售行业是劳动密集型行业，员工的敬业度和工作态度对公司服务质量提升和业务发展至关重要。公司大力提倡人力资源部同事积极走到营运单位中去，更多地了解前线部门的工作状况。目前，有许多前线业务的改革点子都来自人力资源部，如根据营运的特点,在营运单位实行科学"排班"等。门店人力资源部作为"现场"人力资源专家,一方面为门店同事提供面对面的人力资源服务,另一方面帮助门店管理层持续提升技术和管理技能,如人员发展、员工关系处理、员工活动组织、员工意见调查等。正是总部、区域和门店三重人力资源管理部门的设置,使公司得以实现自上而下的协同效应,促进业务的不断发展。

内部提升,全面培训——为新店开业提供有力的人员保障

沃尔玛在不断扩张,开新店如同家常便饭。每一个新店的开张,首当其冲的就是人力资源的规划与配置。在每年的第二季度,沃尔玛会根据公司的战略需求和业务发展计划制订人力资源的5年规划;在每年的第三季度,结合公司当年的业绩表现和对现有人员的盘点情况制订具体而详细的下一年度人力规划。这一规划将是来年人员配置的重要依据,也是业务扩展战略的决策基础。为了在公司业务高速发展的同时,保证所有门店人力资源操作的专业性和一致性,沃尔玛设置了精简高效的新店建店人力资源小组,专门负责新店的人力资源建设。

管理人才,坚持内部培训和提升

沃尔玛商场的管理层约有80%都是从内部成长起来的。沃尔玛鼓励员工本地化,当一个新城市开新店时,许多在外打工的员工就有机会回到家乡,到新开的沃尔玛门店工作。同时,对于很多已在现有门店接受了系统培训并积累了丰富经验的同事,也将有机会在自愿的基础上升职或转职到新的商场从而获得职业生涯的新发展。随着沃尔玛在中国开店数目的不断增长,员工获得沃尔玛内部升职、转职的机会将越来越多。内部提升的人员能够很快地胜任更高的管理职位,离不开沃尔玛完善的人才培养体系。针对管理人才的培养主要有以下几大项目。

1. 继任计划

该计划通过员工测评系统,从公司文化、专业能力、领导力三方面全方位地对管理人员的能力进行公正、客观的综合测评,以从中发现管理人员的潜能和差距。继任者被分为三类 RN (Readiness Now):有明显潜力可以马上得到提升;R1 (Readiness in 1 Year),需要经一年培养才可提升;R2 (Readiness in 2 Year),需要两年培养才可提升。与之相配套的是为各类人员度身定做的发展计划。与继任计划相应的还有专门针对中层管理人员的"员工发展计划"(PDP, People Development Program),主要通过每季度与部门主管回顾人员状况及关键管理职位的继任情况,作出分析及相应的行动计划。继任计划不是停留在表面的工作,而是一系列准确到具体日期,继任者要完成怎样的培训和发展活动,阅读完哪些书等细致的工作。

2. 领导力培训课程

根据不同层级的岗位要求,沃尔玛从三方面设计了相应的培训课程帮助管理层提升综合能力。例如,在专业能力方面,针对主管、副总、总经理分别设计了"成长之星"系列课程,在领导力方面,设计了基础领导艺术、传奇服务、沃尔顿学院、高级领导艺术等课程。当公司员工被提升到新的岗位上时,公司会根据该岗位的能力要求,为员工提供相应的培训。为了帮助管理层在领导力各个方面的能力得到提升,公司还开发了领导力专题系列课程,如演讲技巧、时间管理、团队管理等两三个小时的课程,作为大型领导力课程的衔接项目推向不同层级的员工。此类课程因其实用、高效的特点而深受员工喜爱,被大家称为"成功之路"。

3. 新星扶持计划

新星扶持计划(Rookie Program)专门为新就职的副总经理以上级人员制订,人力资源部将在半年的时间内跟踪其培训进度和工作表现,以确保这些新上任的高级管理者在遇到问题时都可以得到及时的支持与帮助,同时也确保其行为和理念符合沃尔玛的企业文化要求,以避免因一开始不适应新的工作环境或某些误会而离职。

基层员工:多渠道招聘加全方位培训

新店开张,除了管理层员工的合理配置,同时需要大量的基层员工。人力资源部基于沃尔玛自有的资源、连锁经营行业的特性以及一些常规方式,不断地开发出更多的招聘渠道以满足业务拓展的需求。比如,在沃尔玛商品促销彩页上固定刊登招聘广告、商场海报宣传或现场招聘、与当地社区合作进行招聘、建立校企联盟,尤其是有各类技工和连锁经营管理专业的技校,与人才市场或第三方人才机构合作,报刊、电视台等媒体广告,车体、横幅、电子屏幕、宣传单页、短信、海报等其他广告,校园招聘、实习生、勤工助学、网络招聘、内部推荐等。连锁企业最大的特点就是标准化,为了提供全国一致的服务,新招聘的基层员工在上岗前以及上岗后都必须陆续接受相关培训。

1. "岗位职能培训"

沃尔玛针对不同的岗位要求,为新员工设立了相应的培训体系,从基本岗位职责、工作流程、基本岗位技能等方面对员工进行上岗培训。在培训期间,采用理论和实际操作相结合的方式,通过老员工"教练"一对一的言传身教,帮助新员工在实践中掌握本岗位的基本技能。

2. "30—60—90 计划"

就入职培训和企业文化培训而言,沃尔玛并没有拘泥于一般意义上的课堂讲授,而是在全国各地的门店实施了"30—60—90 计划"。被沃尔玛录用的新员工在接受一两天的入职培训后,还将分别在第 30 天、第 60 天和第 90 天与管理层或人力资源部的负责人一起,进一步熟悉沃尔玛的企业文化和规章制度。这样,既可以了解新员工对企业文化的适应度和上下级之间的融合度,又能帮助其更快适应并融入沃尔玛团队。

3. 交叉培训

在沃尔玛，还非常重视员工的交叉培训。一个部门的员工可以到其他部门学习、实践，这让员工能更全面地了解其所处的零售环境和与工作有关的其他技能和知识，从而使员工人人都可以完美、快速地随时回答顾客的咨询，让其轻松愉快地度过购物时间。而且在销售旺季，随时都可以抽调其他岗位员工到前台收银，以便让顾客快速结账，节省购物时间。

4. 鲜食学院培训

沃尔玛独创性地成立了鲜食学院，针对鲜食技工，专门开发了熟食专业技能培训、面包专业技能培训等系列课程，以提升技工产品生产的操作技能，保证鲜食品质。培训覆盖全中国所有的鲜食部分，包括鲜食卫生、鲜食标准、供应商鲜食情况、新品开发等，以及商场的采购、营运这两大一线部门中有关鲜食方面的其他工作。

讨论题：

1. 沃尔玛的人力资源部是如何成为业务战略伙伴的？
2. 沃尔玛的人员分层培训体系具有什么特点？
3. 沃尔玛的基层员工招聘与培训的特色体现在哪里？

第二章 连锁企业人力资源规划

学习目标

1. 掌握连锁企业人力资源规划的含义;
2. 了解连锁企业人力资源规划的作用;
3. 熟悉连锁企业人力资源规划的内容和步骤;
4. 了解连锁企业人力资源规划的影响因素;
5. 掌握连锁企业人力资源规划需求的预测方法;
6. 掌握连锁企业人力资源规划供给的分析方法。

【引导案例】

刘经理的烦恼

在汉昌连锁公司,人力资源部经理小刘很烦恼,这边老板催着要公司下一年的用人计划、培训计划、干部队伍建设计划以及相关的预算,并特别催促要招到高素质的人才;那边采购部、市场部都追着要人,而财务部部长又要求提升自己部门的骨干,营运部希望能增加有效培训次数,以提升手下员工的劳动效率。不仅如此,他还要面对层出不穷的各种日常人事管理工作和诸如骨干员工跳槽、员工纠纷等棘手的事情,还经常被人莫名地到老板那里告状。人力资源部门的其他同事也没好到哪里去,常常抱怨时间不够用,为单位人事工作忙得焦头烂额,还经常得不到理解甚至背黑锅。整个人力资源部士气低下。为什么会发生这种事情?

第一节　连锁企业人力资源规划概述

一、人力资源规划含义和作用

（一）人力资源规划的含义

人力资源规划（Human Resource Planning）是指根据企业的发展战略、目标及企业内外环境的变化，运用科学的方法对企业人力资源的需求和供给进行预测，制订相应的政策和措施，从而使企业人力资源供给和需求达到平衡，实现人力资源合理配置，有效激励员工的过程。

人力资源规划是连锁企业计划的重要组成部分，在整个人力资源管理活动中占有重要地位，是各项具体人力资源管理活动的起点和依据，它直接影响着连锁企业整体人力资源管理的效率。

人力资源规划的概念包括以下四层含义：

（1）人力资源规划的制订必须依据连锁企业的发展战略、目标。连锁企业的发展战略、目标发生变化时，人力资源规划也随之发生变化。连锁企业的发展战略、目标是人力资源规划的基础。

（2）人力资源规划要适应连锁企业内外部环境的变化。连锁企业环境是一个动态的变化过程，必然带来对人力资源需求和供给方面的变化。例如，文化教育、政策法规、交通状况，特别是劳动力市场状况等的变化，都将直接影响连锁企业人力资源的供给。连锁企业发展战略的改变，将导致企业结构和员工配置的变化，从而导致连锁企业对人力资源的数量、质量和结构的需求变化。此外，连锁企业规模的扩大需要招聘更多的员工，新技术的应用要求员工的素质有相应的提高，经济的迅速发展导致企业对人力资源需求的增加等。人力资源规划就是要对这些变化进行科学的预测和分析，以保证连锁企业在近期、中期和长期都能获得必要的人力资源。

（3）制订必要的人力资源政策和措施是人力资源规划的主要工作。人力资源规划的制订实质就是在人力资源供求预测的基础上制订相应的政策和措施，以实现人力资源的供求平衡。例如，内部人员的调动补缺、晋升或降职政策，外部招聘和培训政策，以及奖惩政策都要切实可行，否则就无法保证人力资源规划的实现。

（4）人力资源规划的目的是使连锁企业人力资源供需平衡，保证连锁企业长期持续发展和员工个人利益的实现。人力资源规划要创造良好的条件，充分发挥每个员工的积极性、主动性和创造性，提高工作效率，从而实现连锁企业的目标。

同时,连锁企业也要关心每个员工的利益和要求,帮助他们在为连锁企业作出贡献的同时实现个人的目标。只有这样,才能吸引和招聘到连锁企业所需要的人才,满足连锁企业对人力资源的需求。

(二) 人力资源规划的作用

在连锁企业的人力资源管理活动中,人力资源规划不仅具有先导性和战略性,而且在实施连锁企业目标过程中,它还能不断调整人力资源管理的政策和措施,指导人力资源管理的活动,在人力资源管理活动中起着重要的作用,具体体现为以下几个方面。

1. 有利于连锁企业制订战略目标和发展规划

人力资源规划是连锁企业发展战略的重要组成部分,同时也是实现连锁企业战略目标的重要保证。连锁企业的高层管理者在制订战略目标和发展规划以及选择决策方案时,总要考虑自身的各种资源,尤其是人力资源的状况。科学的人力资源规划,有助于高层领导了解连锁企业目前各种人才的余缺情况,一定时期内就具备了进行内部抽调、培训或对外招聘的可能性,从而有助于高层领导进行决策。人力资源规划要以连锁企业的战略目标、发展规划和整体布局为依据,但反过来,人力资源规划又有助于战略目标和发展规划的制订,并可以促进战略目标和发展规划的顺利实现。

2. 确保连锁企业生存发展过程中对人力资源的需求

任何企业都处在一定的内外环境之中,而影响环境的因素又不断地变化和运动着,其中的一些因素会对企业的人力资源需求状况产生很大的影响。例如,新技术的采用往往会导致生产率的提高,这既可以节省劳动力,也要求对在岗的员工进行再培训以适应新技术的要求。同时,连锁企业内部的其他因素也在不断变化,如自然减员、退休、辞职、工作单位的调动、职务升降等。从长期角度来看,大多数企业处于不稳定的发展状态中,企业的经营技术条件所决定的人员需求的数量、质量和结构会有较大的波动,使企业劳动力的需求量和拥有量不能自动实现均衡。因此,人力资源部门必须分析连锁企业人力资源的供需差距,制订各种规划来满足对人力资源的需求。

3. 有利于人力资源管理活动的有序化

人力资源规划是连锁企业人力资源管理的基础,它由总体规划和各业务计划构成,为管理活动(如确定人员的需求量、供给量、调整职务和任务、培训等)提供可靠的信息和依据,进而保证管理活动的有序化。如果没有人力资源规划,那么,连锁企业什么时候需要补充人员,补充哪个层次的人员,如何避免各部门人员提升的机会不均等以及如何开展企业培训等,都会出现很大的随意性,引起管理局面的混乱。

4. 有利于调动员工的积极性和创造性

人力资源管理要求在实现连锁企业目标的同时,也要满足员工的个人需要(包括物质需要和精神需要),这样才能激发员工持久的积极性,只有在人力资源规划的条件下,员工对自己可满足的东西和满足的水平才是可知的。当连锁企业所提供的与员工自身所需求的大致相符时,员工就会努力追求,在工作中表现出主动性、积极性和创造性;否则,在前途未卜和利益未知的情况下,员工的积极性就会下降,甚至离开企业另谋高就。而人员流失特别是有才能的人员流失多,必然削弱企业的力量,使企业效率下降,士气低落,从而进一步加速人员的流失,形成恶性循环。

5. 有利于控制人力资源成本

人力资源成本是一个连锁企业的总成本中的重要构成部分。人力资源规划有助于检查和测算出人力资源规划方案的实施成本及其带来的效益。人才的浪费是最大的浪费,如果连锁企业没有人力资源规划,不对企业的人员结构、职务布局等进行合理的调整,就会出现用人不合理或人浮于事等不良现象,造成企业的人工成本上升,效益下降,影响企业经营战略目标的实现。所以,要通过人力资源规划预测连锁企业人员的变化,调整连锁企业的人员结构,把人工成本控制在合理的水平上,这是连锁企业持续发展不可缺少的环节。

二、人力资源规划的内容和步骤

(一)人力资源规划的内容

人力资源规划包括两个层次,即总体规划和各项业务计划。

人力资源总体规划是指有关规划期内人力资源管理和开发的总目标、总政策、实施步骤以及总预算的安排等,它是根据连锁企业战略规划制订的。

人力资源所属的各项业务计划是人力资源总体规划的进一步展开和细化,一般包括以下几个方面的计划。

(1)人员补充计划。制订人员补充计划的目的,是为了合理地填补连锁企业由于各种原因而出现的空缺职位或新职位,该计划包括补充人员的类型、数量及对人力资源结构和绩效的影响,制订所需人员的标准、来源及起点待遇等政策。

(2)人员使用计划。制订人员使用计划的目的,是为了制订各部门的编制,优化人力资源的结构以及改善工作绩效等。该计划包括制订任职条件、职务轮换的范围以及时间等方面的政策。

(3)人员晋升计划。制订晋升计划的目的,是保持后备人才的数量,有计划地提升有能力的人员提高绩效和改善人力资源结构。该计划要制订选拔的标准、资格、使用期、提升比例以及对未被提升的资深人员的安置等政策。

(4) 教育培训计划。制订培训计划的目的,是不断改善现有员工的素质和绩效,转变工作态度和作风,为连锁企业中、长期所需弥补的职位空缺事先准备人员。该计划包括培训的内容、时间、达到的效果要求以及培训期的待遇、考核及培训后的使用等政策。

(5) 激励计划。制订该计划的目的,是通过各种奖励措施表彰在连锁企业中有较大贡献的员工,激励士气,降低人才流失,改进工作绩效。该计划需明确激励的重点、条件及工资等政策。

(6) 薪酬计划。薪酬计划对于确保连锁企业的人工成本与企业的经营实力保持适当的水平有着重要的作用。该计划包括薪酬结构、工资总额、福利项目等方面的有关政策。

(7) 退休解聘计划。制订退休解聘计划,是按有关规定使员工按期退休,解聘不合适的员工,以降低劳务成本和提高劳动生产率。该计划需明确有关政策,制订解聘程序等。

(8) 劳动关系计划。制订该计划的目的,是减少非期望的离职率,改善干群关系(或称劳资关系),减少投诉率和员工的不满程度。该计划要制订出员工参与管理以及加强各个方面沟通的政策等。

人力资源规划又可分为战略性的长期规划、策略性的中期规划和具体作业性的短期计划,这些规划与连锁企业的其他规划相互协调联系,既受制于其他规划,又为其他规划服务。

在战略规划层次,人力资源规划涉及连锁企业外部因素的影响,要进行外部因素分析,预测未来连锁企业总需求中对人力资源的需求,估计远期连锁企业内部人力资源的数量,调整人力资源规划,重点是分析问题,提出可靠的依据使规划更符合客观需求。在经营计划的层次上,人力资源规划涉及人力资源需求与供给量的预测,并根据人力资源的方针政策,制订具体的行动方案。在具体的作业计划方面,即涉及一系列的具体操作实务,要求任务具体明确,措施落实。

(二) 人力资源规划的步骤

制订人力资源规划通常要经历的步骤,如图2-1所示。

第一,企业发展战略是制订人力资源规划的基础。企业的发展重点、产品销售状况、经营规模方向等,都会对人力资源提出不同的要求。另外,企业外部经营环境或市场环境、劳动力市场供求状况、有关法律政策等,都会对人力资源规划的制订形成制约。因此,对企业战略和外部条件必须明确认识和科学分析,并将它们作为制订人力资源规划的必要依据。

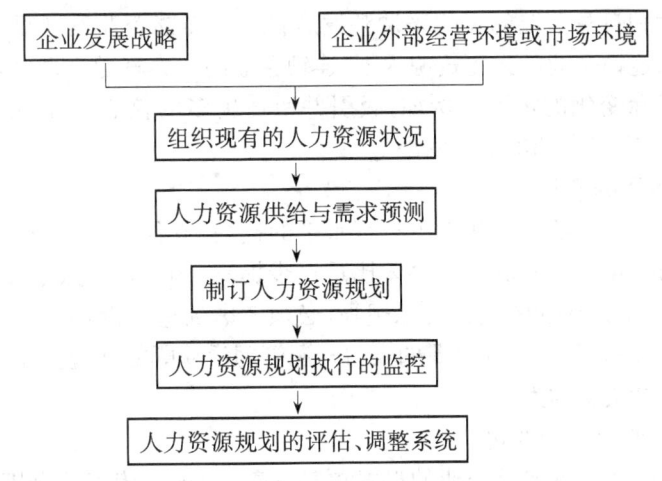

图 2-1 制订人力资源规划的一般步骤

第二,分析连锁企业现有的人力资源状况。对照连锁企业发展的要求,对现有人力资源的数量、质量、配置结构等进行人力资源盘点。在盘点的基础上,一方面,充分挖掘现有人力资源的潜力,首先考虑通过人力资源的培训、内部流动等来满足连锁企业的人力资源需求;另一方面,找出现有人力资源与连锁企业发展要求的差距。

第三,对连锁企业的人力资源供求状况进行预测。弄清连锁企业对各类人力资源的确切的需求状况,以及可以满足上述需求的内部和外部的人力资源供给状况,并对其中的缺点进行分析。

第四,根据以上三个步骤,制订人力资源规划,包括总体规划和各项职能规划,并确定规划的时间跨度。同时注意计划各个部分,以及不同职能规划之间的衔接和平衡。

第五,设置人力资源规划执行过程中的监督和控制机制,以保证人力资源规划的实施。

第六,设置人力资源规划的评估和调整系统。当人力资源规划执行完毕时,及时评估有关规划的效果,找出规划的不当之处并予以调整,保证人力资源规划的科学性和有效性。

三、连锁企业人力资源规划的影响因素

(一)影响连锁企业人力资源规划的内部因素

1. 连锁企业目标的变化

在知识经济时代,市场竞争空前激烈,为了谋求生存和发展,连锁企业随时要

根据外部环境和自身情况的变化来调整发展目标。连锁企业发展目标的改变，无疑会直接影响连锁企业的人力资源规划，连锁企业的人力资源规划必须随之调整，以适应企业目标变化的需要。例如，吸引并留住更多的核心人才、培训优秀的员工、设计有足够吸引力的奖励与薪酬等。

2. 员工素质的变化

随着经济与社会的发展和人民教育水平的提高，现代企业的员工素质较之过去有了重大的变化。白领员工的总体比重逐步提高，知识员工成了企业发展的主力军；作为有一定先导性的人力资源规划，必须考虑到这一点，在规划制订与实施过程中作出相应的调整，保证企业的人力资源管理活动既能适应员工素质的变化，又能进一步提高员工的素质。

3. 连锁企业形式的变化

现代化的企业制度要求企业的形式更趋完善、合理。传统的宝塔形企业形式层次过多、人员过杂，不仅使企业的信息传递层层打折扣，而且还使企业人际关系复杂，员工工作效率低下。现代企业向扁平化发展，目的在于减少中间层次的信息与资源损耗，完善员工关系，增进企业效率。在这种情况下，连锁企业的人力资源规划必须作出改变，支持连锁企业的企业结构或企业形式的变化，促进企业制度走向合理和完善，完成企业制度向现代化方向的转化。

4. 连锁企业最高领导层的理念

企业最高领导层对人力资源管理所持的观念和态度，直接影响他们对连锁企业人力资源管理活动的支持程度，也直接影响连锁企业人力资源规划的作用程度。如果连锁企业的最高领导层能够充分认识到人力资源管理在连锁企业发展中的重要作用，能够重视连锁企业的人力资源规划，那么，连锁企业的人力资源规划乃至人力资源管理就能更好地与企业的发展战略相匹配，支持企业发展战略的制订和实施。

（二）影响连锁企业人力资源规划的外部因素

1. 劳动力市场的变化

劳动力市场的变化，表现在劳动力供给或需求的变化，或供需双方都发生了变化。无论是哪一种情况，劳动力市场的变化都会影响连锁企业人力资源规划。我们知道，连锁企业人力资源规划的制订依据就是对人力资源的供给与需求预测。换句话说，在不同的人力资源供求状况下，就会有不同的人力资源规划。在目前专业技术人才和优秀管理人才短缺的劳动力市场形势下，连锁企业的人力资源规划就必须根据劳动力市场的这一特点，加强员工的补充更新规划、员工培训规划和薪酬激励规划，力争为企业招聘或培养出合格的短缺人才，并激励他们为连锁企业长期服务。

2. 政府相关政策变化

政府相关政策的制订或修订,也会在不同程度上影响到企业的人力资源规划。例如,政府允许人才流动的政策、地方政府的户籍政策、大学毕业生就业政策等的出台,就会促使企业的人力资源管理者考虑如何扩大人才招聘范围,吸引全国各地的人才资源,进而会使企业调整人力资源规划,在政策允许范围内实施企业的人力资源战略。

3. 行业发展状况变化

行业的发展状况,也会对连锁企业人力资源规划产生影响。高新技术行业属于"朝阳行业",发展前途光明,潜力巨大,相关企业的人力资源规划应着重于如何吸引、激励人才,保持长足发展。某些传统行业属于"夕阳行业",发展前途有限,相关的企业要考虑调整经营结构、开拓其他发展渠道,其人力资源规划一方面会着重于引进或培养企业新增长点所需要的人才;另一方面又会着重于解聘并安置一些企业不需要的员工,降低劳动力总成本。

4. 科学技术的发展

科学技术对连锁企业人力资源规划的影响是多方面的。例如,采用先进的技术将使连锁企业减少对低技能人力资源的需求;同时,新技术的引进将创造新的工作岗位,使得企业对数据分析人才的需求增加。另外,随着计算机网络技术的发展,越来越多的企业采用网络招聘,不仅大大拓展了招聘对象的范围,还降低了招聘的成本。

由于外部因素和内部因素会同时影响连锁企业的人力资源规划,这些因素有些是积极的,有些可能是消极的,因此在制订人力资源规划之前,有必要仔细分析连锁企业面临的各种影响因素。扩大这些因素的积极作用,限制其消极作用,使连锁企业的人力资源规划尽可能做到科学合理,促进连锁企业战略目标的实现。

第二节 连锁企业人力资源供给与需求的预测

预测是指对未来环境的分析。人力资源预测(Human Resource Forecast)是指在连锁企业战略规划的基础上,对未来一定时期内人力资源状况的假设。人力资源预测主要是对人力资源的供给和需求进行预测。

在进行人力资源预测时,要注意:

首先,预测要在内部条件和外部环境的基础上作出,必须符合现实情况;

其次,预测是为连锁企业的发展规划服务的,这是预测的目的;

再次,选择恰当的预测技术,预测要考虑科学性、经济性和可行性,综合各方面作出选择;

最后,预测的内容是未来人力资源的数量、质量和结构,应该在预测结果中体现。

人力资源预测可分为人力资源需求预测和人力资源供给预测。需求预测是指连锁企业为实现既定目标而对未来所需员工数量和种类的估算;供给预测是指对企业内部人力资源的调配能力以及企业外部人力资源供给状况的分析,以确定连锁企业是否能够保证员工具有必要能力以及员工来自何处的过程。人力资源供求预测是人力资源规划过程中最关键性的环节,平衡供求关系的人力资源规划方案就是以供求预测为基础的。

一、连锁企业人力资源需求预测

(一)连锁企业人力资源需求预测的影响因素

连锁企业人力资源需求预测,是指以连锁企业的战略目标、发展规划和工作任务为出发点,综合考虑各种因素的影响,对企业未来人力资源的数量、质量和时间等进行估计的活动。它是连锁企业人力资源规划的起点,其准确性对规划的成效有决定性作用。

连锁企业人力资源需求的影响因素大体分为三类:连锁企业外部环境因素、连锁企业内部因素及人力资源自身因素,如表2-1所示。

表2-1 人力资源需求影响因素表

连锁企业外部环境因素	连锁企业内部因素	人力资源自身因素
经济	战略计划	退休
社会、政治、法律	预算	辞职
技术	生产和销售预测	合同终止解聘
竞争者	新建部门或连锁企业扩张	死亡
文化	工作设计	休假
供应商	产品或服务质量	人员流动

1. 连锁企业外部环境因素

经济环境包括未来的社会经济发展状况、经济体制的改革进程等,它对连锁企业人力资源需求影响较大,其可预测性较弱;社会、政治、法律因素虽容易预测,但何时对连锁企业产生影响却难以确定;技术革新对连锁企业人力资源影响较大,如计算机的出现,POS机的运用,大大提高了劳动生产率,使连锁企业对人力资源的需求锐减。目前以IT、电信等为代表的技术革命势必对连锁企业的技术构成产生重大影响;连锁企业外部竞争对手的易变性导致社会对连锁企业产品或劳务需求的变化,也会影响连锁企业人力资源需求。

2. 连锁企业内部因素

连锁企业的战略目标规划决定了其发展速度、连锁企业新产品的引入、市场覆盖率等。所以它是连锁企业内部影响人力资源需求的最重要因素。连锁企业产品或劳务的销售预测以及连锁企业预算也对人力资源需求有直接影响。如连锁企业需重建新的部门或分门店等,其人力资源也要相应变化。此外,连锁企业销售定额的先进及合理程度也影响其人力资源需求量。

3. 人力资源自身因素

连锁企业人员的状况对其人力资源需求量也有重要影响。例如:退休、辞职、辞退人员的多寡,合同期满后终止合同人员数量,死亡、休假人数等都直接影响人力资源需求量。

人力资源需求预测所涉及的变量与连锁企业经营过程所涉及的变量是共同的。与人力资源需求预测相关的变量包括:顾客的需求变化、销售需求、劳动力成本趋势、可利用的劳动力(失业率)、每一工种所需要的雇员人数、追加培训的需求、每个工种员工的移动情况、旷工趋向(趋势)、政府的方针政策的影响、劳动力费用、工作小时的变化、退休年龄的变化、社会安全福利保障等。在明确连锁企业雇员(包括一线员工和管理者)的技能和数量需求时,必须根据连锁企业的特殊环境,认真考虑上述变量,应该把预测看成是完善周围的人力资源需求决策的一个工具。因为好的决策要求拥有尽可能多的信息,以保证对未来的预言更加精确,更加有效。

(二) 人力资源需求预测的步骤

人力资源需求预测分为现实人力资源需求预测、未来人力资源需求预测和未来流失人力资源需求预测三部分。

1. 现实人力资源需求预测

(1) 根据工作分析的结果,来确定岗位编制和人员配置。

(2) 进行人力资源综合分析,统计出人员的缺编、超编及是否符合岗位资格要求。

(3) 与部门直线管理者讨论并修正上述统计结论,得出现实人力资源需求数 L_1。

2. 未来人力资源需求预测

(1) 根据连锁企业发展规划,确定各部门工作量的变动情况。

(2) 根据工作量的增减情况,确定各部门还需要增加或减少的岗位及人数,进行汇总统计,得出未来人力资源需求数 L_2。

3. 未来流失人力资源需求预测

(1) 根据员工档案记录,对预测期内退休的人员进行统计。

(2) 根据历史数据和劳动力市场变化情况,对未来可能发生的离职情况进行统计。

(3) 根据退休和离职情况预测,得出未来流失人力资源需求数 L_3。

4. 总结

将现实人力资源需求、未来人力资源需求和未来流失人力资源需求汇总,即得出连锁企业整体人力资源需求预测结论,即 $L_1 + L_2 + L_3$。

(三) 人力资源需求预测的方法

人力资源需求预测方法,如果按预测结果的形式可以分为定性预测和定量预测两种。

1. 定性预测方法

(1) 现状规划法。人力资源现状规划法是一种最简单的预测方法,较易操作。它是假定连锁企业保持原有的规模不变,当前的职务设置和人员配置是恰当的,并且没有职务空缺,所以不存在人员总数的扩充,也就是说,连锁企业的人力资源处于相对稳定状态,目前各种人员的配备比例和人员的总数完全能适应预测规划期内人力资源的需要。在此预测方法中,人力资源规划人员所要做的工作是测算出在规划期内有哪些岗位上的人员将得到晋升、降职、退休或调出本连锁企业,再准备调动人员去弥补就行了。所以,人力资源预测就相当于对人员退休、离职等情况的预测。人员的退休是可以准确预测的;人员的离职包括人员的辞职、辞退、重病(无法工作)等情况,连锁企业通过对历史资料的统计和比例分析,可以准确地预测离职的人数。现状规划法适合于中、短期的人力资源预测。

(2) 管理部门预测法。管理部门预测法就是连锁企业有关管理部门根据以往的经验对人力资源进行预测的方法,简便易行。采用管理部门预测法是根据以往的经验进行预测,预测的效果受经验的影响较大,它适合于较稳定的小型连锁企业。例如,管理者可根据前期的任务完成情况,来预测未来某个时期内,增加相同的任务量将需要增加多少员工。也可以预测未来某个时期内,本企业内将有哪些岗位上的人将会离开,如晋升、退休、辞退、调动、降职等,这些岗位需要多少人员替补。这是一种较简单的预测方法,适用于任务与人力资源需求较简单的情况,并且主要是用于短期的预测。

不同的管理者的预测可能有所偏差,因此,保持历史的档案,并采用多人综合的经验,可减少误差。要注意的是,经验预测法只适合于一定时期内连锁企业的发展状况没有发生方向性变化的情况,对于新的职务,或者工作的方式发生了大的变化的职务,不适合使用经验预测法。现在不少企业采用这种方法来预测本企业对将来某段时期内人力资源的需求。连锁企业在有人员流动的情况下,如晋升、降职、退休或调出等,可以采用与人力资源现状规划结合的方法来制订规划。

(3) 综合分析法。综合分析法是一种常用的预测方法,它采取先分后合、自下而上的方式。这种方法的第一步是连锁企业总部要求下属各个门店根据各自的营销任务、消费者购买行为等变化的情况对本门店将来对各种人员的需求进行综合预测;在此基础上,总部人力资源部把下属各门店的预测数进行综合平衡,从中预测出整个连锁企业将来某一时期内对各种人员的需求总数。这种方法要求较简便,但必须对基层的预测予以指导和监控,以期尽量获得准确的结果。该方法适用于中短期预测。

(4) 描述法。描述法是人力资源规划人员可以通过对本连锁企业在未来某一时期的有关因素的变化进行描述或假设,并从描述、假设、分析和综合中对将来人力资源的需求进行预测规划。由于这是假定性的描述,因此人力资源需求就有几种备择方案,目的是适应和应付环境因素的变化。

(5) 德尔菲法。德尔菲法(Delphi)又名专家会议预测法,是有关专家对企业某一方面的发展的观点达成一致的结构性方法。这是 20 世纪 40 年代末在美国兰德公司的"思想库"中发展出来的一种主观预测方法。这种方法是依靠专家的知识和经验,对未来作出判断性的估计。它既可用于预测"渐变式"的发展过程,也可用于预测"跃变式"的变化过程,适用于中期和长期预测。使用该方法的目的是通过综合专家们各自的意见来预测某一方面的发展。

德尔菲法的特征有:① 专家参与,即吸收同学科或不同学科的专家共同参与预测,博采众长,充分利用专家的经验和学识;② 匿名进行,即采用匿名或背靠背的方式,参与预测的专家互不见面也互不知情,能使每一位专家独立自由地作出自己的判断;③ 多次反馈,即预测过程必须经过几轮反馈,使专家的意见互相补充、启发,并渐趋一致;④ 采用统计方法,即将每一轮反馈来的预测结果用统计方法加以处理,作出定量判断。

德尔菲法用于人力资源预测,其具体实施步骤如下:

第一,选择 20 名左右熟悉人力资源问题的专家,并为专家提供做人力资源预测的背景材料。

第二,设计人力资源调查表,表中列出有关人力资源预测的各类问题,这些问题必须能够进行统计处理。

第三,进行第一轮调查,将调查表送交专家,由专家匿名并独立地对上述问题进行判断或预测;然后对反馈回来的调查表进行分析,并用统计方法进行综合处理。

第四,根据第一轮调查的专家意见与统计分析结果,设计第二轮调查表,并请专家对第二轮调查表中的问题进行判断、预测,并给出相关的分数。

第五,对第二轮调查反馈的信息进行处理,总分值最高的方案是最佳方案。至此,专家们的意见进一步集中。

第六,根据第二轮调查的结果,给出第三轮调查表,并提出若干种(一般三种)比较方案,再请专家加以判断或预测。

第七,表述预测结果。用文字、图表等形式将专家们的预测结果予以发布。

这种预测方法具有可操作性,且可以综合考虑社会环境、企业战略和人员流动三大因素对企业人力资源规划的影响,因而运用比较普遍。但其预测结果具有强烈的主观性和模糊性,无法为企业制订准确的人力资源规划政策提供详细可靠的数据信息。

2. 定量预测方法

(1) 趋势预测法。趋势预测法是利用企业的历史资料,根据某些因素的变化趋势,预测相应的某段时期人力资源的需求。趋势预测法在使用时一般都要假设其他的一切因素都保持不变或者变化的幅度保持一致,往往忽略了循环波动、季节波动和随机波动等因素。

(2) 散点图分析法。该方法首先收集连锁企业在过去几年内人员数量的数据,并根据这些数据作出散点图,把连锁企业经济活动中某种变量与人数间的关系和变化趋势表示出来,如果两者之间存在相关关系,则可以根据连锁企业未来业务活动量的估计值来预测相关的人员需求量,同时,可以用数学方法对其进行修正,使其成为一条平滑的曲线,从该曲线可以估计出未来的变化趋势。

(3) 幂函数预测模型。该模型主要考虑人员变动与时间之间的关系,其具体公式为:$R(t) = at^b$,式中 $R(t)$ 为 t 年的员工人数,a,b 为模型参数。a,b 的值由员工人数历史数据确定,用非线性最小二乘法拟合幂函数曲线模型算出。

(4) 统计预测法。统计预测法是指根据过去的情况和资料建立数学模型,并由此对未来的趋势作出预测的一种定量的预测方法。它又有以下几种常用的预测法:

一是比例趋势预测法。这种方法通过研究历史统计资料中的各种比例关系,如部门管理人员与该部门工人之间的比例关系,员工数量与机器设备数量的比率,考虑未来情况的变动,估计预测期内的比例关系,进而预测未来各类员工的需要量。这种方法简单易行,关键在于历史资料的准确性和对未来情况变动的估计。

二是一元线性回归预测法。在进行人力资源需求预测时,如果只考虑某一种因素对人力资源需求的影响,如连锁企业的市场规模,而忽略其他因素的影响,就可以采用一元线性回归预测法；如果考虑两个或者两个以上因素对人力资源需求的影响，则需要运用多元线性回归预测法；如果其中的某一影响因素与人力资源需求量之间的关系不是直线相关的线性关系，那么，就需要采用非线性回归法来做预测。

三是经济计量模型预测法。这种方法首先用数学模型的形式表示出连锁企业的职工需求量与影响连锁企业员工需求量的主要因素之间的关系，然后依据该模型和主要的影响因素变量来预测连锁企业的员工需求量。这种方法比较繁琐、复杂，一般只在管理基础比较好的大型企业才会采用。

（5）工作负荷预测法。工作负荷预测法，是指按照历史数据、工作分析的结果，先计算出某一特定工作每单位时间（如一天）的每人的工作负荷（如产量），然后再根据未来的生产量目标（或者劳务目标）计算出所需要完成的总工作量，然后依据前一标准折算出所需要的人力资源数量。这种方法的考虑对象是连锁企业工作总量和完成工作所需要的人力资源数量之间的关系，考虑的是每位员工的工作负荷和连锁企业总体工作量之间的比率。可用公式表示为：

未来每年所需员工数＝未来每年工作总量/每年每位员工所能完成的工作量＝
未来每年的总工作时数/每年每位员工工作时数

因此，工作负荷预测法的关键部分是准确预测出连锁企业总的工作量和员工的工作负荷。当连锁企业所处的环境、劳动生产率增长比较稳定的时候，这种预测方法就比较方便，预测效果也比较好。

（6）劳动定额预测法。劳动定额是对劳动者单位时间内应完成工作量的规定。在已知连锁企业的计划任务总量，以及科学合理的劳动定额的基础上，运用劳动定额法能够比较准确地预测连锁企业人力资源需求量。

该方法可以运用公式：$N=W/q(1+R)$进行计算。式中，N为企业人力资源需求量，W为计划期任务总量，q为企业制订的劳动定额，R为部门计划期内生产率变动系数。$R=R_1+R_2+R_3$，其中，R_1为企业技术进步引起的劳动生产率提高系数，R_2为由经验积累导致的劳动生产率提高系数，R_3为由于员工年龄增大以及某些社会因素导致的劳动生产率下降系数。

二、人力资源供给预测

人力资源供给预测（Supply Forecasting of Human Resources）是人力资源规划中的核心内容，是预测在某一未来时期，企业内部所能供应的（或经有培训可能补充的）及外部劳动力市场所提供的一定数量、质量和结构的人员，以满足企业为达成目标而产生的人员需求。

从供给来源看,人力资源供给分为外部供给和内部供给两个方面。

(一)人力资源供给预测的步骤

由于人力资源供给预测影响因素有内外之分,所以在进行人力资源供给预测时,一般由内到外分为以下几个步骤。

1. 内部人力资源供给预测

(1)进行人力资源盘点,对连锁企业现有的人力资源进行统计,了解员工现状。

(2)分析连锁企业的职务调整政策和员工调整的历史数据,统计员工调整的比例。

(3)分析各部门的人事决策管理人员可能作出的人事决策。

(4)将连锁企业员工调整的比例及各部门人事调整的情况汇总,得出连锁企业内部人力资源供给能力。

2. 外部人力资源供给预测

(1)分析影响外部人力资源供给的地域性因素,包括:连锁企业所在地的人力资源整体状况,连锁企业所在地的有效人力资源的供求状况,连锁企业所在地对人才的吸引程度,连锁企业薪酬对所在地人才的吸引程度,连锁企业能够提供的各种福利对当地人才的吸引程度等。

(2)分析影响外部人力资源供给的全国性因素,包括:全国相关专业的毕业生人数及分配情况;国家的就业法规和政策,该行业全国的人才供需状况、薪酬水平和差异。

根据以上几种外部人力资源供给的情况,计算出规划期内外部的人力资源供给能力。

3. 总结

将连锁企业内部人力资源供给预测数据和连锁企业外部人力资源供给预测数据汇总,得出连锁企业人力资源供给预测总体数据。

(二)人力资源供给预测的方法

1. 内部供给预测

当连锁企业出现人力资源短缺时,优先考虑的应该是从内部进行补充,因为内部劳动力市场不但可以预测,而且可调控,以有效地满足连锁企业对人力资源的需求。

影响内部供给的因素主要有:① 连锁企业现有人力资源的存量;② 连锁企业员工的自然损耗,包括辞退、退休、伤残、死亡等;③ 连锁企业内部人员流动,包括晋升、降职、平职调动等;④ 内部员工的主动流出,即"跳槽"等;⑤ 连锁企业由于战略调整所导致的人力资源政策的变化。

人力资源内部供给预测的方法主要有以下几种：

(1) 人员核查法。人员核查法是基于连锁企业现状，预测内部供给的一种方法，这种方法通过对连锁企业现有人力资源质量、数量、结构和在各职位上的分布状况进行检查，掌握连锁企业拥有的人力资源状况。通过核查一些记录员工信息的资料(见表2-2)，可以了解员工在工作经验、受教育程度、特殊技能、竞争能力等与工作有关的信息，从而帮助人力资源规划人员估计现有员工调换工作岗位的可能性大小，决定哪些员工可以补充当前空缺岗位。这一方法常作为一种辅助性的方法，对管理人员置换、人力接续等提供更为详细的质量上的参考。

表2-2 人事资料表

姓名：		部门：	科室：	工作地点：	填表日期：
到职日期：		出生年月：	婚姻状况：	工作职称：	
教育背景	类别	学位种类	毕业日期	学校	主修科目
	高中				
	大学				
	硕士				
	博士				
训练背景		训练主题	训练机构		训练时间
技能		技能种类		证书	
志向	你是否愿意担任其他类型的工作？			是	否
	你是否愿意调到其他部门去工作？			是	否
	你是否愿意接受工作轮调以丰富工作经验？			是	否
	如果让你选择，你愿意承担哪种工作？				
你认为自己需要接受哪种训练？	改善目前的技能和绩效				
	提高晋升所需要的经验和能力				
你认为自己现在就可以接受的工作指派：					

(2) 职位置换法。职位置换法也称管理人员接替模型，是一种专门对连锁企业的中、高层管理人员的供给进行有效预测的方法。它通过对连锁企业中各个管

理人员的绩效考核及晋升可能性的分析,确定连锁企业中各关键职位的接替人选,然后评价接替人选目前的工作情况及潜质,确定其职业发展需要,考察其个人职业目标与连锁企业目标的契合度。其最终目的是确保连锁企业未来有足够的、合格的各类人员供给。

职位置换法的步骤如下:① 确定人力资源规划所涉及的工作职能范围;② 确定每个关键职位上的接替人选;③ 评价接替人选的工作情况和是否达到提升要求;④ 了解接替人选的职业发展需要,考察其个人职业目标与连锁企业目标的契合度。

职位置换法是通过一张人员替代图来预测连锁企业内的人力资源供给,如图2-2所示。

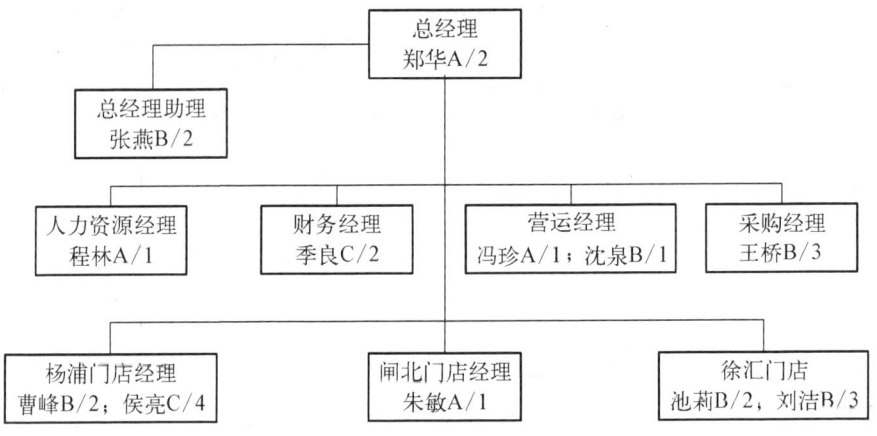

名字:可能接替职位的人员;
A:可以晋升;B:需要培训;C:不适合该职位
1:优越;2:良好;3:普通;4:欠佳。

图2-2 职位置换图

在图2-2中,职位置换法将每个工作职位均视为潜在的工作空缺,而该职位下的每个员工均是潜在的供给者。职位置换法以员工的绩效作为预测的依据,当某位员工的绩效过低时,连锁企业将采取辞退或调离的方法;而当员工的绩效很高时,他将被提升替代他上级的工作。这两种情况均会产生职位空缺,其工作则由其下属替代。

通过职位置换图可以清楚地了解到连锁企业内人力资源的供给与需求情况,为人力资源规划提供依据。

(3) 人力资源"水池"模型。该模型是在预测连锁企业内部人员流动的基础上来预测人力资源的内部供给的,它与人员替换有些类似,不同的是人员替换是从员工出发来进行分析,而且预测的是一种潜在的供给;"水池"模型则是从职位出发进行分析,预测的是未来某一时间现实的供给。这种方法一般要针对具体的部门、职位层次或职位类别来进行,由于它要在现有人员的基础上通过计算流入量和流出量来预测未来的供给,这就好比是计算一个水池未来的蓄水量,因此称之为"水池"模型。下面通过一个职位层次分析的例子来看一下这个模型是如何运用的。

首先,我们要分析每一层次职位的人员流动情况(见图2-3),可以用下面的公式来进行预测。

未来的供给量＝现有的人员数量＋流入人员的数量－流出人员的数量

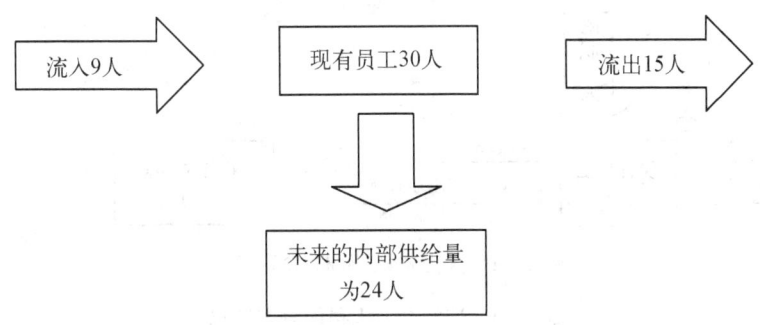

图2-3 某一层次职位的内部人力资源供给图

对每一层次的职位来说,人员流入的原因有平行调入、上级职位降职和下级职位晋升;流出的原因有向上级职位晋升、向下级职位降职、平行调出和离职。

对所有层次的职位分析完之后,将它们合并在一张图中,就可以得出连锁企业未来各个层次职位的内部供给量以及总的供给量(见图2-4)。

(4) 马尔可夫分析法。马尔可夫分析法通常也称为转换矩阵方法,是用来预测等时间间隔点上(一般为1年)各类人员分布状况的一种动态预测技术,主要用于连锁企业内部人力资源供给预测,这也是从统计学中借鉴过来的一种定量预测方法。它的基本思路是找出过去人力资源流动的比例,根据过去人力资源供给变化的规律来预测未来人力资源供给的情况。通过不同工作岗位的变动情况来调查员工的发展模式,显示员工留任、升降职、进出比率的人数。对人员变动概率的估计,一般以5～10年的长度为一个周期来估计年平均百分比,周期越长,这一百分比的准确性越高。

下面举例解释一下马尔可夫分析法的具体运用。

假设某连锁企业有四类职位,从低到高依次是A,B,C和D,可以是职务类别、工资级别、业绩考核、学历水平等。起始时间到终止时间的选择也相对比较灵活。各类人员的分布情况见表2-3,请预测一下未来人员的分布情况。

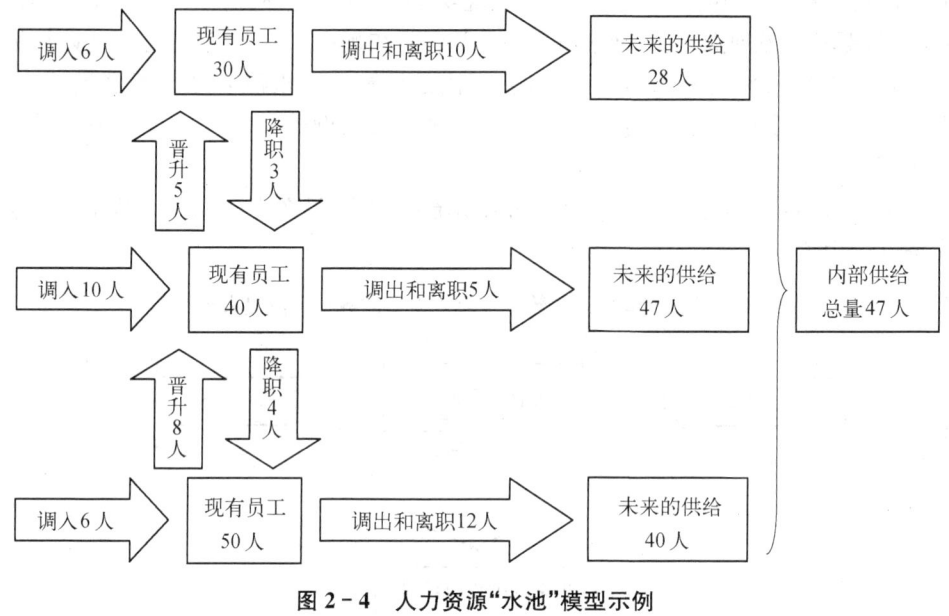

图 2-4　人力资源"水池"模型示例

表 2-3　连锁企业人员的分布情况

职　位	A	B	C	D
人　数	40	80	100	150

在预测时,先要确定各类职位的人员转移率,这一转移率可以表示为一个矩阵变动表(见表 2-4)。

表 2-4　第 1 年连锁企业人员的分布和迁移情况

	A	B	C	D	离职率合计
A	0.9				0.1
B	0.1	0.7			0.2
C		0.1	0.75	0.05	0.1
D			0.2	0.6	0.2

表 2-4 中的每一个数字都表示在固定的时期(通常为 1 年)内,两类职位之间转移的员工数量。例如,表 2-4 表示在任何 1 年内,A 类职位的人有 90% 留在公司;B 类职位中 80% 留在公司,其中 10% 转移到 A 类职位,70% 留在原来的职位。这样有了各类人员原始的人数和转移率,就可以预测出未来的人力资源供给情况,

将初期的人数与每类的转移率相乘,然后再纵向相加,就得到每类职位第 2 年的供给量(见表 2-5)。

表 2-5 第 2 年连锁企业人员的供给情况预测

	初期人数	A	B	C	D	离职者合计
A	40	36				4
B	80	8	56			16
C	100		10	75	5	10
D	150			30	90	30
预测的供给		44	66	105	95	60

由表 2-5 可以看出,在第 2 年中,A 类职位的供给量为 44,B 类职位的供给量为 66,C 类职位的供给量为 105,D 类职位的供给量为 95,整个连锁企业的供给量则为 310,将这一供给的预测和需求预测一比较,就可以得出连锁企业在明年的净需求。如果要对第 3 年作出预测,只需将第 2 年预测的数据作为初期数据就可以了。

马尔可夫法在一些国际性的大公司中得到广泛应用,运用马尔可夫分析法进行人力资源供给预测的关键是要确定转移率矩阵,而在实际预测中,由于其所估计的人员流动概率与预测期的实际情况可能有差距,因此使用这种方法得到的内部人力资源供给预测的结果也就可能会不精确,其最大的价值在于提供了一种内部人员流动的分析框架。

(5) 计算机模拟法。目前有许多基于计算机技术的预测模拟,以充分考虑各种变量对未来人员需求供给的影响,解决大规模或人力无法进行的预测问题。运用计算机技术,管理者可以变换人事政策以判断这种变化对未来人员供给的影响,从而获得一系列与各种不同人事政策相对应的人力供给状况。

人力资源规划的各种方法各有优劣,需要相互配合运用。

2. 外部供给预测

外部供给预测是指连锁企业以外能够提供给连锁企业所需要的人力资源的质和量的预测,主要的渠道是外部劳动力市场。当连锁企业内部的人力资源供给无法满足需要,或管理者希望改变连锁企业,或连锁企业需要引进某些专业人才时,都需要通过外部的劳动力市场解决人员的补充问题。外部供给是解决连锁企业人员新陈代谢和改变人员结构的根本出路,是任何连锁企业都必须面对和采用的人力资源补充渠道。因此,对外部供给进行合理预测是保证连锁企业正常发展,节省人力购置成本的重要手段。但是，外部供给有一个特点，即不能为连锁企业所掌控，而只能通过信息的收集分析加以利用。

(1) 外部人力资源供给的影响因素。外部人力资源供给的影响因素是多种多样的，主要应考虑以下几个方面：

一是宏观经济形势和失业预期的影响。一般来说，宏观经济形势越好，失业率越低，劳动力供给越紧张，招聘就越困难；相反，宏观经济形势越差，失业率越高，劳动力供给越充足，招聘就越容易。要了解这一方面的情况，可以参考政府机构和金融部门的公开出版物。

二是人口状况的影响。人口状况是影响连锁企业外部人力资源供给的重要因素，主要包括人口总量、人力资源率、人口年龄和素质结构、现有的劳动力参与率等，它决定了人力资源总量。人口总量越大，人力资源率越高，人力资源供给越充分；另外，人力资源的总体构成，主要包括人力资源的年龄、性别、受教育程度、技能、经验等，它们决定了在不同的层次与类别方面可以提供的人力资源数量与质量。

三是劳动力市场状况的影响。劳动力市场是指劳动力供应和劳动力需求相互作用的场所，即劳动者寻找工作，雇主寻找雇员的地方。它主要从以下几个方面来影响人力资源的供给：劳动力供应的数量，劳动力供应的质量，劳动力的职业选择，当地经济发展的现状与远景，雇主提供的工作岗位数量与层次，雇主提供的工作地点、工资、福利等。在了解当地劳动力市场的供求状况时，大中专毕业生的数量与质量及就业意向是很重要的因素。

一般意义上外部劳动力市场可以分为四类：蓝领员工市场、职员市场、专业技术人员市场和管理人员市场。

我国现阶段并没有建立起全国统一的劳动力大市场，因此劳动力市场的分类也较为混乱，主要是不同主体举办的劳动力中介企业：① 政府主办的劳动力市场，主要是劳动部门主办的职介机构和人事部门主办的人才市场；② 行业、团体主办的；③ 大型企业主办的；④ 街道社区主办的；⑤ 民营的。

四是社会就业意识和择业心理偏好。例如，一些城市失业人员宁愿失业也不愿从事一些苦、脏、累、险的工作；又如，应届大学生普遍存在对职业期望值过高的现象，大多数人希望进国家机关、大公司或合资企业工作，希望从事工作条件舒适、劳动报酬较高的职业，而不愿意到厂矿企业从事一般岗位的工作。

五是政府的政策法规的影响。政府的政策法规与压力是影响连锁企业外部人力资源供给不可忽视的因素。各地政府为了各自经济的发展，为了保护本地劳动力的就业机会，都会颁布一些相关的政策法规。例如，防止外地劳动力盲目进入本地劳动力市场；不准歧视妇女就业；保护残疾人就业；严禁儿童就业；保护员工工作安全条例等。

(2) 连锁企业外部人力资源供给的主要渠道。这些渠道包括：① 大中专院校应届毕业生。大中专院校及职业技术学校应届毕业生的供给较为确定，主要集中于春季，且其数量和专业层次、学历等均可通过各级教育部门获取，预测工作比较容易。② 复员转业军人。复员转业军人由国家指令性计划安置就业，也较易预测。③ 失业人员、流动人员。城镇失业人员和流动人员的预测比较困难，在预测过程中需综合考虑城镇失业人员的就业心理、国家就业政策、政府对农村劳动力进城市的控制程度以及其他一些因素。④ 其他连锁企业在职人员。对于其他连锁企业在职人员的预测需要考虑诸如社会心理、个人择业心理、连锁企业本身的经济实力及同类连锁企业相当人员的工资、福利、保险等因素。连锁企业应在可能提供的待遇前提下，科学地预测外部人员可供给量。

三、人力资源供求平衡

人力资源规划的目的就是使人力资源供求达到平衡，当它们不平衡时，就制订相应的政策措施，以实现连锁企业未来人力资源供求平衡。人力资源供求预测结束后，往往会出现三种供求不平衡的结果：人力资源供给大于需求；人力资源供给小于需求；人力资源供求总量平衡，结构不平衡。一般说来，企业的人力资源总是处于失衡状态，供求完全平衡状态在实践中很难出现。连锁企业需根据供求预测不同的结果，制订相应的人力资源规划措施。

(一) 人力资源供给大于需求

人力资源供给大于需求，出现员工过剩，可以从供和需两方面采取措施。

1. 需求方面

(1) 连锁企业要扩大经营规模，或者开拓新的业务增长点，以增加对人力资源的需求。例如，连锁企业可以通过开辟新市场、实施多种业态经营等方式吸纳过剩的人力资源供给。

(2) 对富余员工实施培训，引导富余人员走向新的工作岗位，即增加培训人员的需求，减少对现有岗位的人员供给。

连锁企业可以通过对企业内的过剩人员按年龄、知识结构等进行有针对性的培训，使企业员工熟练掌握企业所需要的技能，这相当于进行人员的储备，为未来的发展做好准备；同时对于提高职工的忠诚度也有积极的意义。

2. 供给方面

(1) 裁员或者辞退员工是连锁企业解决人力资源过剩最直接的方法。裁员可以有效地降低企业的人工成本，但也可能降低员工士气，带来一些负面的影响。人力资源管理部门应做好各方面的思想工作。在我国还有提前退休、内退、待岗等做法,这种方法会给社会带来不安定因素,因此往往会受到政府的限制。

(2) 冻结招聘,就是停止从外部招聘人员,通过自然减员来减少供给。

(3) 缩短员工的工作时间、实行工作分享或者降低员工的工资,通过这种方式也可以减少供给。连锁企业可以根据经营负荷,减少工作时间,降低工资水平,这是解决企业临时性人力资源过剩的一种方式。

(4) 制订一些优惠政策,鼓励提前退休。实行提前退休计划,不仅可以减少预期出现的人员过剩,还可以降低连锁企业的成本。这种方法虽然可以减少老员工较高的人工成本,同时又可以为年轻员工的发展提供机遇,但是企业也不应该忽视老员工的经验和稳定性,以及该项计划可能带来的潜在损失。

(5) 合并或关闭一些臃肿的机构,减少人力资源供给,并提高人力资源的使用效率。

(二) 人力资源供给小于需求

这种情况下,连锁企业面临的问题是如何在保证企业经营的产品和服务质量的条件下,对人力资源进行有效管理。人力资源供给小于需求,出现员工供给短缺,也可从供需两方面采取措施。

1. 需求方面

(1) 进行技术创新,增添新设备,以提高劳动生产率,降低对人力资源数量的需求。

(2) 对连锁企业的现有员工进行技能培训,提高劳动效率,使其不仅能适应当前的工作,还能适应更高层次的工作,并为职务的升迁做好准备,这也是减少需求的一种有效方法。

(3) 在符合《劳动法》等有关法律、法规、政策的前提下,增加员工的工作时间和工作量,并制订相应的薪酬政策。这种方法一般只适用于短期人员短缺情况,并且不宜过多地使用。因为其最大的问题是增加连锁企业的成本。

2. 供给方面

(1) 首先考虑内部人选,把内部处于相对富余的人员(经过培训后)安排到人员短缺的岗位上去。这样既消化了空余的岗位,又极大降低了培训的成本。

(2) 根据连锁企业的具体情况,面向社会招聘所需人员,包括返聘退休人员,这是最为直接的一种方法。连锁企业可以录用一些正式员工、兼职员工和临时员工。这种方法可以保持连锁企业经营规模的弹性,并可以减少人员福利成本。同时也可以考虑充分发挥退休者的能量。临时招聘一些身体状况良好的企业退休职工,聘用为非全日制临时工。这种做法在美国的一些公司较为常用,而且往往会给企业带来些额外的利益。

(3) 降低员工的离职率,减少员工的流失,同时进行内部调配,增加内部的流动来提高某些职位的供给。

（4）外包。连锁企业根据自身情况,将较大范围的工作整个承包给外部的企业去完成。通过外包,连锁企业可以将任务交给那些更有比较优势的外部代理人去做,从而提高效率,减少成本,减少连锁企业内部人力资源的需求。目前,一种常用的方法是将一些事务性工作外包给有比较优势的外部代理机构来完成,既可以提高工作效率,又可以减少成本。

（三）人力资源供求总量平衡,结构不平衡

结构上的人力资源不平衡,是指连锁企业中某些部门或岗位出现人员过剩,而另一些部门或岗位人员短缺。对于这种供需失衡问题可采取如下措施来协调:

（1）通过企业内部人员的流动,如晋升、调动、降职等,来满足空缺岗位的人力资源需求。

（2）对过剩员工进行有针对性的培训,提高他们的工作技能,将他们补充到空缺岗位上。

（3）进行企业内外人力资源的流动,以平衡人员的供需。即从企业外部招聘合适的人员并补充到相应的岗位,同时释放另一些岗位上企业不需要的过剩的人力资源,以调整人员的结构。

总之,连锁企业人力资源的供需平衡,不仅仅是保持员工需求和供给的总量上平衡,更重要的是实现员工在质量、层次、类别等供需结构上的平衡。

本 章 小 结

人力资源规划是指根据企业的发展战略、目标及企业内外环境的变化,运用科学的方法对企业人力资源的需求和供给进行预测,制订相宜的政策和措施,从而使企业的人力资源供给和需求达到平衡,实现人力资源合理配置,有效激励员工的过程。它包括四层含义:人力资源规划的制订必须依据企业的发展战略、目标。企业的发展战略、目标发生变化时,人力资源规划也随之发生变化;人力资源规划要适应企业内外部环境的变化;制订必要的人力资源政策和措施是人力资源规划的主要工作;人力资源规划的目的是使企业人力资源供需平衡,保证企业长期持续发展和员工个人利益的实现。

人力资源规划的作用体现在:有利于企业制订战略目标和发展规划;确保企业生存发展过程中对人力资源的需求;有利于人力资源管理活动的有序化;有利于调动员工的积极性和创造性;有利于控制人力资源成本。

人力资源规划内容包括两个层次,即总体规划和各项业务计划。人力资源总体规划是指有关规划期内人力资源管理和开发的总目标、总政策、实施步骤以及总预算的安排等，它是根据企业战略规划制订的。人力资源所属的各项业务计划是人力资源总体规划的进一步展开和细化，一般包括以下几个方面的计划：人员补充计划、人员使用计划、晋升计划、教育培训计划、评价及激励计划、薪酬计划、退休解聘计划、劳动关系计划。

制订人力资源规划通常有六个步骤：第一，连锁企业的总体发展战略是制订企业人力资源规划的基础。第二，分析连锁企业现有的人力资源状况。第三，对连锁企业的人力资源供求状况进行预测。第四，根据以上三个步骤，制订人力资源规划。第五，设置人力资源规划执行过程中的监督和控制机制。第六，设置人力资源规划的评估和调整系统。

连锁企业人力资源规划的影响因素包括内部和外部两方面。影响连锁企业人力资源规划的内部因素包括：连锁企业目标的变化，员工素质的变化，连锁企业形式的变化，连锁企业最高领导层的理念。影响连锁企业人力资源规划的外部因素包括：劳动力市场的变化，政府相关政策的变化，行业发展状况的变化，科学技术的发展。

人力资源预测是指在企业战略规划基础上，对未来一定时期内人力资源状况的假设。可分为人力资源需求预测和人力资源供给预测。需求预测是指连锁企业为实现既定目标而对未来所需员工数量和种类的估算；供给预测是指对企业内部人力资源的调配能力以及企业外部人力资源供给状况的分析，以确定连锁企业是否能够保证员工具有必要能力以及员工来自何处的过程。

人力资源供求预测是人力资源规划过程中的关键性环节，平衡供求关系的人力资源规划方案就是以供求预测为基础的。

连锁企业人力资源需求的影响因素大体分为三类：连锁企业外部环境因素、连锁企业内部因素及人力资源自身因素。

人力资源需求预测分为现实人力资源需求预测、未来人力资源需求预测和未来流失人力资源需求预测三部分。人力资源需求预测方法包括定性和定量预测。定性预测方法包括：现状规划法、管理部门预测法、综合分析法、描述法、德尔菲法。定量预测方法包括：趋势预测法、统计预测法、工作负荷预测法、劳动定额预测法。

人力资源需求预测分析是研究企业内部对人力资源的需求，而供给分析则需要研究企业内部的供给和企业外部的供给两个方面。常用的内部人力资源供给预测的方法包括人员核查法、职位置换法、人力资源"水池"模型、马尔可夫分析法、计算机模拟法等。影响企业外部人力资源的供给因素是多种多样的，主要应考虑以下几个方面：宏观经济形势和失业预期的影响、人口状况的影响、劳动力市场状况的影响、政府的政策法规的影响。连锁企业外部人力资源供给的主要渠道包括大中专院校应届毕业生、复员转业军人、失业人员、流动人员、其他连锁企业在职人员。

人力资源规划的目的就是使人力资源供求达到平衡,当它们不平衡时,制订相应的政策措施,使企业未来人力资源供求实现平衡。人力资源供求预测结束后,往往会出现三种供求不平衡的结果:人力资源供给大于需求、人力资源供给小于需求、人力资源供求总量平衡而结构不平衡。一般说来,企业的人力资源总是处于失衡状态,供求完全平衡状态在实践中很难出现。企业需根据供求预测不同的结果,制订相应的人力资源规划措施。

1. 什么是人力资源规划?它包括哪些内容?
2. 人力资源规划的步骤是什么?
3. 人力资源需求预测的方法有哪些?
4. 人力资源供给预测的方法有哪些?
5. 怎样平衡人力资源的供给和需求?
6. 影响人力资源需求的企业内部因素有哪些?

新星连锁公司的人力资源规划的编制

杜伟3天前才调到人力资源部当主任,虽然他进入这家连锁公司已经2年了,但是,面对桌上那一大堆文件、报表,他还是有点晕头转向:哪知道我干的是这种事。原来副总经理李勤直接委派他在10天内拟出一份本公司5年的人力资源计划。

其实杜伟已经把这任务仔细看过好几遍了。他觉得要编制好这计划,必须考虑以下各项关键因素:

首先是公司现状。公司下设门店共有营业员825人,总部包括门店的行政职员93人,总部包括门店的基层与中层管理干部68人,信息处理技术人员18人,采购人员23人。

其次,据统计,近5年来员工的平均离职率为4%,没理由会有什么改变。不过,不同类的员工的离职率并不一样,一线营业员离职率高达8%,而技术和管理干部则只有3%。

再则,按照既定的门店扩张计划,行政职员要新增5%,采购人员要新增10%,信息技术人员要增加5%～6%,中、基层干部不增也不减,而一线营业员要增加15%。

有一点特殊情况要考虑:最近本地政府颁发了一项政策,要求当地企业招收新员工时,要优先照顾女性和下岗职工。公司一直未曾有意地排斥女性或下岗职工,只要她们来申请,就会按照同一种标准进行选拔,并无歧视,但也未有特殊照顾。如今的事实是,只有一位女性采购员,中、基层管理干部除两人是女性外,其余也都是男的,信息处理师里只有三个是女性,行政职员中,女性的比例比较高,35%是女性,而一线营业员约有61%是女性或下岗职工,而且都集中在底层的劳动岗位上。

杜伟还有7天就要交出计划,其中得包括各类干部和员工的人数,要从外界招收的各类人员的人数以及如何贯彻政府关于照顾女性与下岗人员政策的计划。

此外,新星连锁公司刚决定要在X市开设3家新门店,所以预计公司营业额3年内会增长20%,他还得提出一项应变计划以便应付这种快速增长。

讨论题:
1. 杜伟在编制这个计划时要考虑哪些情况和要素?
2. 他该制订一项什么样的招工方案?
3. 在预测公司人力资源需求时,他能采用哪些计算技术?

第三章 连锁企业组织结构与岗位设计

1. 理解连锁经营的组织体系；
2. 理解连锁经营的基本职能；
3. 了解连锁经营的组织变革。

【引导案例】

问题的真正原因何在

有一家连锁企业的董事长派了一位地位类似店长的人去某分店会同店长推动工作。派往之前，董事长没有说明两人何人有最后决定权，何人为受命者，每当两个人意见不同时，就争论不休。这位董事长以长途电话来解决纷争，也无济于事，私人方面不但伤了和气，公的方面也耽误了时机，使得该分店士气低沉，损失不小。这位不懂组织重要性的董事长，最后不得不亲自到该店坐镇，以求弥补，可惜为时已晚，这位董事长只知道骂两人不能合作，还一直不晓得真正的原因何在。

第一节 连锁企业的组织结构设计

一、连锁企业组织结构设计要求

连锁企业的组织结构决定了在连锁企业中每名雇员应该承担的具体任务，以及企业的权力线与责任线。组织结构反映在组织图上,是对一个组织的一整套基本活动和过程的可视化描述。组织结构定义的三个关键要素是:① 组织结构决定了正式的报告关系,包括层级数和管理者的管理跨度;② 如何由个体组合成部门,再由部门组合成组织,这也是由组织结构来确定的;③ 组织结构包含了一套系统,以保证跨部门的有效沟通、合作与整合。

组织结构这三个要素包含于组织过程的横向和纵向两个方面。前两个要素是组织的结构性框架,属于组织图上的纵向层级内容,第三个要素则是关于组织成员之间的相互作用类型的。一个理想的组织结构应该鼓励其成员在必要的时候提供横向信息,进行横向协调。

一个连锁企业的组织往往同时面临提高内部效率和增强外部适应性的要求,即组织设计必须满足三方面的需要:目标市场的需要、公司管理部门的需要、员工的需要。

1. 目标市场的需要

企业是营利性的经济组织,连锁企业作为一种企业组织,其经营活动的根本目的以及其存在和发展的基本条件就是保持盈利。连锁企业通过向消费者提供品种繁多的商品和适当的服务来谋利,这些商品和服务能否满足消费者的需要,将决定该连锁企业是否有利可图,或者是否有存在的价值。另外,经营商品的结构和提供服务的内容又影响组织机构的设置,如提供昼夜服务就要求设置几组店面经营人员轮班。因此,建立连锁企业的组织机构,必须认真研究目标市场的需要。下面列举一些目标市场需要对连锁企业组织设计产生的要求:

(1) 能否提供比较舒适的购物环境。

(2) 能否以适当的价格水平提供各种所需的服务(例如送货、昼夜服务或晚间经营)。

(3) 能否提供品种齐全的商品。

(4) 能否随时保证货源充足。

(5) 能否满足下属各商店顾客的特殊需要。

(6) 能否适应顾客需要的变化。

(7) 能否反馈顾客需求信息。

(8) 能否及时处理顾客投诉意见。

2. 公司管理部门的需要

从管理的角度理解组织,它是指管理的一种职能。组织机构的设置是为了保证组织这种管理职能的正常发挥。因此,组织机构的设置应该考虑管理部门提高经营管理水平的需要。下面列举一些管理需要对连锁企业组织设计产生的要求:

(1) 人际关系是否和谐。

(2) 权责关系是否明确。
(3) 信息能否及时传递和反馈。
(4) 决策能否迅速作出和得到执行。
(5) 各部门能否协调一致,配合适当。
(6) 员工能否受到有效激励。
(7) 管理幅度是否合适(即每个管理者能否有效管理其直接下属)。
(8) 是否具有灵活性,以适应业务拓展(例如区域扩张)的需要。
(9) 是否具有连续性,以便内部提升容易实行。

3. 员工的需要

对人的管理构成连锁企业组织管理的一个重要组成部分。根据连锁企业组织承担的职能和任务对人力资源作出具体安排,也是组织机构设计的重要方面。因此,满足员工的要求,以实现有效激励,也是组织机构设计应考虑的问题。下面列举一些员工的需要对连锁企业组织设计的要求:

(1) 人际关系是否和谐。
(2) 权责关系是否明确。
(3) 联系渠道是否畅通。
(4) 良好的表现是否得到奖励。
(5) 职位是否有充分的发展前途。
(6) 是否具有有序的晋升计划。
(7) 公司是否实行内部提升制度。
(8) 职务内容是否有挑战性。

总之,连锁企业组织机构设计的目标应该是保证有效地满足目标市场、企业管理部门和员工的要求。目前市场的需要提出了连锁企业组织应该完成的职能和任务,公司管理部门和员工则对保证有效完成这些职能和任务的组织机构提出了集体要求和限制条件。一个连锁企业组织即使能够成功地满足管理部门和员工的要求,如果不能满足目标市场需要,也不能继续生存和发展。另外,如果一个连锁企业组织不切实际地为目标市场提供过多的附加服务,导致员工劳动强度的加大和经营管理成本的提高,也会对盈利能力造成损失。因此,关键是协调三者的要求。既有利于保护或方便企业在人力资源方面的投资和降低经营管理成本,又能调动员工积极性,提高劳动生产率,并能满足目标市场需要和适应其变化的组织结构,才是值得追求的目标模式。

二、连锁企业组织结构设计程序

同其他组织一样,连锁企业的组织结构建立过程可以分为四个步骤。

(一) 弄清楚企业要履行的商业职能

职能的分析是建立组织机构合乎逻辑的起点。通常,连锁企业要履行以下商业职能:

(1) 采购职能,即购进商品所完成的一系列相关活动。

(2) 销售职能,即销售商品所完成的一系列相关活动。

(3) 仓储职能,商品购进之后,在进入商场销售之前,需要使用自己的仓库,履行储存职能。

(4) 运输职能,连锁零售组织总部将商品从仓库配送到各店铺,需要使用自己的运输车,履行运输职能。此外,商品从商场到达消费者手中,有时也需要进行必要的运输工作。

(5) 加工职能,即承担适当的商品流通加工职能,如自行分等、挑选、改变包装等。

(6) 信息职能,即建立信息管理系统,履行信息收集和处理职能。

需要说明的是,上述各职能并不一定全部由连锁企业来承担,其中一些职能,或某些职能中的一部分工作,可以由制造商、批发商、专业人士(公司)或顾客来执行。例如,可以将一部分店铺的商品配送运输工作交给制造商完成;可以将市场调研、销售预测等信息收集处理工作交给批发商承担;可以将运输职能和仓储职能包给第三方物流公司等。

对于连锁企业而言,只有目标市场迫切需要的且没有更合适的承担者的职能才由自己去执行,这种职能往往也是连锁企业的核心职能。将一部分工作任务外包,可以使连锁企业获得降低非核心能力之外的营运成本,当然,这种外包一定要考虑可能会失去对某些活动过程的控制力。

(二) 将各职能活动分解成具体的工作任务

在确定连锁企业必须执行的基本职能之后,需要将其进一步分解为具体的工作任务。职能是按业务范围的大类划分的,一种职能可能包括多种具体的工作任务,如储存商品职能包括商品验收、堆码、维护等任务,下面是一些连锁企业经常性的工作任务:

(1) 商品采购洽谈,丰富经营商品的花色品种,变更经营种类。

(2) 指定商品销售价格,广告活动。

(3) 商品陈列,店面清洁卫生,商品验收与维护。

(4) 控制存货数量,商品统计与财务会计。

(5) 店面设备的维修和保养,确保店面安全。

(6) 处理消费者投诉。

(7) 消费研究,预测销售额。

(8) 收款。
(9) 招聘与解雇人员，员工培训。
(10) 支付工资。

（三）设立岗位，明确职责

弄清楚需要完成的商业职能和工作任务之后，就须将任务划分为职务，并明确相应的职责，使每一个职务包括一组类似的工作任务，担当一定的责任，也就是说具有确定的职责。这些职责在整个公司组织中应该相对持久和稳定。表3-1是将工作任务划分为职务的简单例子。

表3-1 工作任务划分为职务

任务			职务
陈列商品	商品标价	清洁货架	理货
商品验收	商品堆码	商品维护	仓管
商品退换处理	顾客投诉处理	疑难咨询	顾客服务
招聘员工	业务考核	员工培训	人事管理

连锁企业在把工作任务归集为职务时，应考虑专业化分工。在专业化分工条件下，每名员工只对有限的职能负责。专业化分工的优势包括任务范围明确，技能专业化，降低培训费用和时间及可以雇佣到教育水平较低和经验较少的人员等。但过度专业化也可能产生问题：士气低落（工作枯燥无味），员工意识不到自己职位的重要性，需要雇佣更多的员工等。

职务的划分有四种分类方法：

(1) 按职能分类，即按照采购、人事、财务、销售等职能范围划分职务。这种划分具有专业化的优点，但是对横向协调要求高。

(2) 按商品分类，即根据经营商品的类别来划分职务。这种分类法的理由是：经营不同种类的商品对工作人员的要求各不相同；职务按商品划分也有利于提高商品管理的水平。

(3) 按地区分类，即按照分店所在经营地区的不同来划分职务。这种方法有利于协调连锁事业管理的集中统一性与各地区分店适应当地具体环境的灵活性之间的矛盾，在连锁公司由区域性向全国性，由全国性向国际性发展的过程中应用较多。

(4) 按职能、商品、地区三项因素综合分类。这是实践中常用的方法。建立连锁经营公司的组织机构，通常既按职能、又按商品、还按地区划分职务，只是三者的重要程度和相对地位因连锁事业的规模、发展阶段、经营商品结构等因素的不同而有所区别。

任务一旦归集完毕,职务说明书就形成了。职务说明书概括了每个职务的名称、目标、任务和责任。它们是对员工进行聘用、监督和评价的工具。下面举例说明职务说明书的内容:

职务说明书范本

职位名称:某某分店经理

该职位上级:高级副总裁

该职位下级:某某分店所有员工

职位目标:配备适当的人员和经营管理好××分店

任务和责任:(1)员工的招聘、筛选、培训、激励和评价。
　　　　　　(2)商品陈列。
　　　　　　(3)库存盘点和控制。
　　　　　　(4)批准商品订单。
　　　　　　(5)分店之间的商品调动。
　　　　　　(6)销售预测。
　　　　　　(7)预算。
　　　　　　(8)处理商店收据。
　　　　　　(9)银行业务往来。
　　　　　　(10)顾客抱怨处理。
　　　　　　(11)商店财产保管。
　　　　　　(12)所有业务的检查和数据表格。
　　　　　　(13)向上级主管提交报告。

需参加的会议:(1)商店经理检查委员会。
　　　　　　　(2)每月由高级副总裁主持的会议。
　　　　　　　(3)监督部门经理的每周例会。

(四)建立组织结构

零售商在建立组织机构时应明确地规定和划分各项职务及其相应职责,还必须规定各项职务之间的关系。也就是说,不应该孤立地看待各项职务,而应该从系统观点出发,把它们看作整体中有机联系、相互作用的各个组成部分。这样,就能按照综合、协调的方式,根据各项职务及其相互关系的要求建立相应的组织机构,形成健全统一、有机协调的公司组织。

三、影响连锁企业组织结构设计的因素

影响组织结构设计的因素主要有:环境因素、战略因素、技术因素、规模因素、

生命周期、行业特点等。

（一）环境因素

组织面临的环境包括具体环境和一般环境。一般环境是指对组织实现目标的能力产生间接影响的因素，主要包括经济、政治、社会文化及技术等。具体环境又称任务环境，包括那些对组织实现目标的能力有直接影响的环境。典型的任务环境有供应商、顾客和竞争者。

环境的不确定性可以从复杂性和可变性两方面来描述。环境对于组织的影响主要存在于两个方面：对环境信息的需求和对环境资源的需求（理查德·L·达夫特，2003）。环境的不确定性意味着环境对管理者有较大的限制，管理者缺少关于环境因素的足够信息，使管理者难以预测外部环境的变化，增加了管理者对环境作出反应时失败的可能性。因此，组织设计就要设法应对这种不确定性，提高对环境的应变性。

组织的设计者可以通过以下方法来提高内部结构与外部结构的结合，解决组织对环境资源和环境信息的需求，从而来适应环境的不确性。

1. 对传统职位和部门进行调整

外部环境的每一个子环境都会影响相应的员工和部门安排，因此，组织内部的职位和部门设计应根据外部环境的变化而变化。应付环境不确定性的方法主要有，围绕核心能力建立缓冲部门来平衡和交流资源，以及跨越组织边界聘请外部专家或建立信息情报部门来提高组织处理更多信息的能力。

2. 根据外部环境的不确定性来设计不同类型的组织结构

汤姆·伯恩斯（Tom Burns）和斯托克（G. M. Stalker）的研究发现，外部环境与组织内部管理结构相联系。当外部环境稳定时，内部组织具有规则、程序和明确的权力科层特点，组织是规范化、集权化的，是机械性的组织。当外部环境迅速变化时，组织内部结构趋于有机性，组织结构较为松散，决策权力分散化，权力科层不明确。这样组织更具有流动性，能适应外界的变化。

3. 提高组织的差别与整合水平

当外部环境复杂且迅速变化时，组织各部门要进行高度的分工，以便降低组织信息处理的负担，以应对不同外部子环境带来的不确定性。而高度分工和差别化使组织部门之间的协调变得困难。因此，整合人员成为组织结构的必要组成部分。

4. 加强计划和环境的预测

当环境相对稳定时，组织不需要进行长期的计划和预测，因为未来环境的要求与今天是基本相同的。随着环境不确定性的增加，计划和预测变得十分必要。加强计划和预测能减少外部环境变化给组织带来的负面影响。处于不稳定环境中的组织通常建立一个独立的计划部门，计划人员审视环境因素并且分析组织及其竞争对手的潜在行动。

5. 通过组织间的合作来减少组织对资源的依赖性

上述几种方法主要是由环境的不确定性所引起的信息匮乏和不确定性。环境不确定性对组织的另一个重要影响表现为对环境资源的需求。当环境不确定性大时，组织利用和控制环境资源的成本和风险很高，组织就需要通过与其他组织合作来确保资源的及时供给，减少在资源方面的依赖性。因此，自20世纪80年代以来，随着环境的越来越不确定，组织以前所未有的合作在全球范围内竞争。合作的主要形式有并购、战略联盟、选择有影响力的人士加入董事会、经理聘用、通过广告和公共关系树立组织形象等。

（二）战略因素

战略是影响组织设计的一个重要因素。组织的总体战略选择决定了组织的目标，决定了组织业务活动的特点，直接影响到管理职务的设置和部门的设置。因此，组织结构与组织战略紧密地联系在一起，组织结构的调整必须服从于战略。

1962年艾尔弗雷德·D·钱德勒（Alfred D. Chandler）在《战略与结构》一书中首次对战略和结构的关系进行了研究。钱德勒认为，战略的变化先行导致了组织结构的变化。钱德勒根据组织的战略发展阶段描述了战略与结构的关系：组织通常起始于单一产品或产品线。简单的战略要求简单、松散的结构来执行这一战略。这时组织的复杂性和正规化程度都很低；当组织成长后，其战略变得更加复杂。从单一的产品线开始，组织通常采用纵向一体化战略来在既定产业内扩大活动范围。这种纵向一体化战略使组织单位之间的依赖性增加，对协调的要求提高。组织可以通过重新设计结构，按所开展的职能来构建专业化的组织单位；随着组织进一步成长，组织往往进入产品多样化经营阶段。这种产品多样化战略则要求组织能有效配置资源，控制工作绩效并保持各单位间的协调。事业部制的结构则很好地适应了这种战略。钱德勒建议：随着组织战略从单一产品向纵向一体化、再向多元化经营的转变，管理当局会将组织从有机式变为更为机械的形式。

许多的研究验证了这种关系。例如，在迈克尔·波特的竞争战略体系中，低成本领先战略侧重于用提高效率的方法进行组织设计。与这种战略相关的往往是高度集权、严格控制、标准化运行程序、强调高效率的配送系统。员工一般受到严格的监督和控制，执行日常程序化的惯例工作，没有权力独自作出决策或采取行动。差异化战略的目的在于提高顾客对一个组织产品和服务所感受到的价值，这种战略通常在弹性、有机的结构中最能成功。因为在有机的结构中，组织更侧重于研究、创造和变革，管理者能够迅速开发以推出新产品。

在雷蒙德·迈尔斯和查尔斯·斯诺的研究中，采用防御者战略的组织一般都处于比较稳定的环境中，组织具有严密的层级控制系统和高度的部门分工差异性。

机械式的组织较为适应这种战略；采用探索者战略类型的组织一般处于动荡变化的环境中，必须以创新求生存，因此，组织结构必须柔性化和有机化，使各类人员和部门最终能对市场的最新需求作出灵活的反应；采用分析者战略的组织一般也是处于动荡变化的环境之中，这类组织一方面需要通过规范化、标准化、程序化的作业来稳定现有产品的市场份额，另一方面需要通过建构灵活的组织结构来及时跟进新产品。

（三）技术因素

广义地讲，技术是将资源（输入）转换为产品（输出）的方法、步骤、系统和技能。技术对组织设计产生重要影响，因为任何组织都需要通过技术将投入转为产出。技术对组织设计的影响，可以从不同的层次加以分析。一个是整个组织的技术特点，另一个是组织内部不同部门的技术特点。

1. 伍德沃德的研究

英国的产业社会学家琼·伍德沃德根据生产的产量和提供产品（服务）的多样性把技术分为三种：小批量和单件生产技术、大规模生产技术、连续作业技术。小批量和单件生产技术是指制造和装配小批订单产品，主要靠手工操作而不是较高的机械化，如手工匠制作的皮鞋；大规模生产是一个以长期生产标准化的零部件为特征的制造过程，大多数的装配线如汽车、家电等都是这种技术的代表；连续作业技术是指整个过程是机械化的，没有停止和重新启动，如炼油厂、核电厂等。

伍德沃德通过研究发现，不同的技术类型和相应的组织结构之间存在明显的相关性，而且组织的绩效与技术和结构之间的"适应度"密切相关。伍德沃德得出结论：三类企业中的每一类都有相对应的特定结构形式。在小批量的企业里结构倾向有机化。整体的复杂性、规范性和集权性程度都较低；采用大规模生产技术的企业，其结构更为机械化，有更多的规章和正式的程序，决策更为集中；采用连续作业技术的企业，由于工艺技术复杂，因而组织结构中各管理层级之间差异较小，监督控制的需要降低，其规范化和集权化程度相对较低，组织结构则回复到更为有机的形式。总体来说，成功的企业大多是能根据技术的要求而采取合适组织结构的企业。

2. 佩罗的研究

伍德沃德研究的是组织层次的制造技术，查尔斯·佩罗则将研究的重点放在部门层级，他研究了部门技术的性质及其与部门结构的关系。

佩罗认为，组织中的每个部门都是由专门技术组成的集合体。根据任务的可变性与可分析性两项维度指标，可以把技术划分为四种不同的类型：常规技术、工程技术、手艺技术和非常规技术。

常规技术是以较低的任务可变性、客观性和计算性程序为特点，工作被规范化、标准化,例如,汽车装配部门和银行出纳部门。

手艺技术是指工作的可变性和可分析性都很小,员工主要是凭智慧、直觉和经验作出反应,例如,服装业的设计技术。

工程技术是指工作的可变性和问题的可分析性都较大。在任务的完成中存在较高的多样性。然而,各种活动常按已建立的程式、程序和技术处理,如工程、会计工作都属于这一类。

非常规技术是指具有高度的工作可变性以及问题的不可分析性。在非常规技术中,大量的工作是分析问题与活动,主要运用综合性、创造性的方法来解决问题。例如,战略计划、开发新产品就是典型的非常规技术。

佩罗认为,组织的协调和控制方法应根据部门技术类型的不同而不同。最常规的技术可以通过标准化的协调和控制来实现。这些技术应配之以同时高度正规化和集权化的结构。非常规技术要求具有灵活性。组织应是分权化、低正规化的。

手艺技术要求问题以最丰富的知识和经验来解决,这意味着组织需要分权化。工程技术虽有很多例外情况,但由于问题的可分析性较强,因此,应当分散决策权限,并以低度正规化来保持组织的灵活性。

新技术出现对管理者提出了更高的要求。组织结构与管理过程必须与新的技术相适应,才能使运用新技术的企业更具竞争力。对于管理者来说,加强授权、加强对员工的培训,建立学习型的组织是适应这种新技术的可行方法。

3. 信息技术对组织设计的影响

进入20世纪80年代后,人类进入了信息时代、数字时代、网络时代。信息技术的飞速发展对组织产生了巨大的影响,使组织由非信息化组织向信息化组织转化。组织设计也应根据这种技术的发展来选择相应的结构。信息技术对组织的影响主要表现在以下方面:

(1)组织的管理幅度加宽,层次少。信息技术的发展使许多程序化、常规化的工作由计算机完成。组织的监控范围加宽,组织呈现扁平化。

(2)组织的边界模糊,由单一的实体性组织转为实体组织与虚拟组织的共存。信息技术使组织的边界发生变化。组织不断地向客户、供应商、合作者甚至竞争者渗透。先进的信息技术使各组织之间联络更为快捷,使各组织之间合作更为深入;组织的外包、虚拟化成为一种趋势。由此组织更专注于自己的核心业务,规模更为精练,效率更高。

(四)规模因素

规模是以组织中的人数来反映组织的大小的。其他如销售总额或总资产也反映组织大小,但它们不能反映社会系统中的人员规模。

彼得·布劳和马歇尔·梅耶对组织规模与组织结构之间的关系进行了深入研

究。他们认为,"组织的规模几乎与组织结构的所有特征指标密切相关"(2001)。大型组织与小型组织的结构有以下几点不同。

1. 规范化

研究表明,大型组织具有更高的规范化程度。因为大型组织更加依靠规章、程序去实现标准化,而小型组织则可以通过管理者的个人观察来实现控制。

2. 集权化

组织越大,决策权威由高层委派给低层的可能性就越大。随着组织的成长壮大,会出现越来越多的部门、人员和事务,大型组织的高层管理者必须把更多的决策权下放,只把最重要的决策权留给自己。因此,组织规模越大,分权的要求就越高。

3. 复杂化

大规模组织比小规模组织更为复杂。研究表明,组织规模与专门职业中的劳动分工、等级制上的垂直分层,主要分支与部门间的平均分化及分支的地域分布之间有明显相关。值得注意的是,这种相关关系是非线性相关的:随着规模的增长,在一开始伴随着迅速的复杂化,之后,复杂化的程度逐渐下降。

4. 人员比率

这里的人员比率通常指管理人员、办事人员和专业支持人员的比率。研究表明:随着组织规模的增大,管理人员比率下降而办事人员和专业支持人员比率上升。因为,随着组织规模的扩大,维持组织的管理活动量随着组织规模的增大而下降,组织将获得管理的经济性。这样,在大型组织中,高层管理人员相对于雇员总数比率实际上较小,但由于所必需的沟通和汇报要求在增加,专业化技能的需求在增加,因此办事人员比率和专业人员的比率增加。

管理的经济性只是相对而言,达到一定程度后,进一步的经济性就不可能获得了。对于不同规模的组织而言,管理部门的相对规模会保持在一定水平上。但随着组织规模扩大,结构的复杂性增大,组织的分化程度增大,组织要求增加管理人员,管理部门和管理人员的绝对规模会扩大。"实际上,所有产业的管理比率在过去35年里都有增长,在最近这段时间里几乎翻倍"(彼得·布劳和马歇尔·梅耶,2001)。对于大型组织来说,降低管理人员、办事人员和专业人员费用是一项艰巨的任务。

(五)生命周期

企业的成长过程要经历不同的阶段。在每一个阶段,都具有不同的组织特征和遇到不同的危机。企业的这种成长过程和阶段被称为企业的生命周期。

关于组织存在生命周期现象,马歇尔最早发现并有所论述。在《经济学原理》中,马歇尔把企业比喻为树木,认为企业是有生命和成长阶段的。1972年拉里·

E·葛瑞纳(Larry E. Greiner)第一次提出企业生命周期的概念,罗伯特·E·奎因(Robert E. Quinn)和金·卡梅隆(Kim Cameron)则把组织发展分为四个主要阶段,认为企业的成长是一个由非正式向正式、由低级向高级、由简单向复杂、由幼稚向成熟的过程,组织要经历生命周期中的各个阶段。生命周期的每一个阶段都由两个时期组成,一个是组织发展的稳定期,一个是组织的危机阶段。组织必须通过变革来克服危机,使组织结构适应内外环境的变化,使组织得以不断向前发展。

(六)行业特点

有多少种零售业态,就有多少种连锁商店形式,但只要这些业态的商店是连锁经营的,就具有一些共同的特征,这些特征为我们设计其组织结构提供了相互借鉴的内容。这些特征是:① 根据管理的专业化程度划分多个职能部门。② 权责高度集中,各分店经理负责销售。为适应当地市场,企业也考虑一定程度的分权。③ 运营标准化。④ 完善的控制体系使管理保持一致。

连锁商店的组织结构一般是一种按职能和地区组织的平等型结构。以正规连锁超市公司为例,图3-1给出了组织设计的一个基本图示。

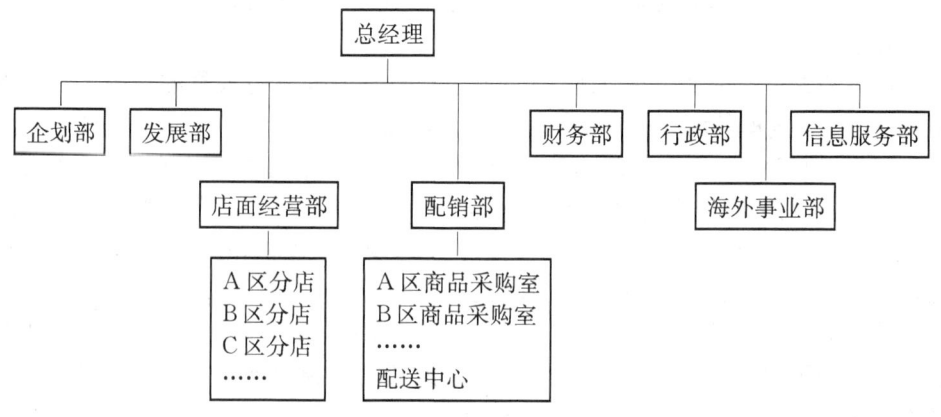

图3-1 连锁超市组织机构图

在该组织机构图中,部门按照职能设置,科室也是基本按照职能划分,只有店面经营部是按照营业区域设置分店,配销部是按照商品类别设置采购室。分店根据连锁超市公司区域的扩大和店面数量的增多而增加设置;采购室根据经营商品类别的增加或商品类别的划细而增加设置。

需要指出的是,科室数的多少,是否设置科室都要取决于企业的经营规模。如果企业规模不是足够大,就不必要设置科室,以免不必要地增加管理层次,影响信息交流,增加管理成本,降低管理效率。这时只需要在部门间进行适当的分工即可,以后随着企业的发展壮大再适时地增设科室。

1. 企划部的职责

企划部是公司的参谋部,主要职责是把握公司经营现状和宏观环境动态,就公司的组织发展与经营事业制订和调整战略目标与规划,提供给总经理及其他部门参考。

2. 发展部的职责

(1) 新开店选址调查,包括人口数、家庭结构、收入水平、消费偏好、行业竞争状况等。

(2) 编制新开店投资预算,估算投资回收期和投资收益率,交财务部审核以申请店面开发资金。

(3) 制订店面建设、装修、设计统一标准,依此建设新店,进行内外装修,或者包给外单位承建,但需要对工程进度和质量进行严格监督和控制。

(4) 店面营业设备的采购与安装。

(5) 制订店面营业设备的使用和保养制度,监督和不定期检查店面执行情况。

(6) 店面及店面营业设备的维修和保养。

3. 店面经营部的职责

(1) 店面经营业绩考核制度的制订与执行。

(2) 店长工作业绩的考核与人事变动的建议。

(3) 店面岗位责任、作业规范、服务规范的制订与执行情况的监督与考核。

(4) 将配销部制订的商品销售计划,根据区域各分店的具体情况(市场环境、经营规模、经营状况与潜力等)分解并具体化后下达各分店指导店长执行与实现。

(5) 店面经营的指导,包括商品陈列、POP广告设置、店员培训等。

(6) 推广先进店面的经营经验,督促和帮助落后店面改进经营状况。

(7) 分店、分区域促销计划的制订和执行。

4. 配销部的职责

(1) 商品采购制度的制订与执行。

(2) 制订全公司分品种商品销售计划并相应制订和执行商品采购计划。

(3) 制订商品开发政策,开发新商品,淘汰滞销商品,调整经营商品结构。

(4) 定价策略的制订以及各种商品价格的制订与执行情况监督。

(5) 公司统一促销策略的制订,统一促销活动的策划、执行、推动及效果评价。

(6) 商品配送制度、仓库管理制度的制订与执行。

(7) 物流活动的开展与管理,包括到货商品的验收、保管与维护,适当的流通加工(如分装、分等、配组),库存控制,对各分店的商品配送服务等。

5. 财务部的职责

(1) 资金筹措、分配与使用等管理制度的制订。

(2) 审核各部门开发项目的投资预算或经营活动的经费预算,负责筹措资金、保证供给或者提出预算修改建议。

(3) 经营费用管理制度的制订与执行情况监督,营业成本控制工作的监督。

(4) 总部与各分店财务核算制度的制订与执行。

(5) 公司的财务收支,包括供应商货款结算、税金交纳等。

(6) 提供会计报表与财务分析,提出财务方面存在的问题与建议。

(7) 开展内部审计工作,对各分店(以及配送中心)实行定期盘点作业监督和不定期的盘点抽查,以预防和消除分店经营舞弊现象。

6. 行政部的职责

(1) 公司劳动工资、福利待遇、岗位考核、人事变动等人事制度的制订与执行。

(2) 劳动人事合同和档案管理。

(3) 人力资源开发,包括员工招聘和员工培训(岗前培训、再培训、在职培训)计划的制订与执行。

(4) 公司人际关系与员工士气调查、分析、发扬或改进。

(5) 公司后勤服务。

(6) 保持和促进良好的公共关系,包括与消费者协会等民间组织以及工商、税务、消防等官方机构的良好关系的协调与增进。

(7) 接受消费者投诉,作出回复,或监督有关部门处理,或上报总经理报呈有关部门处理。

(8) 公司安全制度的制订与执行。

(9) 公司办公用品的采购与管理制度的制订与执行。

7. 信息服务部的职责

(1) 公司管理信息系统的开发和维护,既包括硬件设备的购置安装,也包括软件的设计;既包括总部的主机系统,也包括各分店以及配送中心的终端。

(2) 系统使用人员培训。

(3) 商品经营进、销、存各环节的数据统计整理和分析,满足有关经营部门对经营商品信息的需要,为提高商品管理水平服务。

(4) 定期或不定期地自主或应有关经营部门要求展开专题市场调研活动。

(5) 保持与外部环境的密切联系,随时随地收集消费需求变动趋势、行业竞争状况、经济景气等有关信息,进行加工处理,作出分析报告,提供有关部门决策参考。

图 3-2 是日本 7-Eleven 便利店在其本国的组织机构图,从中你或许能发现它与其他组织机构的不同之处。

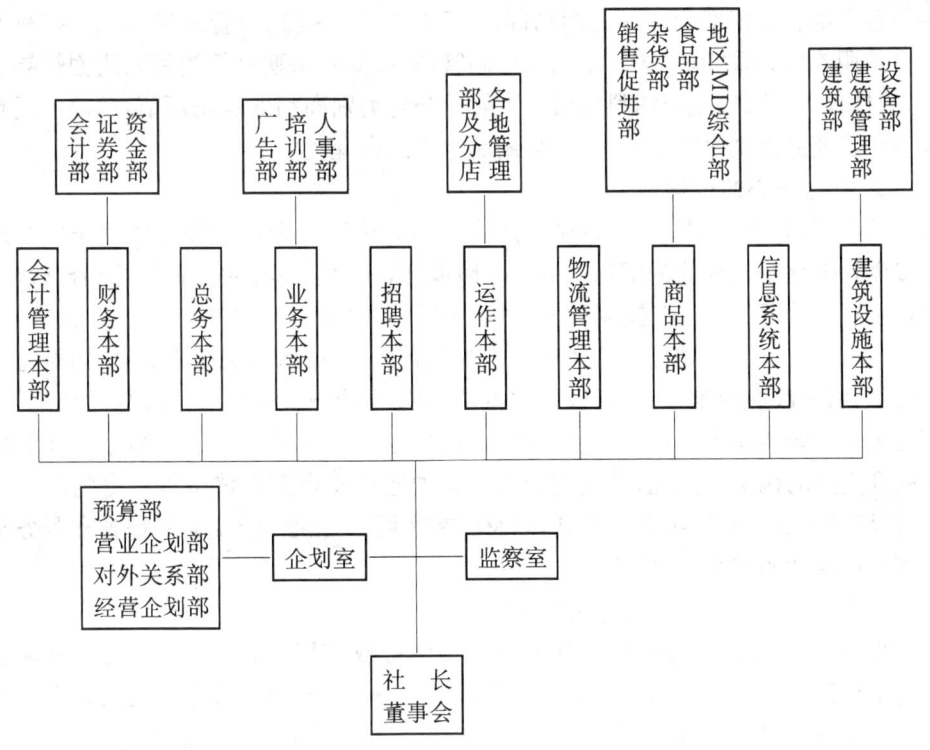

图 3-2　日本 7-Eleven 便利店组织机构图

（七）连锁企业组织结构设计应注意的问题

除了上述各种因素对连锁企业的组织结构设计会产生影响之外，连锁企业的组织结构设计还应注意以下方面。

1. 店面经营部与采购部门的协调

连锁企业经营活动的本质是商品买卖，买是为了卖，卖了才能继续买，所以购销关系的协调最为重要。对于连锁经营的零售商来说，由于分店只负责销售，这种重要性就更加突出。在前述组织结构中，购销职能是由总部通过店面经营与配销部的协调来实现的。

这两个部门的协调通常采取三种方式：① 部门职员间(尤其是部门负责人间)正式和非正式的日常交流。② 部门负责人会议。这不是公司的组织结构，而是一种组织制度。在会议上，总经理召集各部门负责人就公司经营中出现的问题，以及未来经营工作的计划等进行讨论。两部门之间的协调问题可在会议中得到解决。③ 总经理进行的协调。

协调职员职能的另一种可供参考的方法是改变前述的部门设置，即：首先将店面经营部和配销部合并成为商品部;然后再按商品类别设置科室;最后,把科室职员按职能分为采购员(主管采购)、中间管理员(既管采购又管销售)、店面指导员(主管销售)。这样,就可由科室负责人协调分管类别商品的购销环节,由部门负责人协调各商品类别之间的均衡,保持商品结构的合理化。

2. 配送中心的设置

从我国的实际情况来看,这个问题主要是讨论连锁企业应该自建配送中心还是接受社会化物流企业的配送服务。一般地,前一种选择与后一种选择相比较,其优点在于:① 可以全权控制配送中心,保证配送服务水平,满足各分店需要。② 信息交流较畅通。但是,其缺点也是显著的:① 初始投资很大。② 如果建设水准低,将来改造困难大;如果建设水准高,在公司规模较小、店面较少的情况下,配送中心的效益就难以体现。从国际上看,采用任何一种方式的连锁企业都有成功的和失败的例子。因此,并没有定论。我国连锁零售商应该根据自身的经济实力、长期发展战略和组织发展规划,以及所在区域社会化物流企业的信誉和服务水平等具体因素的权衡,作出适当的选择。

3. 地区性管理组织或事业部组织的设置

大体说来,连锁企业在组织体系上分为两层或三层:上层是总部管理整体事业的组织系统,下层是分店(如香港的连锁超市公司通常就只设这两层次);大型的连锁企业还设置中层,负责若干地区性管理组织和负责专项事业的事业部组织。

地区性管理组织是适应企业组织发展、区域扩展的需要而设立的,拥有自己的经营管理组织,在总部指导下负责本地区经营发展规划,处理本地区分店日常的经营管理。事业部是连锁企业总部为促成某专项事业的发展而设置的,拥有一定的经营管理权。当其发展到一定规模并与地区连锁店的关系日益密切时,通常将转为地区性管理组织。

图 3-3 是地区性管理组织和事业组织的一个简单图示。

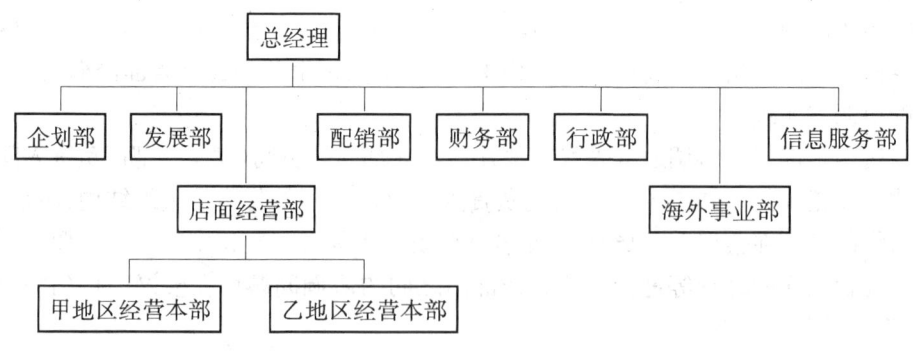

图 3-3 大型连锁企业组织结构图

第二节　连锁企业组织结构模式

一、连锁总部的职能及组织结构设计

(一) 总部职能

连锁总部是连锁企业经营管理的核心,它除了自身具有决策职能、监督职能外,主要承担整体经营的设计功能,其基本职能是:基本政策制订、连锁门店开发、商品采购管理、商品配送管理、商品促销管理以及门店营运督导等。

1. 基本政策制订

连锁企业内部的基本政策是本企业连锁经营管理应遵循的方向,主要包括以下六个方面:

(1) 制订发展战略。连锁企业要研究和制订企业的发展战略,如发展单一连锁模式还是多种连锁模式相结合(直营连锁、特许连锁、自由连锁)。我国目前一些连锁超市公司都在纷纷发展特许加盟店,这是个值得周全考虑的问题。同时也应考虑本企业经营业态的选择。由于竞争加剧,连锁经营业态模式也向多元化发展,如超级市场、便利店、百货商店、专卖(业)店、餐饮店和服务店等。连锁企业应根据自己的实力,考虑今后不同时期的经营业态选择。当然,东方国家历来比较注重发展小型店,由此看来,小型便利店和专卖(业)店可能有更广阔的发展空间。

(2) 明确组织形态。连锁经营的组织形态一般有两种。一种是由连锁企业总部直接管理下属所有门店,一般适用于一些小型连锁企业或某区域性连锁企业;另一种是"总部—地区管理部—门店"的组织模式,主要适用于大型连锁企业或全国型、跨国型的连锁企业。

(3) 商品采购政策。连锁经营的基本特征之一,是其采购政策实行购销分离,即商品采购完全由总部负责,门店则负责商品的销售。连锁企业总部应明确这一商品政策。

(4) 确立配送模式。通常,小型的连锁企业可以依靠社会配送,或建立单一的配送中心;但对于大型的连锁企业来说,就需要建立多个配送中心,同时应考虑其配送中心如何划分的问题,是按区域划分,还是按商品划分,或者是两者的结合。例如,日本的大荣公司就是按照商品功能法来组建配送中心的,分为衣料和杂货配送中心、电器和家具配送中心以及食品配送中心等。

针对目前国内连锁经营的情况,进入 21 世纪后,中国的连锁企业在更大层面和范围上普遍摒弃小商业传统的"小而全"的做法,接受社会化配送的新理念,这种

理念的接受和普及来自连锁企业经营利益的驱使,来自对社会资源的共享,追求更大范围的对社会化协作原则的认同。

(5) 商品销售政策。商品的销售政策主要包括三个方面:一是商品的价格政策;二是商品的促销政策;三是卖场布局与商品陈列政策。

(6) 劳动人事政策。劳动人事政策是对整个连锁企业人员的录用、培训、考核、奖励、福利待遇等进行计划、组织、控制和协调等管理工作的一系列标准。它是企业成败的关键,关系重大,涉及面广,直接影响到经营业务的各个方面,因而是连锁经营管理中的重要问题。其基本要求是引进激励机制、竞争机制和约束机制。应注意多用技术少用人,使人均服务面积尽可能地提高;制订各个岗位的任用标准和作业标准,用人要做到"公开、公平、公正";在精简高效的前提下尽可能提高员工的报酬和福利待遇。由此真正使整个连锁企业员工上岗靠竞争、收入靠贡献,最大限度地调动员工的工作积极性、主动性和创造性。

2. 连锁门店开发

连锁门店开发是连锁企业经营的基础,连锁企业总部应制订一整套的门店开发操作规范,该规范主要包括以下两个方面的内容。

(1) 开店操作规范。它主要包括:门店选择各项标准,门店规划标准,工程发包作业准则,门店开发总流程表以及部门别、项目工作计划表、开业或评估标准等。

(2) 开店作业流程。通常可按以下步骤操作(见图3-4):

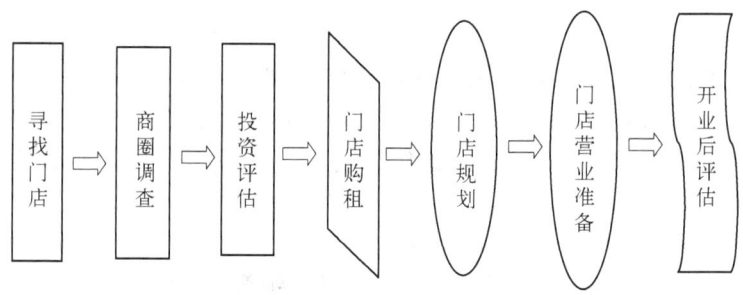

图3-4 开店作业流程

3. 商品采购管理

在商品采购管理问题上,连锁总部主要注意解决好四个问题:第一,除了坚持不折不扣的统一进货制度外,必须特别注意做好采购部经理、采购部工作人员的选择与配备,因为统一采购并不是将采购权集中到几个人身上,如缺少监控,这种"统一"造成的危害将更大,因而必须把好商品关,不允许出现黑洞和不利于企业发展的潜流;第二,主力商品的选择与培养是连锁企业商品采购的工作重点,有许多连锁企业经营不善,主要是没有选择和培养出具有本连锁企业特色的主力商品所造成的;第三,狠抓商品适销率,从整个连锁企业来说,每一家门店只对自己的销售实绩负责,而对总部的采购部来说,则要对整个连锁企业的销售负责。商品适销率的高低,最终反映了商品周转率的高低;第四,抓采购计划的准确性,努力做到以量压价,以降低进货成本。尤其是主力商品必须具备年度的采购计划,这是为了保证主力商品货源供应的正常性。

4. 商品配送管理

在商品配送管理问题上,连锁企业总部主要注意解决好四个方面的问题:第一,配送中心的规模和配送能力要与本连锁企业的发展规模和销售能力相适应,通常要保证配送的能力适当超出门店的销售能力,既不要造成配送能力大量放空的现象,也不要由于库存量过小和运输过紧而影响门店的销售;第二,不能不计成本,一味强调配送时间的准时性而盲目地增加配送次数,应该有精确的计算,将物流成本细化到单品。当然这种成本的控制,要在确保门店商品销售不缺货的前提条件下进行;第三,提高商品的拆零组配率,以尽量减少门店的商品库存,减轻门店工作人员的劳动强度,这也是配送中心直接产生利润的重要一环;第四,界定好配送中心对门店服务的具体标准,如配送次数、订货和配送到达的时间限制和每次最低配送量等。

5. 资金运作管理

连锁企业总部在资金运作管理中要注意三个问题:第一,安排好进货资金、在途商品资金、库存商品资金、货款结算资金和发展资金的比例,在资金紧张的条件下,应重点保证进货资金和发展资金的使用;第二,一刻不放松地抓好销售款项回笼至总部的时间控制,严肃在这一工作中的纪律;第三,严格履行对供应商的商品货款的结算制度,做到准时定额,以树立连锁企业良好的资信。

6. 商品促销管理

现代连锁企业的销售是一种全方位的促销管理。选择和利用适当的促销手段,是增加连锁企业销售额的重要方法。然而,促销效果未必与促销费用成正比,关键在于管理,只有通过有效的促销管理,才能确保促销效果,达成促进销售的目的,使销售业绩蒸蒸日上。促销管理主要分以下三个步骤:

(1) 设定促销目标,如提高营业额、提高毛利额、提高来客数、提高客单价等促销目标。

(2) 拟订促销计划,主要应考虑的因素有顾客购买特征、季节、月份、气候、节令、商品、促销主题、促销方式、宣传媒体、预算、法规、预期效益等。

(3) 计划执行与评估,即依据促销方案告知各有关部门人员配合执行,并于促销活动结束后进行评估。

7. 门店营运督导

总部对于门店的营运过程负有督导的责任。通常总部有一批经过专门培训的优秀督导人员,由他们负责对连锁企业各门店实行指导和监督工作。督导人员的主要业务项目包括总部与门店的信息沟通,对门店的常规指导,门店的商品管理,门店的经营状况分析等。

(二) 总部组织结构

连锁总部的组织结构形式一般可分为两种模式。

1. 总部管理模式

连锁总部作为门店的服务和管理机构,直接对门店进行管理。这种管理模式适用于连锁系统初创时期经营上尚未突破地区界限,或卖场规模大而网点数量少或网点分布比较集中的情形。其具体的管理方式又有两种:

(1) 把总部划分为"总经理室"、"营业本部"和"管理本部"三个部分,其中"营业本部"和"管理本部"均直属总经理领导,由副总经理分管,下属的经营管理部门由部门经理负责管理;而"总经理室",可由总经理助理分管。其结构如图3-5所示。

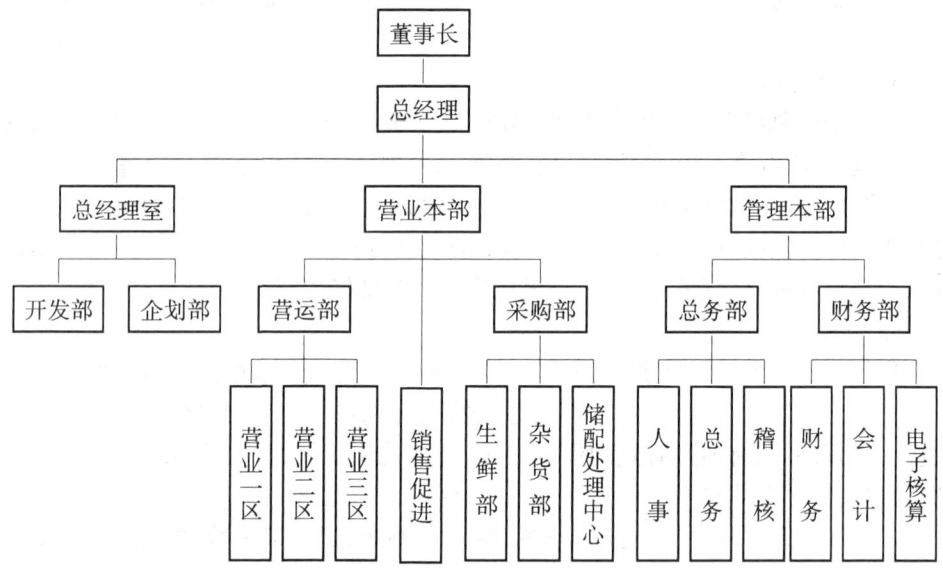

图3-5 总部管理模式(1)

(2) 由总经理直接管理开发部、营运部、商品部、财务部、管理部和企划部等职能部门,这些部门分别由副总经理或各部门经理负责管理。其结构如图3-6所示。

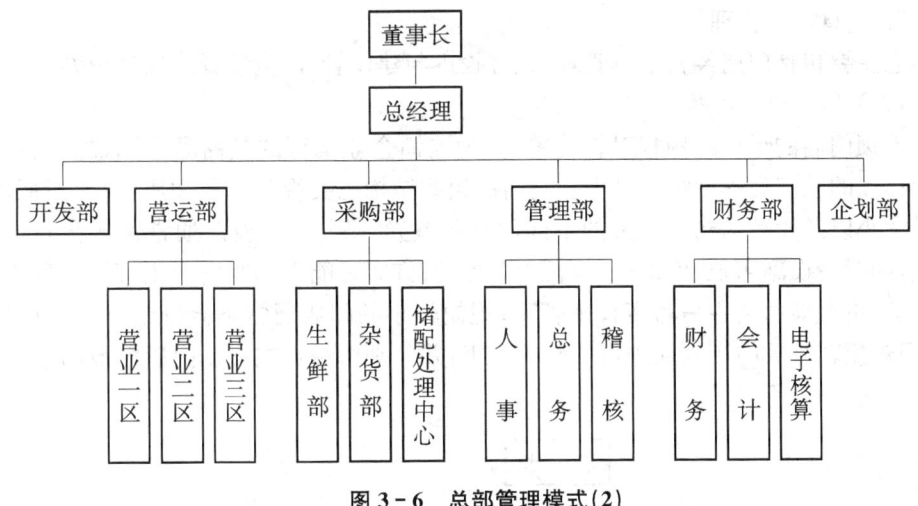

图 3-6 总部管理模式(2)

2. 地区管理部管理模式

地区管理部管理模式即连锁企业总部按地区设立若干个地区管理部,由地区管理部管理门店,总部不直接管理门店。这种模式适用于已有一定规模、门店数量多、店型小且分布地区广的连锁企业。

二、连锁门店的职能及组织结构设计

门店是连锁经营的基础,主要职责是按照总部的指示和服务规范要求,承担日常销售业务。因而,门店是连锁总部各项政策的执行单位,用一句话来说,就是不折不扣、完整地把连锁企业总部的目标、计划和具体要求体现到日常的作业化管理中。

(一)门店职能

门店是连锁企业直接向顾客提供商品和服务的单位,因而其主要职能是商品的销售与服务,以及相关的管理作业。其具体职能如下。

1. 环境管理

它主要包括店头的外观管理与卖场内部的环境管理。

2. 人员管理

它主要包括员工管理、顾客管理以及供应商的管理。

3. 商品管理

它主要包括商品质量、商品缺货、商品陈列、商品盘点、商品损耗以及商品销售活动的实施等方面的管理。

4. 现金管理

它主要包括收银管理和进货票据管理等。

5. 信息资料管理

它主要包括门店经营信息管理、顾客投诉与建议管理、竞争者信息管理等。

(二) 门店组织结构

连锁门店的组织结构相对较简单,因为连锁企业实行的是商品采购、配送、财务等作业的总部集中性统一管理。门店的组织结构主要视门店的性质、业态特征、规模大小以及商品结构等因素的不同而有所差异。例如,直营店通常由店长直接管理,同时下设副店长、值班长、组长等职务;特许店可能由加盟店店主直接管理店内事宜,也可能由店主另聘店长来管理;规模较小的门店通常不会分组,也不设组长,但规模较大的门店则须进行明确的分工,并分别由组长主管。门店一般的组织结构如图3-7所示。

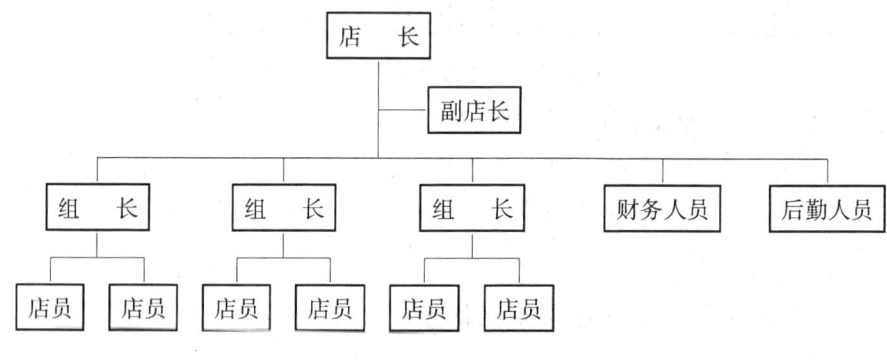

图3-7 门店组织结构图

三、连锁配送中心的职能及组织结构设计

配送中心是连锁企业位于物流节点上的物流机构,专门从事货物配送活动的经营组织或经营实体。当前,国内连锁经营发展迅速,配送中心的建设已成为迫切需要解决的问题。尤其是那些发展较快、规模大、实力雄厚的连锁企业,要根据发展的规模适时建立配送中心。以下主要介绍连锁企业自建的配送中心的基本职能与组织结构设计。

(一) 配送中心的基本职能

配送中心由分货配货(TC)、流通库存(DC)、生鲜加工(PC)三部分构成。配送中心的基本功能可以从经济和服务两个方面来考察。配送中心在物流系统中的价值体现在它对整个系统的贡献,即配送中心是建立在成本—效益基础上的。

如果配送中心的使用可以降低连锁企业的物流总成本,那么配送中心就产生了经济利益,也说明了配送中心存在的合理性。配送中心对物流总成本的贡献是通过效益互换体现出来的。例如,在物流系统中增加配送中心能使运输总成本下降,且其下降的幅度大于配送中心的固定成本和变动成本,那么物流总成本就会降低。配送中心经济方面的功能主要有四个:集中、整理分类、加工和储存。

1. 集中

配送中心的集中功能如图3-8所示,原来供应商A、B、C,分别将商品送至目标门店,现在通过配送中心先接收供应商A、B、C的商品,然后将商品送到某一特定门店。这样把它们整合成单一的一次运输,其好处就是能减少运输费,最重要的是可以减少门店收货时的拥挤现象。

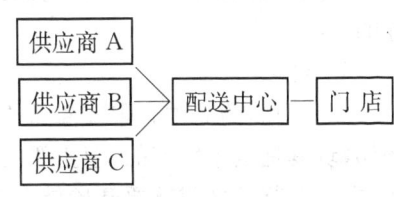

图3-8 配送中心的集中功能

2. 整理分类

大多数供应商是对多个门店送货,这些门店可以同属于一个企业,也可以分属于不同企业。在没有配送中心的情况下,供应商只能小批量装载,分别将商品运至指定门店。如果有配送中心,就可以在这里将商品分类整理成个别的订货,并安排当地的运输部门负责递送至各个门店(如图3-9所示)。由于长途运输转移的是大批量的装运,供应商的运输成本相对较低,连锁企业商品的进价也可以降低,同时对于大量运输的跟踪也不太困难。

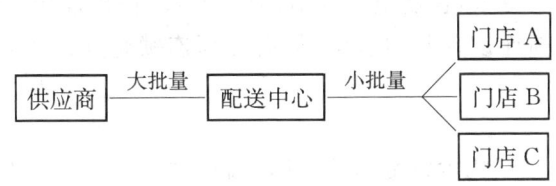

图3-9 配送中心的整理功能

流通型的配送中心在整理分类方面体现的功能更明显。目前,许多零售连锁店广泛地采用交叉站台作业来快速补充、快速转移门店的存货。在这种情况下,配送中心先接收多个供应商整车运来的货物;然后按门店的地点进行分配;接着商品被放置在去特定门店的托盘上;最后通过配载,达到车辆的合理容积,这些商品就被运送到门店去。在整个过程中,商品交叉穿行于配送中心。于是,配送中心的经济利益体现在从供应商到配送中心的满载运输,以及配送中心到门店及客户的满载运输。对于流通型的配送中心,其经济利益更加明显,由于商品不需要存储,还降低了商品在配送中心的搬运和储存成本。此外,由于所有的车辆都进行了充分装载,更有效地利用了站台设施,使站台利用率达到最大程度。

3. 加工

一方面,配送中心通过对商品的加工,能够扩大经营范围和提高配送水平,满足广大消费者的需要;另一方面,通过加工,可以提高商品的价值,从而提高连锁企业的经济效益。

4. 储存

有些商品的品种有限或商品的生产具有季节性,所以对商品储存是很重要的。例如,玩具是全年生产的,但主要在儿童节和圣诞节期间内进行销售,为了防止缺货,常常在节日之前就要开始储备。与此相反,农产品在特定的时间里收获,但却在全年消费。所以一定的储存提供了存货缓冲,使配送活动在受到采购和顾客需求的限制条件下提高效率。

除了经济利益外,在物流系统中,通过配送中心还可以获得间接利益。这些利益也许并不能降低成本,但它可使整个物流系统在空间和时间方面提高效率,改善服务。它的原理基于成本与效益的互换。例如,在靠近顾客的地方增加一个配送中心,在经济上增加了成本,但是由于加快了递送速度,提高了递送频率,使门店的库存大为减少,大大提高了服务水平,增加了企业的市场份额、收入和毛利,从而增加了企业的总利润。在这种情况下,配送中心就创造了服务利益。另一个服务利益还在于企业形象的提高。配送中心的配送与供应商的直送相比,提供的递送服务更快,也能更快地对门店的需求作出反应。所以由于配送中心的服务,可以提高连锁企业的形象,从而提高连锁企业的市场份额,不断地增加利润。

(二)配送中心的组织结构

配送中心的组织结构主要按照其机构的职能来划分,分为检验组、库管组、储运组和信息组,由配送中心经理直接管理。配送中心一般的组织结构如图 3-10 所示。

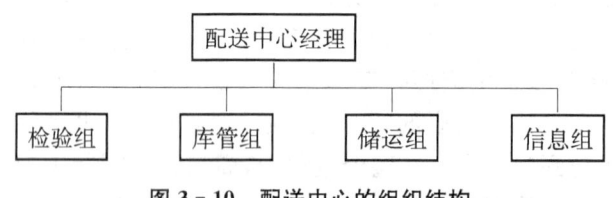

图 3-10 配送中心的组织结构

(1) 检验组负责检验进入连锁企业货物的型号、数量、质量,并记录相关信息。

(2) 库管组负责所有货物的出入库管理及在库管理。

(3) 储运组负责所有货物的出入库搬运、码放及装卸,本市送货,外地发货,打包,货站提货(指退换货和返修货),核算运费以及货运站管理。

(4) 信息组负责采集、处理、发布库存及货物配送信息。

(5) 技术组负责到货的技术鉴定,售前技术服务,安装、调试和验机。

第三节 连锁企业的组织变革

一、变革的原因

中国有一句古话:天不变,道亦不变。实际上,天在变,道亦在变。在当今社会,科技、经济、政治、思想等各个方面,都在迅速发展。今天我们所处的时代是空前巨大变革的时代,并且变革的速度越来越快,使人感到许多变化来得异常突然。政治舞台的风云变幻,带来经济竞争的新面貌;各种高新科学技术的巨大突破,如多媒体技术、网络技术、纳米技术、基因技术的巨大突破,不仅使我们有机会尝试更多高技术的产品,但也带来社会生活方式的深刻变革,甚至对社会伦理提出了挑战。

任何一个组织,无论是企业、政党、国家、民族,欲取得成功,必须与时代同步。古语云:"识时务者为俊杰";今天的时尚语汇则为:"与时俱进"。一个要想取得成功的组织,要能在环境欲变未变之时,见微波而知必有暗流,闻弦歌而知其雅意,处晦而观明,处静而观动。这方是有智者之所为。假若对时代变迁视而不见,混混沌沌,必被时代抛弃。因此,一个组织怎样才能审时度势,争取在变化的处境中生存甚至取胜,是管理者必须应对的一个挑战。

在过去相对稳定的经营环境中,企业的组织运行机制是建立在以下三个基本假设基础上的:① 组织是一个封闭的简单系统,组织决定采取的行动一般都会按照计划发生,不会受到来自外部事件的过多干扰;② 经营环境的稳定使管理者可以制订战略,并保证在执行时环境与战略依然是匹配的;③ 在组织中,存在着多种线性关系,当管理者采用某种管理杠杆时,可预测的结果一定会发生,如提高销售量会带来利润的增长,提高工资就会带来员工士气的上升从而提升组织效率等。

组织是一个开放的系统,组织不仅受到外部环境的影响,也会在很大程度上影响外部环境。

1. 顾客对连锁经营组织变革的影响

或许近几年来,没有其他任何一个环境因素能像顾客一样给予组织如此深刻的影响。肯尼奇·奥梅博士指出,任何组织都必须考虑三个关键的参与者:企业

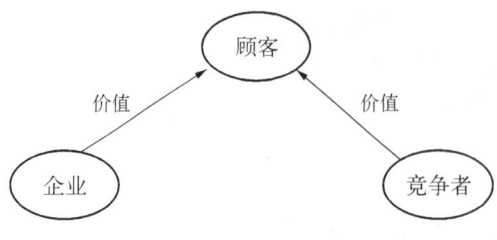

图 3-11 战略三角结构图

自己、竞争对手和顾客。这三个部分组成了奥梅称之为的战略三角(图 3-11),管理者需要平衡这个战略三角结构,成功的组织则运用其优势,依靠比竞争对手更好地满足顾客需要来创造价值。

一般来讲,顾客希望高质量的产品和服务,低成本、创新的产品。传统观念认为,这些基本的顾客需求相互之间可以权衡。例如,顾客需要的是高质量或是低成本,并以低价格形式反映出来。但是今天的竞争压力使企业意识到,这种权衡的观念已经行不通了。顾客要求满足所有的这些需求,他们也逐渐明白企业之所以存在就是为了提供这些服务。所以在经营环境中,可以看到顾客日益增强的质量意识和权益保护意识。消费者已经很熟悉超市中生鲜食品摆放的门道,而会从里侧拿取牛奶,消费者会为霸王条款而与企业对簿公堂,质疑那些"以前就是这样"或"从来就是这样"的消费规则的合理性。补办牡丹交通卡的收费标准以及任何消费品销售索要发票的两个实际案例,就是很好的佐证。顾客的逐渐成熟和日益提高的对产品和服务的要求,使企业不得不把经营的重点放到以顾客为中心,迅速满足顾客的需要,关注顾客的满意度,建立起顾客导向的组织结构和工作流程。

随着社会生活水平的提高和社会财富的快速增长,顾客的需求正在产生深刻的变化。主要表现在两个方面:一是顾客的需求越来越个性化和多样化,不仅需求产品有较高的性价比和一流的、完善的服务,而且对产品和服务越来越反映出个性化的要求,对单一企业产品或服务的依赖性和忠诚度却在不断降低;二是顾客对提供产品和服务的时间要求越来越高。如果企业不能在短时间内迅速满足客户的需求,该企业将会迅速地被顾客舍弃。在多样化、个性化要求越来越高的客户需求驱动下,市场竞争日益激烈,市场快速多变且难以预测,市场机遇转瞬即逝。对快速多变而又充满不确定性的市场变化,企业不可能采用一成不变的管理模式,否则就会被动挨打。客户需求和市场的快速变化直接影响并导致企业之间竞争方式的变化。这种变化首先表现为竞争范围的扩大。企业不仅面临来自区域内的同行业竞争,而且面临着来自全球范围内优秀企业的挑战。其次表现在竞争深度上,即时间和反应速度已经取代成本、质量而成为第一竞争要素。

2. 信息化技术对连锁经营组织变革的影响

信息技术的蓬勃发展已经将人类从工业经济时代带进了信息时代,加速了经济全球化的进程,引起了人类生活方式和生产方式的极大变化,也全面改变了连锁企业外部的生存与发展环境,对连锁企业管理产生了重大的影响。首先,企业的内联网改变着企业内部人与人、人与物、物与物之间传统的沟通方式,从而改变着企业的管理方式和组织结构。其次,连锁企业外联网改变着连锁企业与其上游企业、下游顾客的沟通方式,从而改变着连锁企业的管理方式和组织结构。

另外,信息网络的发展也使得连锁企业内部组织发生了变化,导致企业的经营方式和竞争的形式都随之改变。企业开始从以产品为中心到以客户为中心转变,从传统人财物竞争到信息竞争阶段演变,从单个企业竞争到供应链的竞争转变,从区域竞争向全球化竞争演变以及从规模取胜到速度取胜演变等。

信息技术在企业组织与管理中的作用从传统的以办公职能为中心,转向渗透和影响连锁企业的核心业务。信息技术不仅改变了连锁企业的管理方法,资源配置与利用方法,更改变了企业组织。

此外,政府对政策制订以及改变、员工需求的改变等都要求连锁经营的组织进行变革。

二、连锁企业组织变革的实施

1. 连锁企业组织变革应考虑的因素

在组织变革过程中,往往要考虑各方面的因素,其中有一些因素更应引起人们的格外重视,如组织战略、社会发展、技术创新、组织成长、组织文化等(见图3-12)。

2. 连锁经营组织变革

连锁企业的组织结构变革是连锁企业组织的彻底变化。连锁企业必须在广泛收集资料的基础上,拟定一个可行的、较为理想的变革方案,按照一定的变革策略来进行。美国管理学家 Harold J. Leavitt 认为,组织结构的变革不能孤立地进行,而必须同相关的工作配套同步。他认为组织是一个多变量系统,其中至少包

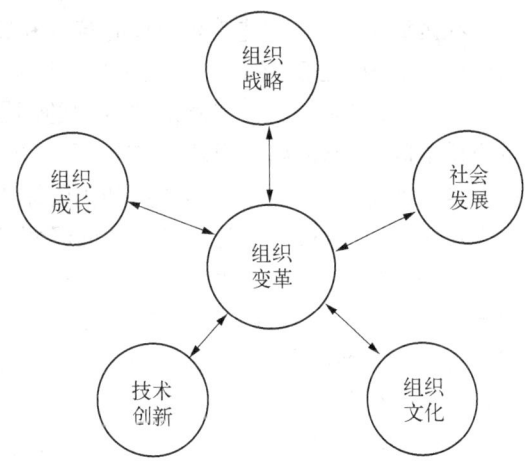

图3-12 组织变革应考虑的关键因素

括四个最主要的变量,即任务、技术、人员和机构。当连锁企业的管理者确定好组织变革的变量后,必须在组织内部设立创新项目小组或是在组织内部建立独立组织。图3-13的创新工具矩阵可以帮助管理者理解组织结构创新项目需要的项目小组,以及结构创新需要在什么样的组织下运作。

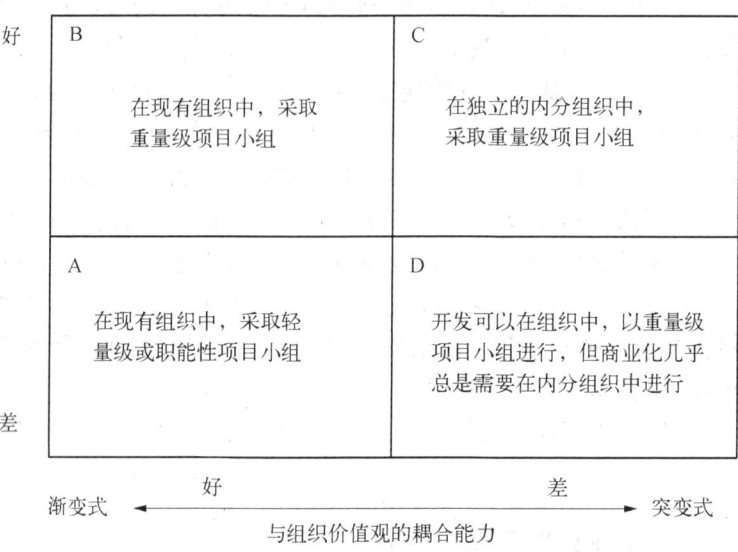

图3-13 组织结构变革的工具选择

在图3-13中,纵轴测定组织现在的流程能够使新的组织业务有效运作的程度,横轴测定组织的经营理念是否允许连锁企业分配结构创新所需的资源。

在区域A,项目与连锁企业原有流程和经营理念都是高度契合的,因此不需要新的创新能力,在现有的组织框架内,职能性或轻量级的组织创新项目小组(A Lightweight Team)就可以解决项目中的问题。职能性项目小组处理专门的职能效率低下问题,然后将项目小组交给下一个职能部门。轻量级的组织创新项目小组是跨职能部门的,但是小组成员却仍受原来的部门管理者领导。

在区域B,项目小组与连锁企业的经营理念相契合,但与连锁企业原有的组织流程不相匹配,它给连锁企业的组织运作带来了新的问题,因此需要组织和个人之间进行新的协调和组合。组织结构创新的项目小组正进行渐变式创新而不是突变式创新。在这种情况下,重量级的变革小组也许是一个很好的选择,但这个小组任务必须依靠企业的核心部门去执行,重量级小组(成员完全为组织变革服务,进行自我的管理,并担负着使变革成功的使命)的目标是形成新的流程框架和组织的工作方式。

在区域C,管理者面临的是与组织现在的流程和经营理念不相匹配的突变式结构创新。为了确保变革的成功,管理者应该建立一个内分组织,并且授权重量级的组织结构变革小组来迎接挑战。内分组织允许项目由不同的经营理念支配,如连锁企业可以将自己定位于较低的利润率,但成本结构不同的组织等。重量级组织结构变革小组(与区域B一样)必须确保连锁企业出现新的流程框架来提高组织的效率。

在区域 D,当连锁企业管理者面临与组织现有流程相匹配,但却与组织的经营理念完全不相适应的突变式结构创新时,成功的关键几乎总是在于内分组织内授权一个重量级的项目变革小组进行工作,在组织的内部偶尔可以进行成功的变革,但要成功地进行商业化运作则仍需要一个内分组织。

当创新的项目组织确定好以后,需要对组织的整体结构进行规划。这里规划包括:层次合并与协调机制的改变、部门调整与权力体系的变换、组织形式与技术应用的再选择、绩效体系与控制指挥系统的调整、管理跨度与分权程度的权衡、工作设计与流程体系的转换、信息系统的应用与工艺流程的自动化、沟通网络和核心部门的建立、柔性团队和资源供给体系的建立等。

本 章 小 结

连锁企业由于其特殊的经营特点,使得其组织结构和具体职能与传统商业的组织形式有着明显的不同。连锁企业组织结构和职能的确立是连锁企业发展的重要环节。

连锁企业组织设计大体可按明确连锁经营企业的任务,工作分类,确定任务分工,组织定型程序进行。

一个连锁企业的组织往往同时面临提高内部效率和增强外部适应性的要求,即组织设计必须满足三方面的需要:目标市场的需要、公司管理部门的需要、员工的需要。

连锁企业的组织一般是一种按职能和地区组织的平等型结构,企划部、发展部、店面经营部、财务部、行政部、海外事业部、信息服务部等职责明确。

连锁总部是连锁企业经营管理的核心,它除了自身具有决策职能、监督职能外,主要承担整体经营的设计功能,其基本职能是:基本政策制订、连锁门店开发、商品采购管理、商品配送管理、商品促销管理以及门店营运督导等。连锁总部的组织结构形式一般可分为两种模式,即总部管理模式和地区管理部管理模式。

门店是连锁经营的基础,主要职责是按照总部的指示和服务规范要求,承担日常销售业务。因而,门店是连锁总部各项政策的执行单位,不折不扣、完整地把连锁企业总部的目标、计划和具体要求体现到日常的作业化管理中。连锁门店的组织结构相对较简单,因为连锁企业实行的是商品采购、配送、财务等作业的总部集中性统一管理。而门店的组织结构主要视门店的性质、业态特征、规模大小以及商品结构等因素的不同而有所差异。

配送中心是位于物流节点上，是连锁企业的物流机构，专门从事货物配送活动的经营组织或经营实体。配送中心经济方面的功能主要有四个：集中、整理分类、加工和储存；配送中心的组织结构主要按照其机构的职能来划分，分为检验组、库管组、储运组和信息组，由配送中心经理直接管理。

影响组织结构设计的因素主要有：环境因素、战略因素、技术因素、规模因素、生命周期、行业特点等。

连锁企业组织结构设计必须注意：店面经营部与采购部门的协调、配送中心的设置、地区性管理组织或事业部组织的设置。

顾客、信息化技术等成为促使必须对连锁经营组织变革的主要影响因素，组织战略、社会发展、技术创新、组织成长、组织文化等连锁企业组织变革应考虑的关键因素。

1. 简述连锁组织结构的设计要求。
2. 连锁经营发展部的职责是什么？
3. 简述连锁总部的职能及组织结构设计。
4. 简述连锁门店的职能及组织结构设计。
5. 连锁企业组织结构设计注意的事项有哪些？
6. 组织变革要考虑的关键因素有哪些？

H公司的组织结构改革方案

H公司是一家具有多年历史的连锁企业，后来，该公司改制成股份制公司。公司领导凭借超前的战略眼光和正确的决策，成功地把握产业发展机会，并借助资本市场，使H公司获得了高速发展。但是，H公司在高速发展和规模扩大的同时，却出现资产收益率和资产周转率逐年下降的现象。经过反复的对比和深入的研究，H公司高层发现：和当时很多国企一样，公司股份制的改造并没有从根本上改变企业的管理方式和组织结构。公司高层和大多数员工已明显感觉到，现有的管理方式和组织结构已明显不适合公司的长远发展战略和当前的市场环境。如何变革才能适应公司发展的要求？这已经成为摆在公司上下面前迫切需要解决的问题。通过同行业企业的介绍，H公司了解到B公司在该领域已经成功地操作了几个类似的案例，于是，H公司联系到了B公司。

咨询分析

经过员工访谈和问卷调研，B公司项目组认为H公司的主要问题在于：第一，公司战略定位基本正确，但是在战略目标分解成为部门或各门店的目标以及子目标的实现上存在严重的缺陷，战略不能落地。第二，公司总部治理结构相对规范，但是各门店治理结构问题突出，公司总部与各门店的关系和管理模式上不合理，岗位责权不清，存在责任交叉和空缺的现象，出现问题后互相推诿和找不到责任人的情况时有发生。第三，公司组织结构中存在着部门职责与权力不匹配，因人设职的情况，组织层级过多，指挥链条混乱，存在严重的多头指挥现象。第四，由于公司组织结构的紊乱造成公司资源的流失，如因为采购、销售政策的决策和执行流程混乱造成的供应商、顾客和市场的丢失，利用公司的资源为私人牟利的现象屡见不鲜。

解决方案

根据企业发展战略、管理模式和业务格局对组织结构进行调整和优化：首先，明确集团总部定位。集团总部的角色应集中于管理整个集团的业绩改进和最大程度利用集团资源投资发展；集团总部的职能部门应该高效、精简，并着力于发展经营战略、财务计划及人力资源管理的技能；总部应该通过对经营计划的严格审查和考核，并通过提供有效的激励机制来指导各门店经营，而不是通过对日常运作的干预；集团总部应集中资金管理，实施集中融资；各门店的财务系统应归集团财务部直接领导。

其次，把总部划分为"总经理室"、"营业本部"和"管理本部"三个部分，其中"营业本部"和"管理本部"均直属总经理领导，由副总经理分管，下属的经营管理部门由部门经理负责管理；而"总经理室"，可由总经理助理分管。

再次，由总经理直接管理开发部、营运部、商品部、财务部、管理部和企划部等职能部门，这些部门分别由副总经理或各部门经理负责管理。

最后，各直营店由店长直接管理，同时下设副店长、值班长、组长等职务，如果是特许店，由加盟店店主直接管理店内事宜；规模较小的门店不分组，也不设组长，但规模较大的门店则必须进行明确的分工，并分别由组长主管。

讨论题：

1. 你认为B公司的调整方案是否适合H公司？
2. 调整方案从哪些方面改革了H公司的组织结构？对H公司会产生哪些影响？

第四章　连锁企业人力资源招聘管理

学习目标

1. 了解招聘的基本原则；
2. 掌握招聘的工作流程；
3. 了解招聘的影响因素；
4. 掌握招聘的内部和外部渠道；
5. 了解连锁企业笔试招聘；
6. 熟悉连锁企业面试招聘的流程；
7. 知道连锁企业常用招聘测评技术。

【引导案例】

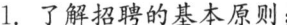

刘英辞职的原因

北京有一家外国跨国公司的办事处，来往谈业务、谈生意的客人和该公司驻其他国家的经理、业务人员络绎不绝。公司急需招聘一名接待员，其工作任务和职责是负责公司来往客人的接待工作。为此，公司人事部门在一家报纸上刊登了招聘广告："经市人才劳务管理部门批准，本公司拟招聘一名接待员。要求：年龄30岁以下；女性；具有大专以上学历；身高1.65米以上；有本市户口；英语能力较强（四级以上）。应聘者请将个人简历、学历、户口等有关证件的复印件寄到公司人事部。具体面试时间另行通知。"

公司人事部经过筛选从最后三个人中选出了一人。刘英，女，年龄26岁，身高1.66米，身材姣好，相貌也不错；毕业于北京某大学分校，大专学历，可以用英语交流。经过面试后开始上班。刘英的接受能力较强，一学就会。几个月后，人们发现她非常喜欢和公司的外方职员以及往来的外国客人用英语交谈,工作踏实,平时爱看书,尤其是英语书籍。公司人事部认为,刘英的公关能力较强,形象不错,又会英语和打字,于是准备将她调到办公室工作,而将办公室的职员调走。此时刘英在公司工作已经近半年,正当人事部准备找刘谈话时,她突然提出辞职。

针对这一情况,公司人力资源部进行了分析与研究,将招聘广告进行了修改。修改后的广告为:"经市人才市场管理部门批准,本公司拟招聘女接待员1名。要求:年龄45岁以下;有高中以上学历,或相当于中专学历文凭;身高1.63米以上;有本市户口;能认识一些英语单词和会简单英语会话(英语水平二级左右);下岗女工优先考虑。"

由于招聘条件的变化,这一次的应聘者相当多。经过认真筛选后,选中了一名纺织厂下岗女工。此人年龄36岁,身高1.64米,相貌不错。高中毕业,英语水平超出二级。由于原工厂开工不足,已下岗4个多月。这位女工来到公司后,一开始确实感到很难,许多事情都要从头学起,包括如何穿衣服,怎样搭配款式、颜色,以及要改掉大声说话的习惯等。但由于她学习非常努力,做得非常认真,3个月后她几乎能够尽善尽美地完成自己的职责。她除了做好本职工作外,还主动给各个办公室打开水。老板看她工作出色,决定给她加薪,工资由800元长到900元。女工听到消息后高兴得哭了。她感到自己受到了重视,从此更加努力,更加勤奋,而且开始突击英语。她开始用英语与老外交谈,几乎也到了一有机会就和老外聊天的地步。由于有刘英的教训,公司也有点担心。有人说:她可能也要走了。

讨论题:
1. 小刘要辞职的理由可能是什么?
2. 下岗女工会辞职吗?
3. 从这起招聘事件中可以得到什么启示?

第一节　人力资源招聘概述

人力资源管理的一项重要功能就是为企业获取合格的人力资源,尤其在人才竞争日趋激烈的今天,能否吸引并选拔到优秀的人才已经成为企业生存和发展的关键。无论对于大型的连锁企业,还是小型的连锁店,招聘到合适的员工,便意味着企业拥有了更高的工作效率和更多的利润。雇佣了不合适的员工,则会损害企业的声誉,最终会威胁企业的生存。

一、人力资源招聘的基本原则

招聘是人力资源配置中的重要环节。为了有序、高效地开展招聘活动,首先,招聘要符合国家相关法律法规的要求;其次,要确保招聘来的新员工能够满足相应岗位的需要或者满足企业长远发展的人才储备需要;再次,还要考虑招聘活动的经济性。因此,在实际工作中必须遵循以下原则。

(一)公开、公平、公正的原则

公开、公平、公正的原则是保证企业招聘到高素质人员和实现招聘活动高效率的基础。招聘活动必须遵循国家的法律、法规和政策,公开招聘条件和考核结果,通过公平竞争,进行公正测评,择优录用。这体现在招聘标准确定、招聘程序设计、招聘环节安排、避免就业歧视以及招聘过程当中相关信息披露等诸多方面。

(二)科学的原则

企业在招聘准备时,要根据内部现有岗位或者将来发展的需要制订客观的招聘计划。而在具体的招聘过程中,则要保证各项环节科学、严谨地实施,尤其是在考察应聘者的时候,要使用科学的测评方法和招聘程序。选聘人员时应人尽其才、职得其人,并使整个组织的人员结构合理。招聘到最优的人才并不是最终的目的,而只是手段,最终的目的是每个岗位上用的都是最合适的人员,达到组织整体效益的最优化。

(三)经济原则

经济原则,是指用最少的招聘成本获得最适合职位的人的过程。招聘的投入成本包括时间成本和费用成本,其中费用主要包括招募广告的费用,对应聘者进行审查、评价和考核的费用等。根据不同的招聘要求,灵活选用适当的招聘形式和程序,在保证招聘质量的基础上,能够尽可能降低招聘成本。

二、人力资源招聘的影响因素

招聘活动依存于特定的组织环境中,招聘过程受到多种因素的影响。影响招聘的因素主要有外部因素和内部因素两大类。

(一)影响招聘的外部因素

1. 政治环境

政治环境是影响企业人力资源招聘的间接因素。第一,企业所在国家的法律法规对招聘活动有限制作用。例如:我国《劳动法》规定,劳动者享有平等就业和自主择业的权利,劳动者就业,不因民族、种族、性别、宗教信仰不同而受歧视。这些都对企业的招聘活动起到了一定的限制和约束作用。第二,政府的管理方式和政策对招聘活动有导向作用。如果政府的政策经常变化,就会造成招聘政策的频繁变动,影响招聘的效果和稳定性。第三,工会的影响。工会可通过劳资协商和谈判,可以参与或者影响政府和企业相关政策的制订,进而对企业的招聘活动起到约束作用。

2. 经济环境

企业所处地区的经济发展状况以及劳动力市场的状况对招聘活动都有影响。经济发展状况决定了企业的未来前景,影响对人力资源的吸引力水平。劳动力市场的供求状况会影响招聘的来源。当劳动力市场供大于求时,企业吸引人员比较容易;相反,当劳动力市场供小于求时,企业吸引人员就比较困难,往往要投入大量的人力、物力。另外,劳动力市场的供求还影响企业各个职位的薪酬水平。要吸引人才,企业需要设计有竞争力的薪酬体系。

3. 文化环境

文化对人的思维方式和行为方式具有深刻的影响,不同的文化背景下,招聘的过程也是不同的。例如:日本的员工多倾向于终身雇佣制,而美国的员工跳槽频繁,前者进行招聘时,要更多地考虑员工与企业价值观的匹配,以及员工长期的培训和发展。跨国公司在其他国家进行的招聘除了要按其法律限制一些活动,还要充分考虑当地的文化和习俗,调整招聘时间、地点、形式和对员工的要求。

4. 竞争对手

在招聘活动中,竞争对手也是重要的影响因素。应聘者往往是在进行比较之后才作出决策的,如果企业的招聘政策和竞争对手存在差距,就会减少企业的吸引力。因此,要提供比竞争对手更优越的薪酬待遇和培训晋升体系。

(二) 影响招聘的内部因素

1. 企业政策

企业政策对招聘活动有直接影响。一方面,企业的政策会决定企业将从内部还是外部进行招聘,倾向于社会上有工作经验的人员还是学校的应届毕业生;另一方面,企业的发展战略对招聘的计划有指导作用,如是扩张战略、稳定战略还是收缩战略,不同的发展战略对人力资源的需求有不同的影响。

2. 企业的招聘预算

由于招聘活动必须支出一定的成本,因此企业的招聘预算对招聘活动有着重要的影响。充足的招聘资金可以使企业选择更多的招聘方法,扩大招聘的范围,如选择影响力大的媒体发布招聘广告;相反,有限的招聘资金会使企业进行招聘时的选择大大减少,这会对招聘效果产生不利的影响。

3. 企业组织文化

企业文化就是指企业在发展过程中逐步形成的企业成员所共同具有的价值观、道德准则等的综合。一方面,组织文化的开放程度会影响招聘渠道的选择,如开放度高的企业会选择内部和外部两个渠道进行招聘。另一方面,组织文化能够影响组织的社会形象。一般来说,企业在社会中的形象越好,就越有利于招聘活动。良好的企业形象会对应聘者产生积极的影响,引起他们对企业空缺职位的兴趣,从而有助于提高招聘的效果。

三、人力资源招聘的工作流程

为提高人力资源招聘的效果,要保证科学规范的招聘流程。招聘活动一般从评估企业的职位需求开始,然后进行工作分析,选择合适的招聘渠道发出招聘需求,制订招聘计划,选拔和录用合格的应聘者,并对招聘的结果进行评价和总结(见图4-1)。

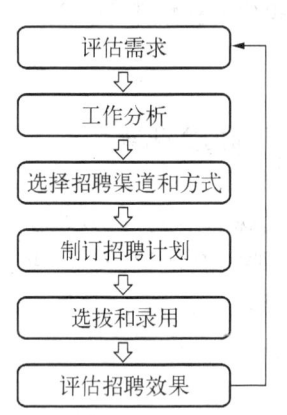

图4-1 招聘的工作流程

(一)评估需求

评估需求是整个招聘活动的起点,只有明确获得企业空缺职位的相关信息后,才能够开始招聘。如果随着企业规模的扩大或销量增加,仅仅靠支付工人加班费或者雇佣短期的临时工等其他方法已解决不了企业对人员的需求,那么企业就需要对人员的需求进行评估。

首先,评估需求要分析企业的战略计划,将其转化为对各层次人员需求的人力资源规划,包括对员工的数量、能力、工作量,以及企业需要新劳动力的时间、成本等的计划。其次,还要考虑到企业组织结构的变化。第三,需要考虑现有员工退休和辞职的情况。人员需求评估的结果将会确定出需要增加员工的工作岗位、所需员工数量等内容。

(二)工作分析

工作分析也称职位分析、岗位分析,是一种应用系统方法对组织中某一特定工作或职位的任务、职责、权利、隶属关系、工作条件等相关信息进行收集和分析,作出明确规定,并确认完成工作所需要的能力和资质的过程。对工作岗位进行分析,确定这项工作的内容、职责和任务,描述完成该工作需要的知识、技能和能力。如果要分析的是现有的工作岗位,应当通过观察或与当前员工进行交流而获取信息;如果要分析的是一个新岗位,可以通过工作分析的过程从零开始设计这项工作。

工作分析收集到的信息将用于编写工作说明书和工作规范,这对招聘人员非常重要。工作说明书是与工作相关的,一般包括:工作名称,工作概述,主要职责和责任、上下级报告关系、工作条件等。工作规范则与工作人员相关，包括从事这项工作至少要达到的年龄、教育水平、工作经历、技术技能和个人特点。

专栏4-1

GE公司"总经理助理"职位的主要职责和任职要求

职位名称：总经理助理

主要职责：
- 直接向董事长、总经理、办公室主任汇报，负责协助董事长、总经理的日常工作，提供高效有序、优质的服务；
- 协助董事长、总经理制订战略计划、年度经营计划及各阶段工作目标进行分解，起草各阶段工作总结和其他正式文件；
- 协助董事长、总经理调查研究、了解公司经营管理情况并提出处理意见或建议，供董事长、总经理决策，及在公司经营计划、销售策略、资本运作等方面向董事长、总经理提供相关解决方案；
- 协助董事长、总经理处理外部公共关系（政府、重要客户等），及媒体关系，树立好企业的对外品牌与公关形象，并组织协调公司重要公务活动；
- 负责公司重要会议的起草和记录，以及会议资料的收集、编辑、翻译工作；
- 负责公司各种证件的正、副本及复印件、公司印章的保管，严格按照印章使用权限和程序进行管理；
- 执行岗位有关的其他职责。

任职要求：
- 全日制大学本科或以上学历，优先考虑行政管理、市场营销、英语等相关专业；
- 8年以上工作经验，优先考虑有市场营销管理经验；
- 个人素质良好，工作认真仔细，条理性强；
- 具备一定的沟通技巧和较强的学习能力；
- 具备较强的组织能力和综合协调能力；
- 高度诚信，具有很强的职业道德，并能信守承诺；
- 具有良好的中英文口头和书面表达能力，熟练掌握office办公软件的使用。

（三）选择招聘渠道和招聘方式

招聘渠道是指招聘目标群体的来源。按企业的组织界限划分，人员招聘的渠道有两个：外部招聘和内部招聘。企业在选择招聘渠道时，往往需要综合考虑两种渠道的利弊后才能作出决策。有些企业倾向于从外部进行招聘,有些企业则更倾向于从内部进行招聘。例如:通用电气公司几十年来一直都从内部选拔CEO,而IBM、惠普等公司的CEO则大多从外部招聘。一般来说,企业往往是将这两种方法结合起来使用的,对于基层的职位从外部进行招聘,对于高层的或关键的职位则从内部晋升或调配。

招聘方式是在一定范围内发出招聘需求的方式,通常使用招聘广告的形式。招聘广告的内容一般包括企业名称、简要的工作描述、应聘条件、薪金和截止日期等。招聘的职位越高,需要的技能专业化越强,就越需要扩大招聘范围,而相应的招聘费用也越高。

(四)制订招聘计划

选定合适的招聘渠道后,接下来就要制订招聘计划。一般来说,招聘计划的内容主要包括以下几个方面:招聘的规模、招聘的范围、招聘的时间和招聘的预算。当然,企业还可以根据自己的情况再增加其他的内容。

1. 确定负责招聘的人员

应聘者对组织的第一次接触是在应聘时,他们往往通过对招聘人员的印象来对组织进行判断。招聘人员作为组织的代表,其素质的高低直接关系到组织能否吸引优秀人才。因此要选择合适的招聘人员。企业的高层管理者应积极参与招聘活动;招聘人员要公正、有热情、平易近人、了解心理学。

2. 招聘的规模

招聘的规模是指企业预计通过招聘活动吸引多少应聘者。招聘活动吸引的人员数量既不能太多也不能太少,而应当控制在一个合适的规模。应聘者太多会带来招聘成本的增加,还会增加筛选的难度;应聘者太少可能招不到企业需要的人才。

3. 招聘的范围

招聘的范围是指企业要在多大的地域范围内进行招聘活动。从招聘的效果考虑,范围越大,效果相应也会越好;但是随着范围的扩大,企业的招聘成本也会增加。因此对于理性的企业来说,招聘的范围应当适度,既不能太大也不能太小。

企业在确定招聘范围时,一般要考虑求职者的活动范围、企业的地理位置、劳动力市场的状况以及招聘成本等因素。客观上,为了降低招聘成本,不同的人员需求应选取不同的招聘地点,即在本地劳动力市场招聘办事员和工人、在跨地区人才市场招聘专业技术人员、在全国范围或国际上招聘高级管理人才。

4. 招聘的时间

招聘过程中一个重要的问题是在保证招聘质量的前提下确定一个科学合理的招聘时间,以保证空缺职位的及时填补,避免影响企业的正常运转。因此,招聘时间要根据招聘计划及时确定,一般要比有关职位空缺可能出现的时间早一些,并尽量选择在人才供应高峰期时招聘。

5. 招聘的预算

在招聘计划中,为了控制招聘成本,还要对招聘的预算做出估计。招聘成本一般包括:人工费用,公司招聘人员的工资、福利、差旅费、生活补助以及加班费等;业务费用,包括通信费(电话费、上网费、邮资和传真费)、专业咨询与服务费(获取中介信息而支付的费用)、广告费(在电视、报纸等媒体发布广告的费用)、场地租用费用、资料费(公司印刷宣传材料和申请表的费用)以及办公用品费(纸张、文具的费用)等;其他费用,包括设备折旧费、水电费以及物业管理费等。

招聘计划通常由人力资源部门起草和修改,最后提交企业管理层(董事会或总经理)进行审批。因为招聘方案有可能超出企业的人员预算,这时候管理层就需要对招聘的必要性进行相应的审核和论证。只有当招聘计划获得审批通过之后,才能进行招聘信息发布等接下来的招聘活动。以下是某企业的一份招聘计划书。

专栏4-2

M公司招聘计划书

一、招聘小组成员名单

组长:王刚(人力资源部经理)对招聘活动全面负责

成员:赵梁平(人力资源部薪酬专员)具体负责应聘人员接待、应聘资料整理

刘时全(人力资源部招聘专员)具体负责招聘信息发布、面试和笔试安排

二、招聘岗位

职位名称	职位类别	数量	职位描述	招聘条件
产品管理经理	销售工程师	1	(将职位说明书的主要内容列出来)	
生产技术工程师	质量管理工程师	2	(将职位说明书的主要内容列出来)	
市场分析专员	项目执行	2	(将职位说明书的主要内容列出来)	
关系销售代表	销售代表	4	(将职位说明书的主要内容列出来)	

三、招聘时间和渠道

1. ××人才市场　2012年1月18~24日
2. ××招聘网站　2012年1月18~24日
3. ××报纸　　　2012年1月18~24日

四、选拔方案及时间安排

1. 产品管理经理

资料筛选:××部经理、招聘专员　截止日:1月25日

初试(面试)：面试小组1月27日8：45～16：00
复试(面试)：命题小组1月29日9：00～17：00

2．生产技术工程师

资料筛选：××部经理、招聘专员　截止日：1月25日
初试(面试)：面试小组1月27日8：45～16：00
复试(笔试)：命题小组1月29日9：00～17：00

3．市场分析专员

资料筛选：××部经理、招聘专员　截止日：1月25日
初试(面试)：面试小组1月27日9：00～17：00
复试(面试)：命题小组1月29日9：00～17：00

4．关系销售代表

资料筛选：××部经理、招聘专员　截止日：1月25日
初试(面试)：面试小组1月27日9：00～17：00

五、新员工的上岗时间

预计在2月1日左右

六、招聘费用预算

1．××报纸广告刊登费12 000元
2．××招聘网站信息刊登费1 500元
3．××人才市场3 000元

合计16 500元

七、招聘工作时间表(举例)

1月11日：起草招聘广告

1月12～13日：进行招聘广告版面设计

1月14日：与人才市场、报社代理公司、网站进行联系

1月18日：报社、网站刊登广告

1月19～25日：接收、整理应聘资料、对资料进行筛选

1月26日：通知应聘者面试

1月27日：进行面试

1月29日：进行产品管理经理、市场分析专员面试(复试)，生产技术工程师笔试(复试)

1月30日：向通过复试的人员发录用通知

2月1日：新员工报到

人力资源部
2011年12月5日

(五) 选拔和录用

企业把招聘信息发布出去后,要对应聘者的应聘资料进行初步筛选,剔除那些明显不符合要求的人员,然后通知应聘者进行测评和甄选。测评和甄选是按照经验或科学的方法对应聘者的工作能力、工作经历、个性等进行评价,以选择出那些符合职位要求的应聘者的过程。

需要强调的是,选拔过程剔除的人员不一定就不优秀,只是不符合此次招聘的要求而已,对于这些人员的信息,企业还是应当保留起来,建立一个专门的招聘信息库,便于以后进行招聘时使用这些信息,避免重复工作,也可以加速招聘的进程。

(六) 评估招聘效果

整个招聘过程的最后一个步骤就是评估招聘的效果。对招聘效果进行评估,可以帮助企业发现招聘过程中存在的问题,对招聘计划以及招聘渠道和方法进行优化,提高以后招聘的效果。对招聘效果进行评估,一般要从以下几个方面来进行。

1. 招聘的时间

在招聘计划中一般都有对招聘时间的估计,在招聘活动结束后要将招聘过程中各个阶段所用的时间与计划的时间进行对比,对计划的准确性进行评估和分析,为以后更加准确地制订招聘计划奠定基础。

2. 招聘的成本

招聘成本的评估包括两个方面:一是将实际发生的招聘费用与预算的费用进行对比,以利于下次更准确地制订预算;二是计算各种招聘方法的招聘成本,从而找出最优的招聘方法。

3. 应聘比率

这是对招聘效果数量方面的评估,应聘比率=(应聘人数/计划招聘人数)×100%。其他条件相同时,应聘的比率越高,说明招聘的效果越好。

4. 录用比率

这是对招聘效果质量方面的评估,录用比率=(录用人数/应聘人数)×100%。

专栏 4-3

北京同仁堂医药集团公司人员选聘程序

北京同仁堂集团公司是我国中药行业著名的老字号企业,至今已有数百年的历史。改革开放后,同仁堂组建集团公司、股改上市,不断适应市场,改革创新,奋力拼搏,经济运行质量有了很大的提高。作为高新技术产业,特别是面对集团要进军生物制药、电子商务等高科技领域的战略,目前的人才状况不能适应市场的发展。在市场竞争日趋激烈的今天,谁拥有一流的人才,谁就拥有一流的企业和产品,谁就能在市场竞争中取胜。正是在这样一个背景之下,A医药集团公司决定于2000年年初面向社会公开招聘高中级专业人才,并委托一家北京市咨询有限公司来做此项工作,这是公司人事管理制度的一个创新。

在前期准备过程中,工作人员达成共识,即关注企业文化,尽量挑选与企业文化相似的应聘人员。北京同仁堂集团公司本身有着很好的品牌和形象,在招聘宣传中重点突出其平实、稳重的特点,以及市场经济下新的生机。广告用语也基本突出类似特征。

招聘信息发出不久,收到300多份简历。按照应聘职位分别归类登记并输入数据库后,按照预计的招聘程序开始选聘工作。

第一,履历表的筛选。选聘工作之前,人事部已经根据工作岗位规范确定出各类人员的选拔标准,并确定使用统一的筛选标准。履历表提供了许多有用的信息,那些在专业技术和经历方面比较适合公司发展目标,且与同仁堂医药集团公司的企业文化基本融合的应聘者将成为筛选的优胜者。

第二,人事专家面谈。面试是人事选拔中最常用的获得信息手段,对人事决策具有直观作用。面试的目的是双重的,即信息的收集和对候选人的评价,它弥补了其他选拔手段中信息空白的不足。同仁堂公司强调这种面谈的现实作用,借以评估那些只能通过面对面的交流才能测出的因素,如语言表达、自信心及人际交往能力。公司着重考察应聘者的适应组织环境能力、与人友好相处能力,由此推断什么工作能充分发挥应聘者的才智。五个人事工作人员面试后,依据印象和感觉对应聘者进行综合评估,并筛选出优胜者。

第三,心理测试。各种测评工具都各有所长,它们的功能不同,适用对象和解释的范围也不同。根据不同岗位的需要把心理测试工具组合成一般管理人员、中高级管理人员、专业技术人员(财会、营销、策划)共三类方式。在策略上采用择优策略,尽可能全面地了解所有应聘人员的情况,从能力、性格、动机、兴趣等各个角度和层次上做广泛测查,依据职位要求综合性地评估各人的优势水平、与职位要求的匹配程度,从中选择最具综合优势的人员。采用择优策略,在测验设计上要求全面、详细。能力测验、个性测验和职业适应性测验都被采用,同时确定不同的职位考察的内容侧重点,形成不同测验维度的权重关系,这些差异在测验设计和评估标准上都有具体体现。同仁堂公司特意把心理测试安排得比较靠后,用于那些最可能被录用的候选人,达到真正的择优目的。在这个基础之上,公司注意考察另外一些问题。如能否适应国有企业的工作,稳定性如何,期望薪金如何,对于一些期望较高的候选人,人事工作人员与其详细讨论。通过这一阶段筛选,剩下的应聘者基本满足相关职位的要求。

最后是专业理论方面的测试。公司采用了结构化面谈的方式。考官主要有：从社会上请来的拟聘岗位方面的技术专家、医药集团公司领导、用人部门的主管经理和人事面谈专家。面试主要以技术专家为主导，用人部门主管经理和人事面谈专家从各方面来综合考察候选人。面试工作结束后的第二天，由各方面专家、公司相关人员、咨询公司组成最后评议组对剩余候选人排序，确定出最终候选人。

讨论题：

1. 同仁堂公司是如何安排人才选聘程序的？运用了哪些手段？是否合理？
2. 如果你在负责公司的软件工程师选聘工作，你会如何安排选聘工作？

第二节　人力资源招聘渠道

一、连锁企业内部招聘

内部招聘指开发和利用企业内部的人力资源。当组织出现职位空缺时，人力资源管理部门从内部挑选合适的人员填补空缺，如通过绩效考核与员工培训方式从组织内部发现、挖掘人才。工作公告是最常用的一种内部招聘方法，它是通过向员工通报现有工作空缺，从而吸引相关人员来申请这些空缺职位。工作公告中应包括空缺职位的各种信息，如工作内容、资格要求、上级职位、工作时间以及薪资等级等。

（一）内部招聘的来源

在进行内部招聘时，从理论上讲，招聘的来源有三个：一是下级职位上的人员，主要通过晋升的方式来填补空缺职位；二是同级职位上的人员，填补空缺职位的方式主要是工作调换或工作轮换；三是上级职位上的人员，主要通过降职的方式来填补空缺职位。但在实践中，内部招聘的来源主要是前两种。

（二）内部招聘的方法

1. 晋升

晋升是从空缺职位的下级人员中选择可以胜任的优秀人员的方法。这种方式有利于调动员工的积极性并有助于他们个人的发展，对于激励员工非常有利。从另一方面来讲，内部提拔的人员对本单位的业务工作比较熟悉，能够较快适应新的工作。然而内部提拔也有一定的不利之处，如内部提拔的不一定是最优秀的；还有可能在少部分员工心理上产生"他还不如我呢"的思想。因为任何人都不是十全十美的。一个人在一个单位待的时间越长，别人看他的优点越少，而看他的缺点越多，尤其是在他被提拔的时候。因此，许多单位在出现职务空缺后，往往同时采用两种方式,即从内部和外部同时寻找合适的人选。

2. 工作调换

工作调换就是在相同或相近级别的职位间进行人员的调动来填补职位空缺,当这种调动发生不止一次时,就形成了工作轮换,这种方式有助于员工掌握多种技能,提高他们的工作兴趣,但是不利于员工掌握某一职位的深度技能,从而影响工作的专业性。

3. 工作轮换

工作轮换是在短期内,将员工调动到同级或相近级别工作岗位的方法。工作轮换和工作调换的不同在于,工作调换从时间上来讲往往较长,而工作轮换则通常是短期的,有时间界限的。另外,工作调换往往是单独的、临时的,而工作轮换往往是两个以上的、有计划进行的。工作轮换可以使单位内部的管理人员或普通人员有机会了解单位内部的不同工作,给那些有潜力的人员提供以后可能晋升的条件,同时也可以减少部分人员由于长期从事某项工作而带来的烦躁和厌倦等感觉。

4. 人员重聘

有些企业由于某些原因会有一批不在位的员工,如下岗人员、长期休假人员、停薪留职人员等。在这些人员中,有的恰好是内部空缺职位需要的。他们中有的人素质较好,对这些人员的重聘会使他们有再为企业工作的机会。企业使用这些人员可以使他们尽快上岗,减少了培训等方面的费用。

(三)内部招聘的优缺点

从组织内部进行人员招聘的优点如下。

1. 节省费用

内部招聘能够节省招聘费用和培训费用。从内部进行选拔,可以节省广告费、差旅费、猎头公司代理费等开支。另外,从间接成本上看,还能节省聘用过程、了解员工和新员工熟悉企业所花费的时间成本。

2. 能够激发员工的工作积极性

当员工知道管理人员将从内部产生时,会更加努力工作,为自己争取晋升的机会。

3. 熟悉情况

企业对内部员工知根知底,了解他的工作业绩、工作习惯和个性品质,因此对将来的绩效有一定的保证。另外,员工对企业的工作流程和管理比较了解,能够快速进入工作状态。

内部选拔虽然有许多优点,但最明显的缺点是人员选择的范围比较小,往往不能满足组织的需要。特别是当组织处于成立初期或快速发展时期,或是需要特殊人才,如高级技术人员、高级管理人员时,仅从内部选拔则远远不够,必须借助于组织外的人才市场,采取外部招聘的形式。另外,内部招聘不利于企业员工之间的团结。

专栏4-4

柯达的内部人才培训提拔法

人才由生产一线造就。人才并非凭空而来,选拔与培训一样重要。对此柯达公司的做法是:以严格的选择评定标准找到所需要的人才,再以相关的培训和发展课程对其进行培养,以便更好地利用现有人力资源的潜力。换言之,柯达公司在生产第一线创造了一批人才。

柯达公司要求候选人要具备当机立断、协助解决问题、有创意及领导才能,能够听取他人的意见,文字和语言均能有效沟通,了解公司的各项组织功能,并能圆满达成任务。

为了寻找到合适的人选,柯达公司设置了评估中心对候选人进行评估。

评估作业一般在当地旅馆进行,每次有12位候选人参加。候选人于周日晚到达,次日早晨进行评估作业。周一下午都将离去,6名评审则多待一天以讨论评估的结果,并决定合适人选。柯达公司的评估作业包括现场实况操作及角色扮演等作业,个性剖析也包括在内。虽然这类评估作业成本很高,但公司认为价有所值。

对每个人的优缺点做诚实的评估后,那些被认定具有领袖才能的候选人就可参加所谓的"团队管理技巧发展课程"。课程分为两个阶段,第一个阶段课堂教育主要传授些实务培训与经验,历时7个星期。为保证理论与实务的融合,受训者通常是一星期上课,随后的一星期又回到工作岗位,如此交替进行。第二个阶段历时6个月,受训者将有机会表现他们的领导才能。而且他们必须认定一个目标,并尽力完成。培训即将结束时,由经理人员所组成的小组,进行最后的评估,以决定受训者是否符合公司要求。

为培养团队合作精神,公司还要求候选人参加为期1周的领导才能发展课程,在前往集训地前,他们将被问到所担忧的事情是什么?每个人所担心的都不一样。但通过团队合作后,都一一克服了。当他们重返工作岗位时,每个人都非常自信,自认天下再无难事。

二、连锁企业外部招聘

外部招聘是指企业从组织外部吸引和选择人员,满足组织空缺职位的需求。

(一)外部招聘的来源

相比内部招聘来说,外部招聘的来源相对比较多,主要有以下几个来源。

1. 学校

学校是企业招聘的重要来源,由于学生没有任何工作经验,因此让他们接受企业的理念和文化相对比较容易。在中学和职业学校可以招聘初级操作性员工;在大学里,企业则可以招聘潜在的专业人员、技术人员和管理人员。

2. 竞争者和其他公司

对于要求具有工作经验的职位来说,竞争者或同一行业的其他公司可能是最主要的招聘来源。在美国,约有5%的工人随时都在积极寻求或接受岗位的变化;在经理和专业人员中,每3个人中,每隔5年就要有1个人变换工作。此外,从这一来源进行招聘也是企业相互竞争的一种重要手段。

3. 失业者

这也是企业招聘的一个重要来源。由于失业者经历过失去工作的痛苦,因此当他们重新就业后会更加珍惜现有的工作机会,工作努力程度比较高,对企业的归属感也比较强。

4. 老年群体

老年群体包括退休员工在内的老年群体也构成了一个宝贵的招聘来源。虽然老年人的体力可能有所下降,但是他们却具有年轻人不具备的工作经验;此外,由于老年人的生活压力比较小,因此他们对薪资待遇的要求并不是很高,这些对企业都非常有利。

5. 军人

由于军人有真实的工作历史,个人品质可靠,具有灵活、目标明确、纪律性强以及身体健康等特点,因此对企业来说也是非常重要的一个来源。

6. 自我雇佣者

这也是一个很好的招聘来源。对于要求具备企业内部技术、专业管理或者企业专门知识的各种工作来说,这些人也构成了一个招聘来源。

(二)外部招聘的方法

由于外部招聘的来源都在企业外部,因此招聘方法的选择就非常重要,否则潜在的应聘者就无法获知企业的招聘信息。外部招聘的方法主要有以下几种。

1. 广告招聘

广告是企业进行外部招聘时最常用的一种方法。该方法利用各种广告媒体和宣传媒介广泛向外界发布招聘信息,吸引社会上的人才前来应聘。借助广告进行招聘时,需要考虑两个问题:一是广告媒体的选择;二是广告内容的构思。目前,常见的广告媒体主要有报纸、杂志、广播电视和因特网等,各种广告媒体分别具有自己的优点和缺点,企业应当根据具体的情况来选择最合适的媒体。各种招聘渠道中,广告的覆盖面最广,因此易于招到合格的人员。但费用偏高,取决于广告篇幅的大小和发行量。

2. 校园招聘

企业人力资源的招聘人员直接到学校设就业服务中心,企业的招聘信息可以直接纳入学校的工作计划。这种招聘方式的优点是能够直接招聘到所需专业和学历的应届毕业生,而且一般是免费的。缺点是学生毕业是有周期的,因此这种招聘方法在时间上会受到很多限制,企业不能自主掌握。

3. 招聘会

企业通过参加各种职业介绍所或就业服务中心举办的招聘会来进行招聘。人才招聘会一般会定期举办,企业从前来咨询应聘的应征者中选择符合要求的人员。企业在校园开设与招聘相关的主题讲座,称为宣讲会,主要向招聘对象传达企业的情况、文化价值观、人力资源政策、校园招聘的程序和职位介绍等信息。通过招聘会选拔人才的优点是企业能与招聘人员面对面沟通,并且效率高。缺点是应聘者数量众多,面对大量简历,企业的初步筛选工作量大,而且很难招聘到高级人才和专门人才。

4. 职业中介机构

企业通过专业的职业招聘机构发布招聘信息,应用信息化的技术,在数据库中有针对性地在应聘者的档案中进行筛选。职业中介机构有很多种类型,如职业介绍所、人才交流中心以及猎头公司等。由于职业中介机构是专门从事人员招聘工作的,掌握着大量的信息,因此借助这些机构进行招聘,不仅可以使招聘活动更有针对性,而且还可以为企业节省大量的时间。现在很多企业将自己的招聘工作外包给这些机构来做。但是这种方法的缺点是应聘者可能不完全符合要求,并且收费往往都比较高,会增加企业的招聘成本。

5. 举荐

举荐招聘就是指通过企业的员工、客户或者合作伙伴的推荐来进行招聘的方法。由于是针对该空缺职位的具体要求进行推荐,一般都能具备该职位的能力要求,又是熟人推荐,招聘双方在事先已有进一步的了解,可以节约不少招聘程序和费用。但由于是本组织员工或关系单位主管推荐的人选,有时会碍于情面而录用。如果此类录用人员较多,易在企业内部形成裙带关系,造成管理上的困难。因此,此方法一般多在急需某种专业技术岗位的人员时使用。

6. 互联网

越来越多的企业开始利用网络来寻找潜在的求职者。利用网络招聘人才有两种方式:一种是利用专业的人才招聘网站为企业推荐合适的人员;另一种是企业建立自己的网站,在企业的官方网站上发布招聘的信息。网络招聘的优点是信息传播范围广,传播速度快,成本低,供需双方选择余地大,且不受时间和地域的限制。但缺点是应聘者可能会提供虚假信息和简历数量过多导致的处理速度受限。

表 4-1 为各种外部招聘方法的比较。

表 4-1 外部招聘方式比较

	优　点	缺　点	适用招聘范围
广告招聘	传播范围大,挑选余地大;广告留存时间较长;可附带做企业形象、产品宣传。	初选时双方不直接见面。信息失真。广告费用支出较大。录取成功率低。	适用于各类企业、各类人才。
校园招聘	双方了解较充分;挑选范围和方向集中,效率较高。	应聘者流动性过大。招聘受毕业时间限制。	用于招募发展潜力大的优秀人才。
招聘会	双方直接见面,可信程度较高;当时可确定初选意向;费用低廉。	应聘者众多,洽谈环境差;难招聘到高级人才和专门人才。	适用于初、中级人才,或急需用工者。
职业中介机构	介绍速度较快,费用较低。	服务质量普遍不高。	适用于初、中级人才,或急需用工者。
猎头公司	能找到满意人才,比企业自己招聘效率高,招聘过程隐秘、不事声张。	招聘过程较长,各方反复接洽谈判;招聘费用昂贵,按年薪的一定比例支付猎头费。	适用于物色高级人才。
举荐	应聘人较为可靠,招募费用较低。	选拔的范围比较小,容易形成小团体和裙带关系。	主要适用于招募初级劳工和核心人员。
互联网	传播范围广、速度快、成本低,供需双方选择余地大,且不受时间和地域的限制。	虚假信息、应聘者众多。	适用于初、中级人才。

（三）外部招聘的优缺点

相对于内部招聘来说,外部招聘的优点如下。

1. 带来新思想

从外部雇佣人员可以为企业补充新鲜"血液",使企业保持一定的朝气和活力,避免所有人都按同样的思维方式思考和工作。因此,能够克服内部提拔人员思维方式和工作习惯上的"近亲繁殖"。

2. 避免内部矛盾

如果只提拔本企业中的一个人,会引起其他员工的不满。为了避免这种敏感的问题,有的管理者会引进"外来的和尚",平衡企业内部的关系。

但外部招聘可能会对判断员工的能力不够准确,而选择了不合适的人选;外部招聘还容易影响内部人员的士气和积极性;并且新员工需要更长的时间熟悉企业的环境、人际关系和工作方法等。

大多数企业实行内外招聘并举。如果某一企业的外部环境和竞争情况变化非常迅速,它就既需要开发利用内部人力资源,同时又必须侧重利用外部人力资源。对那些外部环境变化缓慢的企业来说,从内部进行提拔往往更为有利。

第三节 人力资源招聘测试与技术

寻找合适的员工,需要掌握一些必要的评价和选择技巧。通过有效的筛选、评价和测试能更容易地聘用到合适的员工,可以大幅度地降低招聘费用。

一般来说,选拔和录用的程序是:首先评价应聘者的工作申请表和简历;然后进行招聘测试和面试;接下来审核应聘者材料的真实性;然后进行体检;应聘者被录用后还要经过一个试用期的考察;最后才能做出正式录用的决策。

一、人力资源招聘测试的主要内容

1. 知识测试

这种测试主要是用来衡量应聘者是否具备完成职位职责所要求的知识,虽然具备职位所要求的知识并不是实际工作中绩效良好的充分条件,但却往往是它的一个必要的条件,因此选拔录用中要对应聘者的相关知识进行测试。不同的职位,知识测试的内容也不一样,如录用会计人员,就要测试与会计有关的知识;录用人力资源管理人员,就要测试人力资源管理知识。

2. 能力测试

能力是指个人顺利完成某种活动所必备的特征,任何一种活动都要求从事者具备相应的能力。能力测试就是衡量应聘者是否具备完成职位职责所要求的能力。能力测试包括一般能力测试和特殊能力测试两种。一般能力是指顺利完成任务所必备的能力,如沟通能力、写作能力等。特殊能力是指那些与具体职位相联系的不同于一般能力要求的能力。例如:人力资源管理职位,就要求具备较强的人际协调能力。在使用特殊能力测试时,企业要根据空缺职位的类别,选择相应的测试方法。

3. 性格和兴趣

性格和兴趣反映应聘人员的个性特征和心理素质。性格指个人对现实的稳定态度和习惯的行为方式，按照不同的标准可以将人们的性格划分成不同的类型。由于人们的性格在很大程度上决定着他们的行为方式，而不同的职位所要求的行为方式又不同，因此对应聘者的性格进行测试有助于判断他们是否胜任所应聘的职位，例如销售职位需要经常与人打交道，因此要求应聘者的性格应当比较外向。这里的兴趣主要是指职业兴趣，它是指人们对具有不同特点的各种职业的偏好以及从事这一职业的愿望。职业兴趣会影响人们对工作的投入程度，如果应聘者的职业兴趣和应聘的职位不符，那就会影响他的工作热情；相反，如果应聘者的职业兴趣和应聘职位相符，那么他就会积极主动地进行工作。

人力资源招聘的测评技术主要有笔试、面试、心理测试、工作样本、公文处理、评价中心和无领导小组讨论等方式。

二、连锁企业招聘笔试设计

笔试是通过卷面形式测试应聘者能力的一种方法。笔试通常用于考查应聘者的智力、专业知识、文字能力和综合分析能力等。通过笔试，可测试应聘者的基础知识和素质能力的差异，判断应聘者对招聘职位的适应性。

（一）笔试的测试内容

（1）一般知识和能力测试：包括社会文化知识、智商、语言理解能力、数字能力、推理能力、理解速度和记忆能力等。

（2）专业知识和能力测试：即与应聘岗位相关的知识和能力，如财务会计知识、管理知识、人际关系能力、观察能力等。

一般而言，笔试由于命题、评分及评价的客观化程度高，误差相对容易控制。但对一些深层次的能力及个性表现则很难考查，即不能全面考察应聘者的工作素质、道德修养以及管理能力、口头表达能力、操作能力等。

（二）笔试的原则

要提高笔试的有效性必须注意以下原则：

（1）命题难度适中。命题不能过难，也不能过易。命题必须既能考核应试者的文化程度，又能体现出应聘职位的工作特点和特殊要求。

（2）题目与测试内容的重要性相关。笔试题目分值应与其考核内容的重要性及考题难度成正比。

（3）公平阅卷。阅卷要客观公平，要防止阅卷人看到答卷人姓名，阅卷人要共同讨论打分的宽严尺度，并建立成绩复核制度。

笔试的题目不应仅仅局限于职位涉及的具体工作内容，重点应该放在考核应聘者是否具备职位所要求的各种能力上面。笔试的优点体现在测试内容覆盖范围大、便于大规模团体测试、操作简单、易于掌握等，同时还具有较好的信度、效度，因此得以作为一种有效的甄选手段在企业招聘中广泛应用。但是笔试也具有很大的局限性，企业无法通过笔试很好地了解应聘者态度、气质、性格和价值观等深层次的信息，而这些都是招聘过程中需要重点考查的方面，因此结合面试等其他考查方式也就变得非常必要。

专栏4-5

宝洁公司的笔试

宝洁公司的笔试主要包括3部分：解难能力测试、英文测试和专业技能测试。

（1）解难能力测试。这是宝洁对人才素质考察的最基本的一关。在中国，使用的是宝洁全球通用试题的中文版本。试题分为5个部分，共50小题，限时65分钟，全为选择题，每题5个选项。第一部分：读图题（约12题），第二和第五部分：阅读理解（约15题），第三部分：计算题（约12题），第四部分：读表题（约12题）。整套题主要考核申请者以下素质：自信心（对每个做过的题目有绝对的信心，几乎没有时间检查改正）、效率（题多时间少）、思维灵活（题目种类繁多，需立即转换思维）、承压能力（解题强度较大，65分钟内不可有丝毫松懈）、迅速进入状态（考前无读题时间）、成功率（凡事可能只有一次机会）。考试结果采用电脑计分，如果没通过就被淘汰了。

（2）英文测试。这个测试主要用于考核母语为非英语的人的英文能力。考试时间为2个小时。45分钟的100道听力题，75分钟的阅读题以及用1个小时回答3道题，都是要用英文描述以往某个经历或者个人思想的变化。

（3）专业技能测试。并不是申请任何部门的申请者都需经过该项测试，它主要是考核申请公司一些有专业限制的部门的应聘者。这些部门如研究开发部、信息技术部和财务部等。宝洁公司的研发部门招聘的程序之一是要求应聘者就某些专题进行学术报告，并请公司资深科研人员加以评审，用以考察其专业功底。对于申请公司其他部门的应聘者，则无须进行该项测试，如市场部、人力资源部等。

三、连锁企业招聘面试设计

面试是通过主试和被试双方面对面的观察、交流等双向沟通方式，了解应聘人员的素质、能力以及应聘动机的一种测试技术。经验证明，应聘者的知识和技能比较容易考评，但是，个人价值观、团队精神、沟通协调能力等的个性和心理素质则较难测评,这需要有专业和科学的甄选技巧。

面试是应聘者与企业招聘人员之间正式的、面对面的信息交流过程。面试强调招聘者与应聘者之间的沟通,它可以是高度结构化的,也可以是半结构化甚至是没有限制的自由谈话,非常灵活。因为其操作过程的高度灵活性,面试几乎成为所有类型企业招聘过程中必不可少的方式之一。

(一)面试准备

为招聘面试进行准备非常重要。匆忙的面试往往会打乱计划,并导致一些不必要的损失。准备面试除了要考虑时间、地点和人员以外,还要着重考虑拟采用的面试方式以及面试问题。

1. 选择面试考官

面试考官是面试成败的关键,因为考官的各方面素质,如性格特征、工作能力将直接影响面试的质量。考官必须具备良好的个人品格和修养,还应具有良好的专业背景,丰富的工作经验,以及对应聘者敏感的分析判断。面试主考官还应能熟练地运用各种面试技巧,并稳妥地控制局面,使面试过程顺利进行。

2. 确定面试方式

面试方式应服从于招聘的目的和企业组织的特点。常用的面试方式,按面试官人数分为个人面试、小组面试;按面试问题的结构性分为结构化面试、非结构化面试和半结构化面试;按面试信息的收集有阶梯式面试。

(1)个人面试。个人面试是主考官和应聘者一对一的面试。由于只有一个主考官来判断或决定录用情况,对求职者的评价可能不够全面和客观。这种面试方式多用于小规模招聘以及较低职位员工的招聘。

(2)小组面试。知识结构和经验互补的多名面试官对应聘者的面试,称为小组面试。面试官通常由中层和高层管理者担任,并且面试小组有一个组长担任负责人。这种面试方式的优点是,为参与招聘的管理者提供了同等的机会来观察应聘者的反应,有利于节约面试的时间。但这种方式会给应聘者造成较大的压力。

(3)结构化面试。结构化面试是指按照事先设计好的问题进行提问的面试。面试的问题来自事先准备好的列表,系统地列出了需要了解的问题。面试过程中,严格按该列表的问题程序提问,并按标准格式记录下应聘者的回答。这种面试的优点是可以避免遗漏一些重要的问题;同时采用统一标准加以评价,对不同的应聘者进行比较,可以减少非结构化面试中的不一致和主观性,从而增加了面试的可靠性和准确性。但这种方法缺乏灵活性,不利于对某一问题进行深入了解。

(4)非结构性面试。非结构化面试是指根据实际情况随机进行提问的面试。在这种面试中,面试官会提出探索性的、限制性的问题。例如让应聘者谈谈自己的意向或者对工作的设想等。这种面试是综合性的,面试者鼓励求职者多谈,适合于对中层管理干部进行的选拔。

(5) 半结构化面试。半结构化面试是指将前两种方法结合起来进行的面试，它可以有效地避免结构化和非结构化面试的缺点。

(6) 阶梯式面试。这是指通过一系列连续的面试积累信息的面试方法。每轮面试中的信息汇集在面试评估表中并传递给下一轮面试官。下一轮面试考官根据记录和注意事项进行准备。阶梯式面试之所以有效，是因为它将每轮面试连接起来，形成逐步深入而且内容丰富的会谈。但此法的不足是要求企业拥有若干有资格进行面试的人选并能主持面试；其次，这种方式常常比其他类型的面试花费更多的时间。在每轮面试之间必须留有时间，以使下一轮面试官有机会分析前一轮面试结果，并做好下一轮面试准备。

3. 设计评分表和面试题目

面试评分表是面试过程中面试官评价的参照，是基于工作岗位对人员素质的要求设计的。由于面试没有标准答案，评分往往带有一定的主观性。为了使面试评分尽量客观，在设计评分表时，应使评分具有一个确定的评价标准。一般在量化的评分表中，可以有各种评价等级的划分，如百分制、五分制。

面试题目根据评分表的细则设计。但要根据不同的应聘者及其反应，灵活调整面试题目。面试的题目尽量采用开放式问题，引导应聘者更好地发挥，提供更多的信息。面试的题目应先易后难、循序渐进，这样有利于应聘者逐渐适应，展开思路，进入"角色"。

(二) 面试实施

这是面试的具体操作阶段，也是整个面试过程的主体部分，一般可以分为以下三个阶段。

1. 引入阶段

应聘者刚开始进行面试时往往都比较紧张，因此面试者不能一上来就切入主题，而应当经过一个引入阶段，问一些比较轻松的话题，以消除应聘者的紧张情绪，建立起宽松、融洽的面试气氛，比如，你今天是怎么过来的呀？我们这里还好找吧？

2. 正题阶段

经过引入阶段，面试就可以切入正题正式开始了。在这一阶段，面试者要按照事先准备的提纲或者根据面试的具体进程，对应聘者提出问题，同时对面试评价表的各项评价要素作出评价。

提问的方式一般有两种：一是开放式提问，就是让应聘者可以自由发挥回答的提问，比如，你认为一个人成功需要具备什么条件？二是封闭式提问，就是让应聘者作出"是"与"否"选择的提问，比如，你是否能够经常出差？在这个过程中，面试者要特别注意提问的方式,提问应当明确,不能含糊不清或产生歧义;提问应当简短,过长的提问既不利于应聘者抓住主题,也会挤占他们的回答时间;提问时尽量不要带感情色彩,以免影响应聘者的回答;提问时尽量不要问一些难堪的问题,除非是某种特殊需要。此外,面试者还要注意自己的态度举止,尽量不要出现异常的表情和行动,如点头、皱眉等,这些体态语言会让应聘者感到面试者在肯定或否定自己的答案,从而影响应聘者的回答。

3. 收尾阶段

主要问题提问完毕以后,面试就进入了收尾阶段,可以让应聘者提出一些自己感兴趣的问题由面试者解答,以一种比较自然的方式结束面试谈话,不能让应聘者感到突然。

(三)面试结束

面试谈话结束以后,并不意味着面试就结束了,在面试结束阶段还有一些工作需要完成,主要是由面试者对面试记录进行整理,填写面试评分表等,以便全部面试结束后进行综合评定,作出录用决策。

四、连锁企业招聘其他测评技术

(一)心理测试技术

所谓心理测试就是指通过一系列的科学方法来测量应聘者能力和个性等方面差异的一种科学方法。心理测试在西方国家企业人员招聘录用中应用十分广泛。

心理测试有许多类型,能力测试和人格测试是其两个主要组成部分。常见的能力测试包括一般能力测试、运动神经能力测试、业务知识及经验测试、工作样本测试、职业兴趣测试、个性测试以及情商测试等,企业可根据不同岗位的需要选择采用。

1. 一般能力测试

一般能力测试也就是我们通常所说的智力测试,是对一般智慧能力的测试。它测量的不是一个单独的智力特征,而是一组能力,包括记忆、词汇、数字和口头表达能力。智力是个人适应新环境的能力,是人的行为表现。智力的测量是比较困难的,直到20世纪初,人类才发现了能够区别人的智力的量,即理解力和判断力。由法国人比奈和西蒙设计的心理量表是人类最早的智力测量工具。

2. 职业兴趣测试

职业兴趣测试可以表明一个人最感兴趣并最可能从中得到满足的工作是什么。它将个人兴趣与那些在某项工作中较成功的员工的兴趣进行比较。一个人的兴趣在相当长的时间内是稳定的,并与在某些领域的成功有关。但是,一定不要把兴趣混同于才能或能力。兴趣测试主要用于评议和指导职业方面。

3. 个性测试

个性测试主要是为了考察人的个性特点与工作行为的关系。个性测试可靠性和有效性较低。由于一些个性测试强调主观解释,所以需要专业的心理学家从事这项工作,因而费用较高。

4. 情商测试

情绪智力量情商(EQ)是20世纪90年代由美国心理学家提出的新概念。经研究发现,人的EQ对成功起到了关键性的作用。情商测试主要是衡量一个人对自己的情绪的认知和调控能力。主要包括五方面的内容:自我意识、控制情绪、自我激励、认知他人的情绪、社会适应性。

心理测试的方法还有很多。以上几种方式各有优缺点,适宜不同的测评目的,对基层、中层和高层人员,不同的职位有不同的要求,应灵活采用、综合运用。需要注意的是,不应该把测试成绩作为唯一的选择工具,对直接套用的一些测评技术应采取谨慎的态度。

(二)工作样本测试

工作样本测试就是要求应聘者完成职位中的一项或若干项任务,依据任务的完成情况来作出评价,这种方法强调直接衡量工作的绩效,因此具有较高的预测效度。工作样本测试的优点在于它测量的是实际工作任务,应聘者很难伪装,或给出假答案;缺点是需要对每个应聘者进行单独测试,实施成本比较高,不适用于那些完成周期比较长的任务。

在实施工作样本测试时,首先挑选出职位中的关键任务;然后让应聘者完成这些任务,同时由测试者对他们的表现进行监测并记录下任务的执行情况;最后由测试者对应聘者的表现和工作完成情况作出评价。

(三)公文筐测验

公文筐测验是针对管理职位实施的一种测试方法。首先假设应聘者已经从事了某一职位;然后给他提供一筐文件,文件的类型和内容要根据这一职位在实际工作中经常遇到的类型来设计,一般有信函、备忘录、报告、电话记录、上级指示和下级请示等;接着让应聘者在规定的时间和条件下处理完毕,并说明理由和原因。这种方法可以对应聘者的规划能力、决策能力以及分析判断能力等作出评价。

(四)评价中心测试

评价中心(Assessment Center)测试是通过情景模拟的方法来对应聘者作出评价的测试方法。它与工作样本测试比较类似,不同的是工作样本测试是用实际的工作任务来进行测试,而评价中心则是用模拟的工作任务来进行测试。评价中心是科学而有效的一种综合性人才评估手段。评价中心最早起源于第一次世界大战中德国军方对于军官的选拔。它融合了多种测评技术,从多个角度对被评价者进行全面考察,从而得出较为客观、准确的判断。评价中心不仅包括面试、心理测验等,最核心的要素是它使用了情景模拟的方法。常用的情景模拟有公文处理、角色扮演、无领导小组讨论、案例分析与演讲等。

专栏 4-6

张先生应聘某知名跨国公司的经历

张先生应聘某知名跨国公司。顺利通过初试后,公司要求他参加一个测试,测试中他要扮演一个大型公司某地区区域销售经理,模拟真正的区域销售经理一天的工作。

张先生先是拿到了一叠资料,他需要在短时间内阅读这份资料,以了解公司的基本情况并进入角色。之后,张先生了解到自己所扮演的区域销售经理刚刚上任,并且刚出差回来,出差期间办公桌上已经积累了一大堆文件,他必须马上作出相应处理。好不容易把一大堆文件处理好了,张先生又得去拜访一个重要的客户。这个客户每年跟公司都有很大的业务量,然而前不久因为交货期的原因,客户对公司的服务很不满。从客户那边回来,张先生还得和自己的下属开会,这个下属是个刺儿头,而且还带着好些棘手的问题来找他。最后,张先生总算能安静下来,但他还要对公司新推出的薪酬方案提出建议。

在一天的模拟测评结束之后,多位经过专门训练的评估师将会对张先生在情景模拟中的各方面表现进行集体讨论,然后提供报告。其实,张先生所经历的一整天的评估活动,就是一个典型的评价中心。

（五）无领导小组讨论

无领导小组讨论(LGD)就是把几个应聘者组成一个小组,给他们提供一个议题,事先并不指定主持人,让他们通过小组讨论的方式在限定的时间内给出一个决策,评委们则在旁边观察所有应聘者的行为表现并作出评价。这种方法可以对应聘者的语言表达能力、分析归纳能力、说服能力、协调组织能力以及集体意识等作出评价。

在无领导小组讨论中,评价者或者不给应聘者指定特别的角色(不定角色的无领导小组讨论),或者只给每个应聘者指定一个彼此平等的角色(定角色的无领导小组讨论),但都不指定谁是领导,也不指定每个应聘者应该坐在哪个位置,而是让所有应聘者自行安排、自行组织。评价者只是通过安排应聘者的活动,观察每个应聘者的表现,来对应聘者进行评价,这也就是无领导小组讨论名称的由来。

无领导小组讨论可测试应聘者多方面的能力。其中既包括对法律、法规、政策的理解和运用能力,也包括对拟讨论题的理解能力,发言提纲的写作能力,逻辑思维能力,语言说服能力,应变能力以及组织协调能力等。

专栏4-7

创新测评技术

招聘中的测评技术不是固定的,要根据招聘的职位对应聘人员素质的要求灵活设计,不断设计出创新的测评方法。下面介绍一些世界著名跨国公司用到的特殊测评方法。

日产公司——请你吃饭。日产公司认为,那些吃饭迅速快捷的人,一方面说明其肠胃功能好,身强力壮;另一方面他们干事风风火火,富有魄力,而这正是公司所需要的。对每位来应聘的员工,日产公司都要进行一项专门的"用餐速度"考试——招待应聘者一顿难以下咽的饭菜,一般主考官会"好心"叮嘱你慢慢吃,吃好后再到办公室接受面试,那些慢腾腾吃完饭者得到的都是离开通知单。

壳牌石油——开鸡尾酒会。壳牌公司组织应聘者参加一个鸡尾酒会,公司高级员工都来参加,酒会上由这些应聘者与公司员工自由交谈,酒会后,由公司高级员工根据自己的观察和判断,推荐合适的应聘者参加下一轮面试。那些现场表现抢眼、气度不凡、有组织能力者得到下一轮面试机会。

美国电报电话公司——整理文件筐。先给应聘者一个文件筐,要求应聘者将所有杂乱无章的文件存放于文件筐中,规定在10分钟内完成,一般情况下不可能完成,公司只是借此观察员工是否具有应变处理能力,是否分得清轻重缓急,以及在办理具体事务时是否条理分明,那些临危不乱、作风干练者自然能获高分。

松下电器——70分以上我不要。到松下应聘,该公司都要求应聘者据实给自己打分,那些给自己打70分以上者公司一般不予录用,该公司认为自认为优秀的人员,或者眼高手低,不服管教;或者跳槽率高。因为公司要的是"适当"的人才,70分就已足够。

摩托罗拉——拒答隐私方录用。摩托罗拉公司会故意问你几个难堪的问题,如是否结婚?什么时候要小孩?你乐意性开放吗?以问题为个人隐私为由拒答者,公司持赞赏态度,他们认为这些应聘者不会因个人的眼前利益而屈服压力,有个性,重尊严,工作上就会少受诱惑,坚持原则,以公司利益为先。

专栏4-8

A研究院招聘工作中的测评方式

2000年冬季,计算机和通信专业毕业生的人才争夺战早早地拉开了序幕,总裁们马不停蹄地奔走于全国各大高校之间,通过演讲、座谈等方式宣传自己的企业,吸引优秀的人才加盟。A研究院也不例外,10月份开始启动高校招聘工作。人事部深知引进软件工程师的难度,计算机和通信及相关专业的毕业生们有很多选择的机会,薪资水平只是吸引他们的一个方面,得到重视、能够发挥出他们的潜能才是吸引他们的根本。那么,如何识别适合自己企业个性和技术方向的人才呢?技术把关应该不是个问题,各实验室主任有足够的水平来做好这项工作,但是,实践证明,人才发展不理想往往不是因为技术背景不行,更多的原因是个性等综合素质不适合企业的研发工作。在这样的背景下,该研究院决定加重"综合素质"测评工作分量,并委托北京工业发展咨询有限公司对全国知名高校参加应聘的应届毕业生进行了素质测评。

经过仔细研究设计,整体测评工作安排如下。

第一步是确定测评的重点维度。这一步至关重要,甚至比测评过程本身还重要。首先,咨询公司的专家们与人事部一道进行深入的职位分析,采用深度访谈法,对象是主要实验室的主任。通过访谈,得出需要咨询公司评价的四个主要维度:学习能力、创新能力、自我驱动能力、合作能力。IT业很多技术是需要不断跟进世界新技术发展潮流的,很多知识在课堂上学不到。因此需要应聘人具备很强的学习能力,即掌握新知识和新技能的能力。企业目前的竞争越来越激烈,能够不断开发出适合市场需求的新产品和新的服务,才是企业竞争制胜的关键,创新能力当然就成了对研发人员测评的重点。另外,现代研发工作特别需要团队合作精神,一个人单打独斗很难快速开发出新产品。因此,合作能力就成了另外一个测评的重点。在现代企业里,强调的是以人为本,自我激励,那些需要别人督促的人显然会落后于竞争对手的速度和创造能力,所以,这次测评特别提出了自我驱动这个维度的评价。

第二步是选择和开发能够测评以上维度的工具。在咨询公司的建议下,主要运用了三类测评工具:心理测验、半结构化面试和情景模拟测验,每类工具针对不同的测评维度。在以上几个维度中,最难测评的当属创新能力了。创造力的测评历来就是个难题,目前测评创造力的工具效度和信度普遍偏低,咨询专家只好运用综合方法来解决这个问题。创新能力的高低与很多素质有直接的关系,如开放型思维、直觉思维、独立性、灵活性等素质特征。目前,对这些素质的测评还是比较准确的,咨询专家们就选用了能够测评这些素质的工具,并在面试和情景模拟测验中设计专门用来考察创新能力的问题。至于学习能力的测评相对比较简单,采用国际上通行的非文字逻辑推理能力测验。自我驱动在个性心理测验中和半结构化面试中能够得到比较准确的测量。合作能力的测评主要是运用情景模拟测验来做的,请4~8个人组成一个小组来共同解决一个问题,从活动中来观察应聘人的合作能力等综合素质。综上所述,对应各测评维度的测评工具如表4-2所示。

表4-2 测评工具与测评维度对照表

测评维度	合作能力	学习能力	创新能力	自我驱动
测评方法	情景模拟	逻辑推理能力测验	间接、综合法	个性测验

第三步,实施测评,反馈测评结果。在招聘测评过程中,首先由技术专家(一般是实验室主任)进行技术面试,过关者由咨询公司工作人员进行综合能力测评。在测评过程中,很多来应聘的学生对这种测评方法感到很新颖、很感兴趣,他们的反馈非常积极。有的说:"A研究院虽然不是跨国公司,但在招聘人才方面比跨国公司做得还要细致、还要专业。"有的说:"我一开始是冲着这种新颖的测评方法来的,经过3小时的测评之后,我感觉A研究院的这种方法重视评价人的潜能和团队精神,我喜欢这种做法。"还有的同学说,"我还以为是考专业知识呢,白准备了半天,没用上!"在具体实施过程中,创造良好的评价环境是非常重要的,很多学生从外地赶到北京来,很辛苦,如果测评环境不好,就会影响到他们水平的稳定发挥。综合能力测评后3~4天,实验室主任拿到咨询公司提交的应聘人测评报告。测评报告的主要内容是定性、定量地描述应聘人和软件工程师这个岗位的匹配程度,当然是从个性等综合能力上进行的评价,包括合作能力、学习能力、创新能力和自我驱动性等方面的描述。各实验室主任根据技术面试结果和测评报告作出录用决策。

实验室主任一开始并未特别在意这份600多字的测评报告,但当读完报告以后,他们觉得这份报告很实用,当两个应聘者技术背景相差很小的情况时,测评报告就给出了答案,因为它特别关注非技术素质,也为用人经理提供了可靠的评价依据。实验室主任的技术面试后,大家都迫切等待着拿到综合素质测评报告,以便更准确、更快地进行决策。

测评报告还有一个很重要的用途,就是作为指导新员工尽快适应工作岗位的参考信息。报告对应聘人的个性特点和工作风格分析得比较透彻、准确,可以作为设计职业生涯、指导开展工作的参考。

第四步,跟踪研究。为了更好地改进招聘工作,A研究院已与咨询公司达成合作意向,将对录用上岗人员进行追踪研究,获取测评的预测效度数据,为改进测评方法和改善招聘工作奠定了基础。

讨论题:

1. 你了解哪些招聘测评工具和方式?效果如何?
2. A研究院对技术人员进行"综合素质"测评是否有必要?为什么?

3. A 研究院的测评方式是否完善？如何改进？

本 章 小 结

连锁企业人力资源管理中一个重要的方面是人员招聘。连锁企业的核心竞争力归根到底还是人才的竞争，因此，如何招聘到适合岗位的优秀人员是保持竞争力的关键。

人力资源招聘要遵循公开公平公正、科学和经济基本原则。

对招聘过程有影响作用的外部因素有政治环境、经济环境、文化环境以及竞争对手的情况，内部因素有企业政策、企业招聘预算和企业的组织文化。

招聘活动首先要进行岗位需求的评估，然后进行工作分析，选择合适的招聘渠道和招聘方式，进而制订招聘计划，在此基础上进行选拔和录用，最后对招聘的效果进行评估，以提高以后的招聘效果。

内部招聘的方式有晋升、工作调换、工作轮换和人员重聘。外部招聘的方式有广告招聘、校园招聘、招聘会、职业中介机构、猎头公司、举荐和网上招聘等。

招聘的测试技术有笔试、面试、心理测试、工作样本、公文处理、评价中心和无领导小组讨论等方式。

1. 简述招聘的基本原则。
2. 招聘的工作流程是怎样的？
3. 影响招聘的因素有哪些？
4. 内部招聘的方法有哪些？
5. 外部招聘的方法有哪些？
6. 简述连锁企业笔试招聘的内容。
7. 连锁企业笔试招聘的流程是怎样的？
8. 连锁企业的招聘测评技术有哪些？

宝洁的用人之道

宝洁在用人方面，是外企中最为独特的，与其他外企强调有工作经验不同，宝洁只接收刚从大学毕业的学生。由于我国只在每年7月份有毕业生,宝洁才不得不接收少量的非应届毕业生。中国宝洁北京地区人力资源部经理傅旭明介绍说,在中国,宝洁90%的管理级员工是从各大学应届毕业生中招聘来后提升的。1988年宝洁刚刚进入中国,第二年就开始在高校中招聘应届毕业生。10年来,宝洁已聘用了1 000多名应届大学毕业生(不含中专毕业的技术工人)。1997年报名参加宝洁招聘工作的大学生超过了2.4万人。

为什么宝洁只要应届大学毕业生?傅旭明说,宝洁很重视年轻人的发展,实行内部提升的原则。所有的人都是从大学刚毕业,处在同一条起跑线上,竞争与升迁的条件是均等的。第一,如果突然给你派来一个有着多年工作经验的上司,实际上等于剥夺了你的升迁机会,许多人是不会心情愉快的。第二,有工作经验的人被招聘进来,如果和应届毕业的大学生享受同样待遇,许多人也同样不会高兴。因此,我们尽量不要有多年工作经验的人,万不得已招来了非应届毕业生,基本上也会被安排和应届生一样,从起点职务干起。

宝洁最看重大学生的什么品质与能力?傅旭明说,我们整个招聘过程,都特别注意这几点:优秀的合作精神,良好的表达交流能力,出色的分析能力,创造性和领导才能。许多能力与品质不是考试能考察出来的,要靠面试时用具体的提问去衡量。因此,在招聘大学生前,有关部门将对参加招聘的员工进行非常专业的培训。傅旭明说,为了保证面试的可靠性,只要需要,公司会从全球的公司中抽调相关人员,而不计代价。

在宝洁的整个考察过程中,没有一道题是考死记硬背的知识的。笔试主要是考察解决问题的能力,多为智力题。一般来说,这一关的通过率在90%以上。在宝洁公司的招聘宣传册上,各部门对同学所学专业几乎没有任何限制,学文也行,学理也可以,只要你能通过考察就行。

在宝洁,学非所用的人比比皆是。宝洁不盲目追求高学历,在每年的招聘中,被录用的本科生往往占到了总数的70%～80%。"热心社会活动者优先"——如果你到宝洁公司去应聘,常常会被问到是否经常参加学校的各项活动或组织过哪些活动,你不要随口就答,应据实以告。因为考官会接着问你许多相关的细节问题,如活动的名称,活动的组织者,活动的程序、内容、意义、目的,以及活动过程中是否有突发事件出现,你对突发事件采取的相关应变方法等。如果你盲目吹嘘,不能自圆其说,那么,你将无地自容。

毕业生只要有能力,便会很快得到升迁。傅旭明自己便是一例。他1996年7月从华南理工大学本科毕业,1997年7月即到韶关宝洁公司负责一个项目,10月即开始负责宝洁全国范围的校园招聘工作,1998年8月开始,负责包括校园招聘在内的所有招聘,10月又调到北京任北京地区人力资源部经理。

每年10月前后,宝洁公司就开始在全国各大学招聘新人了。宝洁一般根据往年招聘的毕业生情况,有针对性地选择部分重点大学,并以每一个大学为对象,成立专门的招聘小组,如在北京地区就有北大招聘小组、清华招聘小组、人大招聘小组。在全国类似的小组有10余个,分赴高校集中的北京、上海、天津、杭州、西安、广州等地。小组成立后,第一项工作是在各学校召开介绍会,介绍宝洁及其人才观,并发放报名表,要求在一定时间内寄回。公司相关人员阅表后,对报名的同学进行第一轮筛选。通过者由同学欲求职的部门进行第一轮面试;面试通过后,将进行唯一的一次笔试;笔试通过后,进行第二轮部门面试,这次面试结束,基本上就可以确定是否会被录用。如需要,一些部门还将请同学到广州总部去考察,以确认自己的选择。

讨论题:

1. 什么是人员的招聘与选拔?企业为什么要进行人员的招聘与选拔?
2. 人员招聘怎样进行?如何选用甄选方式?
3. 如何确定聘选政策?

第五章 连锁企业人力资源培训管理

学习目标

1. 掌握连锁企业人力资源培训的含义；
2. 熟悉成人学习原理；
3. 掌握培训的原则；
4. 掌握人力资源培训的方法；
5. 熟悉人力资源培训体系的安排；
6. 熟悉连锁企业培训项目设计；
7. 掌握培训需求分析的方法；
8. 掌握培训效果评价的方法。

【引导案例】

麦当劳的企业培训体系

2010年3月30日，麦当劳(中国)有限公司在上海宣布，麦当劳中国汉堡大学成立，并表示麦当劳将在未来投资2.5亿元，以通过该大学培养超过5000名的管理人员，将为学员提供运营管理及领导力相关培训，麦当劳亚洲、中东及非洲区总裁芬顿还透露，麦当劳在未来3～5年，将其在中国内地的门店数从之前的1100余家扩增至2000家。麦当劳中国汉堡大学主要为公司培养和储备人才。

麦当劳中国训练、学习与发展副总裁兼麦当劳中国汉堡大学校长李曼霞说："麦当劳中国汉堡大学的课程主要集中在餐厅运营管理和商业领导力两个方面。所有课程都由来自中国内地、香港、台湾地区有丰富实践经验的专业教授讲课。另外，麦当劳正在和国内一些知名大学及教育机构协商建立学分认证合作。"

麦当劳开设了公开课,其中一堂是有关领导力培训,由十多位学员一起合作,将手中的积木搭配成图纸上的形状,要求时间越短越好。这个游戏涉及团队沟通、协作,团队领导人创造好环境,感染团队成员实现目标等知识。

麦当劳汉堡大学1961年由麦当劳的前高级董事长弗雷德·特纳创立,口号是"学习成就未来"。中国的汉堡大学是麦当劳的全球第7所企业大学。

另外,麦当劳在中国各地设立了员工培训中心,倡导终身学习,培训内容有基本值班管理课程、有效管理课程、餐厅领导实务课程、企业领导实务课程、高效领导人的管理课程等。

培训标准:全球一致的标准化品质。

麦当劳全球训练学习发展部门副总裁克劳儿表示"食物很容易被抄袭,房子也很容易被抄袭,但是人不行。我们的目标,是成为全世界最大的人力发展中心。"她强调"只有对员工好,员工才会对顾客好。因为任何的岗位说明、操作标准、质量管理等,不管如何详尽终究是要通过人来执行,尤其是对麦当劳这种零售连锁企业,只有通过对人才的培养才能实现其全球一致标准化品质的目标。"

根据麦当劳内部数据,每年人才培养费用超过总营业收入的3%。这样的培养经费投入比例在零售行业是很高的,也只有这样的培养投入规模,才能支撑起麦当劳全球120多个国家,拥有2.8万多家餐厅的国际品牌,维持全球一致的标准化品质。

培训课程:针对员工回馈的需求来设计课程

麦当劳所有课程,都由课程研发小组,不断针对员工回馈的需求来设计课程,将新的教材发展成为一套可实施的方案,再翻译送至各地训练中心。例如,麦香堡来自匹兹堡蓝领阶层多加一片肉的需求,麦香鱼则是阿拉斯加的特别菜单,最后都编入教材,风行世界。对零售连锁企业来说,一线员工每天直接面对客户的需求和意见,他们最了解客户需要什么,也最了解目前的经营和管理最需要改进的是什么。因此,一线员工最有资格对培训的课程提出反馈意见。只有重视员工的反馈意见,才能摆脱企业大学培训照本宣科的生硬模式,实现培训与实践的有机统一和相互促进。

讨论题:
1. 麦当劳在中国成立汉堡大学的意义有哪些?
2. 麦当劳培训的特点有哪些?

第一节 连锁企业人力资源培训概述

俗话说：工欲善其事，必先利其器。培训是人力资本投资的重要形式，是开发现有人力资源的基本途径。连锁企业招聘到合格的员工并不等于拥有了优秀的人才。为了使企业在竞争中始终立于不败之地，企业就必须进行员工培训，开发员工的潜力，将员工造就成优秀的人才。而且，在科技进步、国际竞争和市场变化的大背景下，员工培训应是一个持续不断的过程，不能一劳永逸。

一、连锁企业人力资源培训理论

（一）连锁企业人力资源培训的含义和意义

连锁企业人力资源培训是指连锁企业在将企业发展目标和员工个人发展目标相结合的基础上，有计划地组织员工从事学习和训练，提高员工的知识、技能，改善员工的工作态度，激发员工的创新意识，使员工能胜任本职工作的人力资源管理活动。对连锁企业员工进行培训的意义，归纳起来有以下四个方面。

1. 有利于实现连锁企业的发展目标

在现代科学技术飞速发展、市场竞争空前激烈的情况下，知识技能更新和市场情况变化已是司空见惯的事情。任何组织都必须正视这一事实，运用现代科学技术成果，把握市场机遇，谋求企业的生存和发展，如企业要开拓产品的市场、开发新产品、运用新工艺、扩大生产规模、降低成本、提高经营效率等。更何况，连锁企业是统一店名，统一进货，统一配送，统一价格，统一服务，统一广告，统一管理，统一核算。实现这些目标，这一切都离不开高素质的员工，而高素质的员工，又主要依赖于员工培训。换句话说，通过员工培训，提高员工的素质，使他们能胜任工作，才能实现连锁企业规模化的发展目标。

2. 满足员工的价值追求

员工个人也有自己的价值追求，如希望掌握新的知识和技能，希望获得较高的报酬和待遇，希望晋升，希望得到符合个人志趣的工作岗位等。这些也同样离不开培训。通过培训，可以直接或间接地满足员工个人的愿望，实现员工个人的发展目标。麦当劳强调"全职业规划培训"。在麦当劳，从计时员工开始到高阶主管，结合他们的职业生涯规划，都有不同的培训计划，通过各区域的训练中心以及汉堡大学进行阶梯式的培训，使得麦当劳的员工能够持续不断地学习、成长，从而能获得更好的待遇、更感兴趣的工作。

3. 作为普通学校教育的补充和延续

普通学校对学生的教育,主要是基础教育,包括基础性的专业知识与技能的教育。当学生进入企业,成为工作岗位上的员工,他们必然面临着如何适应新环境、掌握实际工作技能,又如何将已有的基础知识运用到实际工作中去等问题。解决这些问题的途径,是对员工进行有效的培训。而且,从现代"终身教育"的观点出发,员工培训应贯穿于员工的整个职业生涯。

4. 建设企业文化

通过员工培训,能够使员工逐步地理解并且接受企业的文化,理解并且能够有效地贯彻连锁企业的战略意图。通过培训,可以调整员工的观念,使其行为有利于连锁企业的运转,并使企业和企业员工融为一体,共同求得生存和发展。

(二) 培训的目的

培训的根本目的是满足企业长期发展需要而采取的培训活动。例如,对企业家的培养、组织变革的推动、储备干部的培养、企业文化推动、核心能力体系建设等战略项目。

从职位来说,培训是满足员工高水平完成本职工作需要所采取的培训活动。例如,对销售代表进行产品知识、销售技巧的培训,对采购代表做谈判技巧的培训等。

从管理变革来讲,培训是改变员工对工作与组织态度的重要方式。

从员工角度讲,培训可以满足员工职业生涯发展的需要。员工视企业提供的培训为福利,这将会增加企业的吸引力。

从适应环境来说,培训有利于员工更新知识,适应社会的不断发展。

(三) 培训的成人学习理论

企业的员工都是成人,成人的学习原理与青少年不同。为使培训更有效,必须要掌握成人的学习原理。国内外许多专家对成人学习原理进行了研究。美国管理学家汤姆·W·戈特博士在其所著的《第一次做培训者》一书中,总结了关于成人学习的16条原理。这些原理为许多企业所应用,并经实践证明能有效促进培训工作取得成功。这些原理包括以下主要内容:

(1) 成人是通过干而学的。经验告诉我们,通过动手干某件事来学习,是最终意义上的学习,亲自动手达成的结果能给学员留下深刻的感性认识。此外,成人学习新东西时希望通过动手来加以印证的想法,能激起更高的学习积极性。

(2) 运用实例。成人学员总是习惯于利用所熟悉的参考框架来促进当前的学习,因此需采用大量真实、有趣、与学员有关的例子,吸引学员的注意力,激发他们的兴趣。

(3) 成人是通过与原有知识的联系、比较来学习的。成人丰富的背景和经验对其学习过程产生影响,他们习惯将新东西与他们早已知道或了解的东西加以比较,并倾向于集中注意那些他们了解最多的东西。因此,要充分运用"破冰船"之类的工具。在培训开始时,让学员相互认识,了解学员各自的背景,为培训班定下基调,尽快调动学员参与的积极性,避免抽象空洞的说教,否则成人学员难以与其经验进行比较,从而可能陷入迷茫,失去对学习的兴趣。

(4) 在非正式的环境氛围中进行培训。这点是提醒培训组织者设法使学员在心情轻松的环境下接受训练,避免严肃古板的气氛。这特别涉及培训场地和培训室座位布置的选择。一个良好的培训场地应符合三个主要条件:一是交通方便;二是安静、独立且不受干扰;三是为学员提供足够大的空间,学员可以自由移动,学员可以清楚地看到其他学员、培训师和培训中使用的其他设施。培训室座位的布置安排应根据培训师与学员之间及学员之间预期的交流沟通要求而设计。每一种培训室座位布置满足不同的培训需求。一般来说,圆形和马蹄形座位安排适合于小组活动和非正式培训课,有利于互动式学习;教室形和剧场形座位安排适合于大组活动和学习,但互动性不够;扇形座位适合于中等或大型活动,在一定程度上可兼顾互动式学习。

(5) 增添多样性。在培训中通过灵活改变进度、培训方式、教具或培训环境等能帮助增加学习情趣,取得良好的培训效果。

(6) 消除恐惧心理。在培训过程中给予学员学习信息反馈是必要的,但要消除恐惧心理。

(7) 做一个学习的促进者。成人学习避免单向讲授,培训师是一个学习促进者,灵活有效的培训方式能大大促进学习的进程。学习促进者的职责包括:保持中立,促使学员履行学习的职责,识别学员参加学习的主要目的,达成对预期学习效果的认同,强化学习的基本原则,强化有效的学习行为,指导学员群体实现学习目标,鼓励全体学员,成为学习评判者,帮助学员明确学习目标,讲解、演绎和答疑解惑。

(8) 明确学习目标。学员必须一开始便被告知其学习目标,这样他们才能注意自己是否走在通向成功的正确轨道上。

(9) 反复实践、熟能生巧。

(10) 引导启发式的学习。通过引导、启发学员投入学习,同时提供例子、鼓励、资料,尽量让成人学员自己找出解决问题的方法,并完成所期望的任务,这才是培训所期望的最终结果。

(11) 给予信息反馈。及时、不断地给予信息反馈,能使学员准确的知道自己取得了哪些进步,哪些方面还需进一步努力。明确的目标会成为学员积极的学习动力。

（12）循序渐进、交叉训练。学习过程的每一部分都建立在另一部分的基础上，因此某一阶段的学习成果可在另一阶段的学习中得到应用与加强，使学员的能力逐步得到强化和提高。

（13）培训活动紧扣学习目标，学习目标应被学员清楚、了解和认同，在培训过程中反复强调。

（14）培训的准备工作要充分，良好的初始印象能吸引学员的注意力。

（15）培训师的表现要有激情。

（16）重复学习、加深记忆。

二、连锁企业人力资源培训原则

为了让培训更有效。连锁企业在培训过程中，要注意把握好如下原则：

（1）处理好连锁企业短期目标与长远战略的关系。连锁企业培训既要满足当前生产经营的迫切需要，又要具有战略眼光，未雨绸缪，为企业的未来发展做好人才资源方面的战略储备，特别是对关键人才要加强培训。

（2）做到学以致用。培训不同于教育。企业的培训要有强烈的针对性，要根据企业的实际需要组织培训，一切从岗位的要求出发，既不能片面强调学历教育，又不能急功近利，要求立竿见影。应该缺什么，补什么；学什么，用什么。

（3）把握成人学习的原则。企业中的员工都是成人。由于成人的生理状态与心理状态与未成年人不同，因此，成人学习的规律也与未成年人不同。只有掌握了成人学习的规律，才可以更好地运用各种培训方法，来达到培训的目标。

（4）要注意个体差异的原则。不同岗位的员工由于所从事的工作不同，创造的绩效不同，能力与应达到的工作标准也相同。员工培训应充分考虑培训对象的特点，做到因材施教。

（5）重视培训效果的反馈与培训结果的强化。在培训过程中，要注意对培训效果的反馈和结果的强化。反馈的信息越及时、准确，培训的效果就越好。对结果的强化，不仅应在培训结束后马上进行，还应在培训后岗位工作中对培训的效果给予强化。

（6）把培训与激励机制结合。为了让员工重视培训，应将培训与激励机制相结合。如果员工通过培训，在知识、技能、态度方面有提升，企业应该给予一定的精神奖励和物质奖励。企业应该把培训、绩效考核、薪酬管理相结合。让员工感受到企业对培训的重视，提高员工对自我价值的认识，增加员工职业发展的机会。

三、连锁企业人力资源培训方法

连锁企业培训员工的方法按照是否在岗分为在职培训和脱产培训两类。

（一）在职培训法

1. 师带徒

师带徒是一种最为传统的在职培训方式。其特点是一对一的现场个别指导。徒弟跟在有经验的师傅后面，一边看、一边问、一边做帮手来学习。

师带徒的主要优点是：徒弟避免了盲目摸索，能很快掌握工作技巧，能够很快适应企业文化，融入团队；有利于新员工消除紧张感；有利于从老员工身上学到丰富经验。师带徒的主要缺点：师傅可能对技术和经验"留一手"；师傅不良的工作习惯会影响学员；不利于徒弟的工作创新。

一般而言，师带徒的有效性取决于：师傅、徒弟和企业。师傅应具有较强的沟通能力、指导能力，以及宽广的胸怀；徒弟应谦虚好学，积极主动和师傅建立并保持友好的工作关系；企业应为新员工选择合格的师傅，并对师傅的培训工作给予必要的奖励。

2. 工作轮换法

工作轮换法是指让培训对象者在预定的时期内变换工作岗位，使其获得不同岗位的工作经验，一般主要用于新进员工。现在很多连锁企业采用工作轮换法。这样做是为了培养新进入企业的年轻管理人员或有管理潜力的未来的管理人员。

工作轮换法能丰富培训对象的工作经历；工作轮换能识别培训对象的长处和短处，企业能通过工作轮换了解培训对象的专长和兴趣爱好，从而更好地开发员工的所长；工作轮换能增进培训对象对各部门管理工作的了解，扩展员工的知识面，对受训对象以后完成跨部门、合作性的任务打下基础。工作轮换法的缺点在于：如果员工在每个轮换的工作岗位上停留时间太短，所学的知识不精；由于此方法鼓励"通才化"，适合于一般直线管理人员的培训，不适用于职能管理人员。

在为员工安排工作轮换时，要考虑培训对象的个人能力以及学员的需要、兴趣、态度和职业偏爱，从而选择与其合适的工作；工作轮换时间长短取决于培训对象的学习能力和学习效果，而不是机械地规定某一时间。

3. 行动学习法

行动学习法又称"干中学"，就是通过行动来学习，即通过让受训者参与一些实际工作项目，或解决一些实际问题，如参加业务拓展团队、参与项目攻关小组，或者在比自己高好几等级的卓越领导者身边工作等来培养他们的领导能力，从而协助受训者对变化做出更有效的反应。行动学习建立在反思与行动相互联系的基础之上，是一个计划、实施、总结、反思进而制订下一步行动计划的循环学习过程。

（二）脱产培训法

脱产培训指离开岗位和工作现场，由企业内外的专家或培训师对企业内各类人员进行集中教育培训。

1. 课堂讲授法

课堂讲授是一种基本的培训方法,类似于学校的教学,包括专题讲座、主题演讲等。该方法适用于向群体学员介绍或传授某一个单一课题的内容。这种方法要求培训师对课题有深刻的研究,并对学员的知识、兴趣及经历有所了解。要保留适当的时间与学员进行沟通,用问答形式获取学员对讲授内容的反馈。

讲授法的主要优点:传授内容多、学员多;对培训环境要求不高;能够最大限度发挥培训师的水平。

讲授法的主要缺点:因为内容多,学员难以吸收、消化;单向沟通,学员与培训师之间、学员之间互动交流的机会少;容易导致理论与实践相脱节;不能满足每个学员的不同需求。培训师水平直接影响培训效果。

为了活跃课堂气氛、增强培训效果,在运用课堂讲授法时,可以穿插一些培训游戏。

2. 案例分析法

案例分析法源于哈佛大学的 MBA 教学。培训师事先对学员情况深入了解,确定培训目标,针对目标编写案例或选用现成的案例,这些案例一般都是工作中的背景材料,而且是没有标准答案的。案例一般用书面、投影或短片的形式展示给学员。培训中,先安排学员研读案例,引导他们产生"身临其境"、"感同身受"的感觉,使他们自己如同当事人一样去思考和解决问题。一般适用于中层以上管理者,目的是训练他们具有良好的决策能力,帮助他们学习如何在紧急状况下处理各类事件。

案例分析的主要优点:学员参与性强;有利于提高学员思考和解决实际问题的能力;培训方式生动具体,有利于激发学员的学习积极性;有利于学员双向交流。

案例分析法的主要缺点:案例准备时间长、要求高;培训时间较长,对学员的能力有一定要求;对培训师的要求很高。

3. 拓展训练

拓展训练,原意为一艘小船驶离平静的港湾,义无反顾地投向未知的旅程,去迎接一次次挑战,去战胜一个个困难。拓展训练通常利用崇山峻岭、瀚海大川等自然环境,通过精心设计的活动达到"磨炼意志、陶冶情操、完善人格、熔炼团队"的培训目的。

拓展训练要求学员投入为先:拓展训练的所有项目都以体能活动为引导,引发出认知活动、情感活动、意志活动和交往活动,有明确的操作过程,要求学员全情投入才能获得最大价值。

拓展训练要求学员挑战自我:拓展训练的项目都具有一定的难度,表现在心理素质的考验上,需要学员向自己的能力极限挑战,跨越"心理极限"。

拓展训练能够熔炼团队：体验团队的伟大力量，增强团队成员的责任心与参与意识，树立相互配合、相互支持的团队精神和群体合作意识。

拓展训练要求学员高峰体验：在克服困难，顺利完成训练项目要求以后，学员能够体会到发自内心的胜利感和自豪感，获得人生难得的高峰体验。

拓展训练强调自我教育：培训师只会在训练前把课程的内容、目的、要求以及必要的安全注意事项向学员讲清楚，活动中一般不进行讲述，也不参与讨论，充分尊重学员的主体地位和主观能动性。

通过拓展训练，学员在如下方面有显著的提高：认识自身潜能，增强自信心，改善自身形象；克服心理惰性，磨炼战胜困难的毅力；启发想象力与创造力，提高解决问题的能力；认识群体的作用，增进对集体的参与意识与责任心；改善人际关系，学会关心，更为融洽地与群体合作。

4. 专题讨论法

顾名思义，专题讨论法是对某一专题进行深入探讨，目的是为了解决某些复杂的现实问题，或通过讨论的形式使众多学员就某个主题进行沟通，希望能达成一致的看法。一般适用于管理层人员的训练或用于解决某些具有一定难度的管理问题。

培训前，培训师要花费大量的时间对讨论主题进行分析准备，设计方案时要征集学员的意见，学员也应事先对讨论主题有认识并有所准备。培训时必须由一名或数名人员（培训师、学员）担任讨论会的主持人，对讨论会的全过程实施策划与控制。参加的学员人数一般不宜超过25人，也可分为若干小组进行讨论。培训效果取决于主持人的经验与技巧，主持人要善于激发学员踊跃发言，引导学员自由发挥想象力，增加学员的参与性，还要控制好讨论会的气氛，防止讨论偏离主题，通过分阶段对讨论意见进行归纳小结，逐步引导学员对讨论结果达成比较统一的认识。

专题讨论法的主要优点：学员参与性强；学员有机会各抒己见，帮助加深对问题的认识和理解；可以帮助学员解决实际问题。

专题讨论法的主要缺点：讨论容易跑题；对主持人的主持技巧要求很高。

5. 演示法

演示法是运用一定的实物和教具，通过实地示范，使受训者明白某种事务是如何完成的。演示法要求：示范前准备好所有的用具，搁置整齐；让每个受训者都能看清示范物；示范完毕，让每个受训者试一试；对每个受训者的试做都给予立即的反馈。

演示法用于培训同样优点与缺点并存。其优点为：有助于激发受训者的学习兴趣；可利用多种感官，做到看、听、想、问相结合；有利于获得感性知识，加深对所学内容的印象。演示法的缺点为：适用的范围有限，不是所有的内容都能演示；演示装置移动不方便,不利于教学场所的变更;演示前需要有一定的费用和精力做准备。

6. 视听技术法

视听技术就是利用现代视听工具和技术(如投影仪、录像、电视、电影、电脑等工具)对员工进行培训。视听技术法要求:播放前要清楚地说明培训的目的;依讲课的主题选择合适的视听教材;以播映内容来发表各人的感想或以"如何应用在工作上"来讨论,最好能边看边讨论,以增加理解;讨论后培训师必须做重点总结或将如何应用在工作上的具体方法告诉受训人员。

视听技术法的优点:由于视听培训是运用视觉和听觉的感知方式,直观鲜明,所以比讲授或讨论给人更深的印象;教材生动形象且给学员以真实感,所以也比较容易引起受训人员的关心和兴趣;视听教材可反复使用,从而能更好地适应受训人员的个别差异和不同水平的要求。

视听技术法的缺点:视听设备和教材的成本较高,内容易过时;选择合适的视听教材不太容易;学员处于消极的地位,反馈和实践较差,一般可作为培训的辅助手段。

7. 角色扮演法

角色扮演法是指在一个模拟的工作环境中,指定参加者扮演某种角色,借助角色的演练来理解角色的内容,模拟性地处理工作事务,从而提高处理各种问题的能力。这种方法比较适用于训练态度仪容和言谈举止等人际关系技能。比如询问、电话应对、销售技术、业务会谈等基本技能的学习和提高。适用于新员工、岗位轮换和职位晋升的员工,主要目的是为了尽快适应新岗位和新环境。

培训师要为角色扮演准备好材料以及一些必要的场景工具,确保每一事项均能代表培训计划中所教导的行为。为了激励演练者的士气,在演出开始之前及结束之后,全体学员应鼓掌表示感谢。演出结束,教员针对各演示者存在的问题进行分析和评论。角色扮演法应和授课法、讨论法结合使用,才能产生更好的效果。

角色扮演法的优点:学员参与性强,学员与教员之间的互动交流充分,可以提高学员培训的积极性;特定的模拟环境和主题有利于增强培训的效果;通过扮演和观察其他学员的扮演行为,可以学习各种交流技能;通过模拟后的指导,可以及时认识自身存在的问题并进行改正。

角色扮演法的缺点:角色扮演法的效果好坏主要取决于的水平;扮演中的问题分析限于个人,不具有普遍性;容易影响学员的态度而不易影响其行为。

8. 网络学习法

网络学习法(E-learning)是一种新型的计算机网络信息培训方式,主要是指企业通过内部网,将文字、图片及影音文件等培训资料放在网上,形成一个网上资料馆,网上课堂供员工进行课程的学习。这种方式由于具有信息量大,新知识、新观念传递优势明显,更适合成人学习。因此,特别为实力雄厚的企业所青睐,也是培训发展的一个必然趋势。

使用灵活,符合分散式学习的新趋势,学员可灵活选择学习进度,灵活选择学习的时间和地点,灵活选择学习内容,节省了学员集中培训的时间与费用;在网上培训方式下,网络上的内容易修改,且修改培训内容时,不须重新准备教材或其他教学工具,费用低。可及时、低成本地更新培训内容;网上培训可充分利用网络上大量的声音、图片和影音文件等资源,增强课堂教学的趣味性,从而提高学员的学习效率。

网上培训要求企业建立良好的网络培训系统,这需要大量的培训资金;该方法主要适合知识方面的培训,人际交流的技能培训就不适用于网上培训。

第二节 连锁企业人力资源培训体系设计

一、连锁企业培训对象

虽然所有员工都需要培训,人人都可以被培训,而且大部分人都可以从培训中获益,但由于企业组织的资源有限,不可能提供足够的资金、人力、时间进行漫无边际的培训,因此,不可能对所有员工提供相同的培训,或安排在同一时间培训,而是必须有指导性地确定企业急需的人才培训对象,根据组织目标的需求挑选被培训人员。

一般而言,组织内有四类人员最需要培训:第一类是新员工,培训能促使他们尽快适应新的工作环境。第二类是可以改进目前工作的员工,目的是使他们能更加熟悉自己的工作和技术。第三类是那些有能力而且组织要求他们掌握另一门技术的员工,并考虑在培训后,安排他们到更重要、更复杂的岗位上。第四类是有潜力的员工,组织期望他们掌握各种不同的管理知识和技能,或更复杂的技术,目的是让他们进入更高层次的岗位。总之,培训对象是根据个人情况、企业需要、当时的技术而确定的。

一般将员工的技能分为技术技能、人际关系技能和解决问题的能力,许多培训都是针对员工技能中的一种或多种而进行的。决定组织内哪些人需要进行培训,可以从企业、岗位、员工三个层面分析,并通过以下方法调查:个别面谈、问卷调查;分析个人的一贯工作表现和绩效情况;关键事件法;观察员工工作时的行为表现;头脑风暴法;基于胜任力的培训需求分析法。这些方法将在连锁企业培训项目设计中详细介绍。

当企业选择被培训人员时，还必须考虑两个问题：这样的培训是否能提高企业收益？这样的培训是否能帮助员工提高素质、发展技能，使其成为企业难能可贵的有用人才？

二、连锁企业培训课程设计

培训课程设置是建立在培训需求分析基础之上，根据培训课程的普及型、基础型和提高型将培训课程分为员工入职培训课程、固定课程和动态课程三类。

员工入职培训课程设置较为简单，属普及性培训，课程主要包括企业文化、企业政策、企业相关制度、企业发展历史等。连锁企业的员工入职培训课程非常重要。

固定培训课程是基础性培训，是指从事各类各级岗位需掌握的知识和技能。固定培训课程一般安排在岗位调动、职位晋升、绩效考核后进行。技能有欠缺的员工需加强固定课程培训。

动态培训课程是根据科技、管理等发展动态，结合连锁企业发展目标和竞争战略作出培训分析，这类培训是保证员工能力的提升，为企业的发展提供人才支持。

根据培训需求，如何制订好培训课程的计划，是值得每一位培训者深思的。课程设计包括课程名称、学习目的、专题、目标听众、培训时间、培训师的活动（培训师在培训期间做什么）、学员的活动（如倾听、实践、提问）及其他必备事项（场地、设备、资料、培训师与学员上课前须准备的内容）。

理查德·施弗博士设计了一种称为"五个 E"的教学计划，来指导完成培训课程设计。这一教学策略有助于设计出满足所有学员需求并适应所有学员学习风格的培训项目，它旨在鼓励学员把他们学到的新知识和技能应用于自己的工作环境中。

"吸引"就是运用各种办法激起学员的好奇心，激发他们的兴趣，让他们心里产生疑问，帮助他们充分调动以前的知识。

"探索"就是让学员"心存疑问"，鼓励他们相互沟通和交流。探索活动包括调查研究、解决问题、产生问题、进行假设、产生想法这些过程。

"解释"就是鼓励学员倾听他人的看法，展开批判性分析，提出问题，解释并论证自己的看法。解释需要学习者把现在的知识与以前学到的东西进行类比，它训练人们的批判性思维，鼓励人们进行准确观察。

"扩展"就是要综合新技能，变通以前学习的知识，提出新问题和学习新信息。

"评估"用来了解学员是否真正理解了知识，通过提出开放型问题鼓励进一步调查研究。最好的证据就是可以观察到行为的改变和技能的运用。

专栏 5-1

麦当劳的培训课程计划

麦当劳在世界各地有大量的门店。为保证各个连锁店在服务品质上的一致性,麦当劳专门设有汉堡大学(设有公认的学位培训机构),提供麦当劳食品(汉堡、薯条)制作和餐厅管理方面的培训。下面是该大学的区店顾问培训课程:

表 5-1 麦当劳汉堡大学区店顾问培训课程表

项目	时间
(1) 导论	1 小时
(2) 门市部历史和工作职责	1.5 小时
(3) 责任区管理	2 小时
(4) 对分店店长的工作场所教学	2 小时
(5) 调整策略和门市部顾问策略	2 小时
(6) 财务一、二、三和四	8 小时
(7) 整个区店部顾问目标和技巧	2 小时
(8) 管理工会	1 小时
(9) 执照	1.5 小时
(10) 操作发展工会	1.75 小时
(11) 新店的开张条件	2 小时
(12) 分店店主评估	1.75 小时
(13) 全体的食品销售计划	1.5 小时
(14) 分店店主形态	3 小时

备注:该课程表培训内容囊括了区店顾问所需掌握的知识、能力和工作技巧。在进行门店历史和经理职责简介后,第三课,介绍责任区管理,讲授如何有效地和门店操作员工相处。第四课,介绍处理店主可能对门市部经理的需求及解决办法。第五课,讲一些调节和协调技巧。第六课,教授财务知识,以使学员了解财务报告、懂得利润分析和成本控制。第七课,讲授区店顾问的目标与技巧。第八课以讨论方式进行特别及限时的主题培训。第九课,介绍分店执照的申请与条款解释及签约。第十课是新的计划、工作步骤或产品发布会的培训。第十一课评估新店开张的条件(人、事、物、时、地)。第十二课讲如何对分店主做评估和做业务说明。第十三课讲授整个食品销售计划。第十四课是讲授各分店店主的经营需要与形态。

三、连锁企业培训讲师队伍

在员工培训中,培训师的优劣在某种程度上决定培训效果。因此应重视培训师的选择与培养。通常优秀的培训师具备以下特点:精通课程知识、适应不同受训者的学习速度、耐心真诚地对待每一位学员、善于通过幽默感激发学员的学习兴趣、擅长清晰的指导受训者、能为受训者提供个别帮助。

培训讲师既可以来自企业内部,也可以来自企业外部。为了做好培训,公司必须建立一支较为稳定的培训师队伍。

(一)寻找外部培训师

为广泛地引进与吸收国内外的先进技术和管理知识、经验,公司将根据不同的需要,从国内外聘请优秀的讲师、专家来公司进行讲学与授课。企业可以通过参加各种培训班、去高校旁听、熟人介绍、专业协会介绍、与培训公司保持接触等多种方式寻找适合的培训师。

(二)寻找、培养内部培训师

连锁企业经常要进行的一些培训项目,如企业文化培训等可以通过培养自己企业的培训师来达到培训目标。企业内部培训师的主要来源:各级管理者、职能部门的业务骨干、技术部门的技术尖子。管理者皆担负有培养员工的责任,是内部兼职培训师的主要承担者;各职能部门的业务骨干,技术部门的技术尖子将是员工业务培训的主要培训师来源。

1. 寻找培训师候选人

培训师候选人应该具备以下一些基本条件:喜欢培训工作;有一定的相关知识;有一定的实践经验;善于进行信息沟通;心态较积极;善于学习;善于语言表达。

2. 培养培训师

可以通过以下方法来培养培训师:参加"培训培训师"的研讨会;请企业内部已有的培训师辅导;让培训师候选人在适当场合实践。

第三节 连锁企业人力资源培训项目设计

一、连锁企业培训需求分析

培训需求分析是培训活动过程中的首要环节,它要回答为什么要培训以及培训要达到怎样效果的问题。因此,它是确立培训目标、设计培训方案、实施培训计划和评估培训效果的基础。只有通过培训需求分析,才能确定期望达到的效果,也才能依此判断是否达到了培训目标,培训是否有效以及培训投资是否有价值。在做培训计划时,正确进行培训需求分析是十分重要的。

(一)培训需求分析系统

确定培训目标是培训需求分析的直接目标,而确定员工以及企业的表现或绩效是否已经达标是最终的目标。这里关键是两点:一是要区分哪些是可以通过培训解决的问题,哪些是无法通过培训解决的问题;二是要找出问题的症结,并通过培训加以解决,通过培训使哪些可以改进的具体行为和表现得以改进。举例来说,如果某一支特定的员工队伍的工作效率低下,调查发现,问题的起因是最近的奖金政策调整影响了一些基层雇员的积极性。在这种情况下,再多的培训也解决不了问题,除非培训的内容是向他们解释,为什么采取这项新的政策。即使这样,实行新政策的理由本身也必须充分,并且能被大家接受,这样才能通过培训改进工作业绩。这就是培训需求分析时要考虑的培训可行性问题,即培训目标和方法、手段是否现实。培训需求分析是一个复杂的系统,它涉及企业及其企业所处的环境、工作人员。

1. 企业层面的培训需求分析

培训需求的组织分析依据连锁企业目标、结构、内部文化、政策、绩效及未来发展等因素,分析和找出组织中存在的问题与问题产生的根源,以确定培训能否解决这类问题,确定在整个组织中哪个部门、哪些业务需要实施培训,哪些人需要加强培训。因此,培训需求的企业分析包括对企业目标的检验、企业资源的评估、企业特征的分析以及环境影响作用的分析等。具体而言,企业分析主要包括以下几方面内容:

(1)企业目标。明确的企业目标对培训计划的制订与执行起决定性作用。企业目标分析主要围绕实现企业目标、贯彻政策是否需要培训,或者未达成的企业目标、未得到贯彻的政策是否与没有培训等展开。如果一个企业的目标是提高产品的质量,那么培训活动就必须围绕这一目标展开。

(2)企业资源。可被利用的人力、物力和财力资源是确定培训目标的物质基础。企业资源分析包括对企业的资金、时间、人力资源的分析。资金是指企业所能提供的经费将影响培训的宽度和深度。时间对一个企业而言就是金钱,培训需要有相应时间的保证。如果时间紧迫或安排不当,就会影响培训效果。人力资源是决定培训是否可行和有效的另一个关键因素。企业的人力资源状况包括:人员的数量、年龄、技能和知识水平,人员对工作与公司的态度及工作绩效等。

(3)企业特征。企业特征对培训的成功与否起着重要的作用。因为,当培训计划和企业的价值不一致时,培训的效果则很难保证。如果员工的工作精神、工作态度、向心力、凝聚力以及对企业文化的理解、接受程度等与达成组织的目标有重要关系时,将产生特定的培训需求。企业特征分析主要是对企业的系统结构、文化、信息传播情况的了解。

系统结构特征是指企业的输入、运作、输出、次级系统互动以及与外界环境间的交流特征。系统结构特征分析即通过审视企业运行系统能否产生预期效果、企业结构是否需要改变以及有否相应的培训需求等。它能使培训组织者系统地面对企业,避免企业分析中以偏概全的现象。

文化特征是指组织的软硬件设施、规章制度、经营运作的方式、员工行为和价值观等。文化特征分析能使培训组织者深入了解企业,而非仅仅停留在表面。

信息传播特征是指部门和员工收集、分析和传递信息的分工与运作形式或方式,信息传播特征分析能使培训组织者了解组织信息传递及沟通的风格、特性。

(4) 生存环境。当今市场竞争使许多公司不仅仅是进入新的市场,还可能是全新的行业或业务。与此相对应,培训也就不可或缺。当一个公司计划进入新的市场,就需培训员工如何在新的环境中进行销售,如何生产新产品,如何提供新服务等。

每当国家和政府的一项涉及劳动的法律颁布时,企业进行相关的遵守法律的培训总是可取的做法。例如,请一位专家给每一个可能受此法律影响的员工讲课,以避免可能产生的问题。这里就需要比较一下培训的成本和由于对法律的无知可能造成的损失。

2. 岗位层面的培训需求分析

培训需求的岗位分析是通过查阅工作说明书或具体分析完成某一工作需要哪些技能,了解员工有效完成该项工作必须具备的条件,找出差距,确定培训需求,弥补不足。培训需求的工作分析的目的在于了解与绩效问题有关的工作的详细内容、标准,以及完成工作所应具备的知识和技能。培训需求的岗位分析主要从以下几方面展开:

(1) 工作的复杂程度。这主要是指工作对思维的要求,是抽象性还是形象性或者兼而有之,是需要更多的创造性思维还是要按照有关的标准严格执行等。

(2) 工作的饱和程度。这主要是指工作量的大小和工作的难易程度,以及工作所消耗的时间长短等,行政部的工作大多是琐碎而繁杂的,但是工作时间则相对固定,而技术开发部的工作具体而复杂,工作时间弹性大。如果对这两个部门的员工进行培训,其培训内容自然就不同。

(3) 工作内容和形式的变化。随着公司经营战略和业务的不断发展,有些部门的工作内容和形式的变化很大,而有些部门的变化则小。例如,市场部的工作会随着公司业务的发展迅速变化,而财务部门的工作则变化较小。因此,在进行培训需求分析时应注意这一点,对于未来所发生的工作变化应有一定的前瞻或预测。

从而使公司在其不断的发展过程中,能够坦然应对,而不至于在衔接或过渡中出现问题。这就需要从公司整体发展的角度分析工作层面的培训需求。公司的发展壮大,对各个部门的要求不是一成不变的。公司发展对岗位工作的要求,既是培训时须充分考虑的一个重要因素,也是培训追求的一个目标,因为培训是一个循序渐进的过程,随着公司的发展而发展。

3. 人员层面的培训需求分析

人员分析是从培训对象的角度分析培训的需求,通过人员分析确定哪些人需要培训以及需要何种培训。人员分析通常参照工作绩效标准,分析员工目前的绩效水平,找出员工现状与标准的差距,以确定培训对象及其培训内容和培训后应达到的效果。

企业、岗位、人员三个层面的培训需求分析是一个有机的系统,缺少任何一个层面都不能进行有效的分析。在现实中,企业、岗位、人员三方面的需求往往并不完全一致,而是呈交叉现象。对一个组织而言,确立培训需求应取企业整体、岗位及个人三方的共同需求区域,并以此作为组织的培训目标。

(二) 培训需求分析方法

培训需求分析是培训活动全流程的首要环节,是制订培训计划、设计培训方案、培训活动实施和培训效果评估的基础。因此,正确的培训需求分析十分重要,如果这一步忽略了或出了差错,随后进行的所有的工作都可能是错误的,至少效果会大打折扣。

1. 基于胜任力的培训需求分析法

胜任力是指员工胜任某一工作或任务所需要的个体特征,包括个人知识、技能、态度和价值观等。基于胜任力的培训需求分析,主要步骤如下:首先,将所需要的绩效水平的胜任力分配到职位中,这是一个具体工作职能所要求的专业能力,通过职位要求的绩效水平,确定所需的相关胜任能力。职位概描为胜任力识别和分配提供了基础。然后,依据职位要求的绩效标准来评估职位任职者个体目前的绩效水平。结合有关数据资料,依据个体绩效现状及重要性排序确定培训需求。个人能力概描提供了员工胜任力的记录。职位和个人胜任力得到界定后,确定培训需求就变得容易了。同样的,企业层面的新的胜任力需要可以与已知的胜任力结构相呼应,并由此可以有效地预测组织范围内的未来培训需求。

基于能力的培训需求分析有其独特的优点,主要表现如下:

(1) 培训需求分析更精确。对职位和个人胜任力进行规范评价,为培训需求分析和预测提供了可行而有效的依据或标杆,最大限度地减少了无谓的培训。

(2) 有助于培训有效性的评估。胜任力的分析和评价为评估培训的学习效果提供了标准,同时,工作职位的胜任力评估也为因培训而产生的"行为变化"提供了测评标准。

(3) 可使有能力的人得到正式认可。通过职位概描和个人能力概描,使那些被评选为有胜任力的个人无须培训就能得到认可。

2. 访谈法

访谈法是通过与被访谈人进行面对面的交谈来获取培训需求信息的方法。访谈对象可以是企业管理层的,以了解组织对人员的期望;也可以是有关部门的负责人,以便从专业和工作角度分析培训需求。一般来讲,在访谈之前,要求先确定到底需要何种信息,然后准备访谈提纲。访谈中提出的问题可以是封闭性的,也可以是开放性的。封闭式的访谈结果比较容易分析,但开放式的访谈常常能发现意外的、更能说明问题的事实。访谈可以是结构式的,即以标准的模式向所有被访者提出同样的问题;也可以是非结构式的,即针对不同对象提出不同的开放式问题。一般情况下,是把两种方式结合起来使用,并以结构式访谈为主,非结构式访谈为辅。

采用访谈法了解培训需求,应注意以下几点:确定访谈的目标,明确"什么信息是最有价值的、必须了解到的";准备完备的访谈提纲,这对于启发、引导被访谈人讨论相关问题、防止访谈中心转移是十分重要的;建立融洽的、相互信任的访谈气氛,在访谈中,访谈人员需要取得被访谈人的信任,以避免产生敌意或抵制情绪,这对于保证收集到的信息具有正确性与准确性非常重要。另外,访谈法还可以与问卷调查法结合起来使用,通过访谈来补充或核实调查问卷的内容,讨论填写不清楚的地方,探索比较深层次的问题和原因。

3. 问卷调查法

问卷调查需以标准化的问卷形式列出一组问题,要求调查对象完成。当需要进行培训需求分析的人较多且时间较为紧急时,就可以精心准备一份问卷,以电子邮件、传真或直接发放的方式让被调查者填写,也可以在进行面谈和电话访谈时由调查人自己填写。在进行问卷调查时,高质量的问卷是有效进行培训需求分析的关键。

4. 观察法

观察法是通过到工作现场,观察员工的工作表现,发现问题,获取信息的方法。运用观察法的第一步是要明确所需要的信息,然后确定观察对象。观察法最大的一个缺陷是,当被观察者意识到自己正在被观察时,他们的一举一动可能与平时不同,这就会使观察结果产生偏差。因此观察时应该尽量隐蔽并进行多次观察,这样有助于提高观察结果的准确性。当然,这样做需要考虑时间上和空间条件上是否允许。

在运用观察法时应该注意以下几点:观察者必须对要进行观察的员工所进行的工作有深刻的了解,明确其行为标准。否则,无法进行有效观察。进行现场观察不能干扰被观察者的正常工作,应注意隐蔽。观察法的适用范围有限,一般适用于易被直接观察和了解的工作,不适用于技术要求较高的复杂性工作。必要时,可请陌生人进行观察,如请人扮演顾客观察终端销售人员的行为表现是否符合标准或处于何种状态。

5. 关键事件法

关键事件法与我们通常所说的整理记录法相似,它可以用以考察工作过程和活动情况以发现潜在的培训需求。被观察的对象通常是那些对企业目标起关键性积极作用或消极作用的事件。确定关键事件的原则是:工作过程中发生的对企业绩效有重大影响的特定事件,如系统故障、获取大客户、大客户流失、产品交期延迟或事故率过高等。关键事件的记录为培训需求分析提供了方便而有意义的消息来源。关键事件法要求管理人员记录员工工作中的关键事件,包括导致事件发生的原因和背景,员工特别成功或失败的行为,关键行为的后果,以及员工自己能否支配或控制行为后果等。

进行关键事件分析时应注意以下两个方面:制订保存重大事件记录的指导原则并建立关键事件日志、工作日志或主管笔记等。对记录进行定期分析,找出员工在知识和技能方面的缺陷,以确定培训需求。

6. 绩效分析法

培训的最终目的是改进工作绩效,减少或消除实际绩效与期望绩效之间的差距。因此,对个人或团队的绩效考核可以作为分析培训需求的一种方法。

运用绩效分析法需要注意把握以下四个方面:将明确规定并得到广泛认可的标准作为考核的标准;集中注意那些希望达到的关键业绩指标。确定未达到理想业绩水平的原因。确定通过培训能否达到的业绩水平。

7. 经验判断法

有些培训需求具有一定的通用性或规律性,可以凭借经验加以判断。比如,一位经验丰富的管理者能够轻易地判断出他的下属在哪些能力方面比较欠缺,因而应进行哪些内容的培训。采取经验判断法获取培训需求信息在方式上可以十分灵活,既可以设计正式的问卷表交由相关人员,由他们凭借经验判断提出培训需求。还可以通过座谈会、一对一沟通的方式获得这方面的信息。培训部门甚至可以仅仅根据自己的经验直接对某些层级或部门人员的培训需要作出分析判断。那些通常由公司领导亲自要求举办的培训活动,其培训需求无一不来自公司领导的经验判断。

8. 头脑风暴法

在实施一项新的项目、工程或推出新的产品之前需要进行培训需求分析时,可将一群合适的人员集中在一起共同工作、思考和分析。在公司内部寻找那些具有较强分析能力的人并让他们成为头脑风暴小组的成员。还可以邀请公司以外的有关人员参加,如客户或供应商。

头脑风暴法的主要步骤如下:将有关人员召集在一起,通常是围桌而坐,人数不宜过多,一般十几人为宜。让参会者就某一主题尽快提出培训需求,并在一定时间内进行无拘无束的讨论。只许讨论,不许批评和反驳。观点越多、思路越广越好。所有提出的方案都当场记录下来,不作结论,只注重产生方案或意见的过程。事后,对每条培训需求的迫切程度与可培训程度提出看法,以确认当前最迫切的培训需求信息。

以上8种培训需求分析方法可以根据企业实际情况单独或混合应用。

二、连锁企业培训项目计划

经过培训需求分析,明确了培训需求以后,即可确定培训目标和计划。培训目标的确定为培训提供了方向和框架,培训计划的制订则可使培训目标变为现实。企业应根据培训需求,结合本企业的战略目标来制订培训计划。

(一)计划的种类

重视培训的企业,通常会制订系统的培训计划,并有效地执行培训。培训使这些企业增强了人力资源的竞争力。这些企业针对不同层次的要求,制订一系列的培训计划,有长期培训计划、年度计划以及具体到每一培训课程的课程计划。

长期培训计划是从企业战略目标出发,制订相应的长远培训计划。制订长期培训计划要掌握企业组织架构、功能与人员状况,了解企业未来几年发展方向与趋势,了解企业发展过程中员工的需求,结合企业现阶段工作重点与需求,同时明确哪些资源可以利用。

年度培训计划包含了企业本年度的培训主题,包括培训对象、培训内容、培训方法以及培训费用的预算编制,但不涉及单一课程的细节。年度培训计划与长期培训计划总体目标保持一致,同时作为企业全年业务运营计划中人力资源计划的重要部分,它应服务于企业的经营目标。

课程计划是在年度培训计划的基础上,就某一培训课程进行的目标、内容、组织形式、培训方式、考核方式、培训时间、受训对象、讲师等细节的规划。课程目标应明确完成培训后,培训对象所应达到的知识、技能水平。设定现实可行的培训目标既为培训指明了方向,又可作为评估培训效果的指标。

(二)培训项目计划的制订

在培训需求分析的基础上,要对培训方案的各组成要素进行具体分析。培训项目计划包括培训需求、培训目标、培训对象、培训内容、培训师、培训时间、培训方法、培训场所与设备等。

1. 培训需求的确定

培训需求是培训项目计划中最重要的基础和理论依据,必须发现并阐明连锁企业发展目标需求与现实状况之间的差距,由此确定培训什么、消除哪些方面的差距、满足连锁企业发展的需求。

2. 培训目标和种类

培训的主要目的在于提高绩效。企业在制订培训计划时,必须明确通过培训期望达到的效果。企业中的培训目标,可以分为三大类。

（1）提高员工在企业中的角色意识。只有当员工完全融入企业,才能充分履行其职能。这点对于新员工尤为重要。俗话说:"良好的开始是成功的一半。"如何使新员工尽快熟悉企业的各个方面,消除陌生感,以一种良好的方式开始工作,在企业与员工之间建立默契与承诺,是新员工导向培训的重要意义。

（2）获得知识,提高技能。通过培训提高员工在工作中必需的知识、技能。这些知识与技能分为几种:① 基本知识,如语言、数学等,对某些工作而言,这些知识是必需的,如对会计工作来说,必须掌握一定的数学知识;② 人际关系技能,如沟通技巧、合作能力等,这些技能主要是指工作中普遍需求的技术与技能;③ 专项知识和技能,这些知识和技能是做好企业中某一具体工作所必需的,如商品学知识,销售员的销售技巧;④ 高层次整合的技能,这类技能主要针对企业的中高级管理人员而言,要求能适应复杂变化的情景,如领导、战略规划、经营决策、组织设计等。

（3）态度动机的改变。通过培训提高员工对公司与工作的认知,改变态度,形成良性动机,进而改善绩效。

培训目标要切实可行,并尽可能地做到量化、可控,培训目标是培训效果评估的标准。培训对象的确定

3. 培训对象

根据培训需求可以确定培训对象,如让新员工更快地熟悉环境是新员工导向培训。对于即将转换工作岗位的员工或者不能适应当前岗位的员工,可以进行在岗培训或脱产培训。

4. 培训内容

根据培训需求、培训目标和培训对象确定培训内容。

5. 培训师

培训师既可以来自企业内部,也可以来自企业外部。外部资源和内部资源各有优缺点,应根据培训需求分析和培训内容来确定。

6. 培训时间

培训时间既包括整个培训计划的起止时间,也包括培训项目的实施时间以及每个培训项目所安排的课时。

7. 培训方法

企业培训方式既可以选择内训,也可以选择外训。具体的培训方法有很多种,如讲授法、演示法、案例分析法、讨论法、视听法、角色扮演法等。各种培训方法都有其自身的优缺点。为了提高培训质量,达到培训目的,往往需要将各种方法配合起来灵活运用。

8. 培训场所和设备的选择

培训场所有教室、会议室、工作现场等。若以技能培训为内容,最适宜的场所为工作现场,因为培训内容的具体性,许多工作设备是无法弄进教室或会议室的。培训设备包括教材、模型、幻灯机等。不同的培训内容和培训方法最终决定培训场所和设备。

另外,还应明确培训组织,即明确由谁来负责组织实施培训,以利于各种协调、职责落实、确保成效;明确培训评估方案;明确培训费用。

总之,员工培训是培训目标、培训内容、培训师、培训对象、培训日期、培训方法和培训场所及设备、培训组织和培训费用的有机结合。企业要结合实际,制订一个以培训目标为指南的切实可行的培训计划。

(三) 培训活动计划过程中的注意事项

成功的企业培训计划活动的经验表明,培训活动除了应具有系统性外,它的成功也依赖于一些其他因素,归纳起来有以下几点。

1. 注意投入与效益产出比

企业运营过程中所能运用的资源是有限的,培训部获得培训所需资源的过程,如同销售人员推销产品,必须充分展现培训的投入与效益产出的对比。在培训活动正式开始前,培训计划需要提交给公司管理层,经审批后才可执行。因此,能否充分展现培训的效益对培训部门能否得到管理层对培训投入的承诺,起着至关重要的作用。

2. 赢得管理高层支持至关重要

管理高层控制着公司的资源,洞悉企业的长远发展目标与组织需求,如果培训活动与战略发展目标紧密联系,管理层就会全力支持计划的执行并提供所需的资源。

3. 寻求直线管理者参与培训计划的制订

在制订培训计划过程中,也应该让直线管理层参与设计培训计划,这一点很重要。直线管理层对业务需求与人员的了解,能帮助培训部门更准确地定位培训的重点,同时基于直线管理层对培训计划与培训目标的理解,能有效保证今后培训活动的开展获得积极的支持。

除了上述三点以外,建立培训部门在组织中的地位与信用度,使培训活动被认同也具有一定的意义。当企业内的各职能部门通过培训提高了绩效后,必然会增强对培训部门的信任,并会给培训工作更多的支持。

三、连锁企业培训项目实施

好的连锁企业培训计划必须要靠好的实施来实现。连锁企业培训项目的实施是指对培训计划前、计划中、计划后的各项活动进行的协调工作(见表5-2)。人力资源管理部门必须加强对培训的反馈和及时跟踪,对未按计划实施培训的部门应予以警告,并对其主管在绩效考核时予以扣分等处罚。参加培训人员必须在出席签到单上签字,培训结束后必须对员工进行有效考核,最后各部门要将签到单、考核结果等交人力资源部门保管。对不按时参加培训及考核不合格的员工进行通报批评,并要求其参加补考,直至合格。同时,人力资源部门对参加培训的员工发给培训评议表,以让员工对每次授课内容及培训师进行评议,对不合格的培训师及时提出警告,以让其改进,若连续出现两次警告,则取消其培训师资格。

表5-2 培训实施的注意事项

培训阶段	注 意 事 项
培训前	1. 制订培训计划 2. 编写培训教材 3. 聘请培训师 4. 安排培训场所 5. 准备培训场所 6. 安排好培训人员食宿 7. 安排好受训人员食宿
培训中	1. 保持与培训人员的联系 2. 保持与受训人员的联系 3. 观察受训人员的课堂表现 4. 及时将受训人员的意见反馈给培训人员 5. 保证培训设施的便利使用 6. 保持培训场所的干净整洁 7. 适当安排娱乐活动
培训后	1. 评价受训人员的学习效果 2. 听取培训人员和受训人员的改进意见 3. 酬谢培训人员 4. 培训总结 5. 跟踪调查受训人员工作绩效 6. 调整培训系统

四、连锁企业培训效果评价

培训效果评价是培训流程中的最后一个环节,培训效果的评价与反馈对于连锁企业员工培训十分重要。通过培训效果评价,既可以了解培训产生的效益,又可以为未来的培训打好基础,以利于进一步开发人力资源。

(一)培训效果评价的四层次

1. 反应层次

这是培训效果评价的最低层次。主要利用问卷来进行评价,可以问以下一些问题:受训者是否喜欢这次培训?是否认为培训师很出色?是否认为这次培训对自己很有帮助?有哪些地方可以进一步改进?

2. 学习层次

这是培训效果评价的第二层次,可以运用书面测试、操作测试、等级情景模拟等方法来评价。主要评价受训者,受训后是否比受训前掌握了较多的知识,较多的技能,是否改善了态度。

3. 行为层次

这是培训效果评价的第三层次,可以通过上级、同事、下级、客户等相关人员对受训者的业绩进行评估来评价,主要评价受训者在受训后行为是否有改善,是否运用了培训中的知识、技能,是否在交往中态度更正确了等。

4. 结果层次

这是培训效果评价的最高层次,可以通过事故率、产品合格率、销售量、成本、利润、离职率、迟到率等指标进行评价,主要评价内容是个体、群体、组织在受训后是否有改善,这是最重要的一种评价层次。

(二)培训效果测定方案的设计

根据需要,可以设计出许多培训效果测定方案,其中主要有以下 4 种测定方法。

1. 简单评价

这是最简单的评价方案,即在培训后进行一次评价,简单易行,但效果欠佳,不应常用。

2. 前后比较法

这是一种较常用的方法,即在培训前后各进行一次评价,两者的差距即培训的效果、评价方法的有效性是关键。

3. 多重评价法

这是较为精确的评价方案,即在培训前评价多次,取其平均值,再在培训后评价多次,取其平均值,两个平均值之间的差距即为培训效果,这种方案较多运用在一些较难量化的培训效果上,如士气、态度、价值观等。如果评价方法是多重的,正确性会提高,但操作难度会增加。

4. 对照评价法

这是一种最为科学的评价方案,如果评价者和被评价者都不知道评价的目的,评价效果较为理想。方法是首先选择好培训组,接着用相同方法选择对照组,然后分别进行评价,这两个评价结果应该是相似的。接着对培训组进行培训,而在同一时期内对照组照常工作而不进行培训,最后在同一时间内对培训组和对照组分别进行评价。两组的差距就是培训的效果。对照评价法虽然比较复杂,但是由于它的正确性较高,较有说服力,因此值得推广。

本 章 小 结

连锁企业人力资源培训是指连锁企业在将企业发展目标和员工个人发展目标相结合的基础上,有计划地组织员工从事学习和训练,提高员工的知识、技能,改善员工的工作态度,激发员工的创新意识,使员工能胜任本职工作的人力资源管理活动。

连锁企业培训中,要把握好几个原则:正确处理好企业短期目标与长远战略的关系;培训内容要做到学以致用;培训形式要适合成人学习的特点;培训方法上注意个体差异;重视培训效果反馈与培训结果的强化,并且要把培训与激励机制结合。

企业培训方法一般分为在职培训和脱产培训两类,具体包括:师带徒、工作轮换、行动学习、课堂讲授、案例分析、拓展训练、专题讨论、演示法、角色扮演、网络培训等。不同的培训方法适合的情境和效用不同。

构建企业人力资源培训体系是连锁企业发展和员工成长的重要措施。培训体系建设包括培训对象安排、培训课程设计、内外部讲师队伍的建设等方面。

连锁企业培训是通过具体的培训项目来进行的。一个培训项目一般要包括四个环节:需求分析、项目计划、培训实施、效果评估。

培训需求分析是培训活动过程中的首要环节,它要回答为什么要培训以及培训要达到怎样效果的问题。因此,它是确立培训目标、设计培训方案、实施培训计划和评估培训效果的基础。包括企业层面的分析、岗位层面的分析和人员层面的分析。分析方法:胜任力需求分析法、访谈法、问卷调查法、观察法、关键事件法、绩效分析法、经验判断法、头脑风暴法。各种培训需求分析方法可以根据企业实际情况单独或混合应用。

在培训需求分析的基础上,要对培训方案的各组成要素进行具体分析。培训项目计划是培训需求、培训目标、培训内容、培训指导者、培训对象、培训日期与时间、培训场所与设备以及培训方法的有机结合。连锁企业培训项目的实施是指对培训计划前、计划中、计划后的各项活动进行的协调工作。培训效果评估可从反应层次、学习层次、行为层次、结果层次四个层面进行。

1. 请阐述连锁企业人力资源培训的含义。
2. 成人学习理论对连锁企业人力资源培训有何意义?
3. 培训需求分析从哪些方面开展?
4. 请列举常见的培训方法,分析其优缺点。
5. 如何对连锁企业人力资源培训进行评估?

1. 肯德基员工培训

肯德基有自己的一套独特培训模式。作为劳动密集型产业,肯德基奉行"以人为核心"的人力资本管理机制。因此,员工是肯德基在世界各地快速发展的关键。肯德基不断投入资金、人力进行多方面多层次的培训。

就肯德基在中国的培训体系而言,肯德基在中国特别建有适用于当地餐厅管理的专业训练系统及教育基地——教育发展中心。这个基地成立于1996年,专为餐厅管理人员设立,每年为来自全国各地的2 000多名肯德基的餐厅管理人员提供上千次的培训课程,中心大约每两年会对旧有教材进行重新审定和编写。培训课程包括品质管理、产品品质评估、服务沟通、有效管理时间、领导风格、人力成本管理和团队精神等。

肯德基内部对员工的培训是分门别类的,培训体系分为职能部门专业培训、餐厅员工岗位基础培训以及餐厅管理技能培训。

职能部门专业培训

肯德基隶属于世界上最大的餐饮集团——百胜全球餐饮集团,中国百胜餐饮集团设有专业职能部门,分别管理着肯德基的市场开发、营建、企划、技术品控、采购、配送物流系统等专业工作。

为配合公司整个系统的运作与发展,中国百胜餐饮集团建立了专门的培训与发展策略。每位职员进入公司之后要去肯德基餐厅实习7天,以了解餐厅营运和公司企业精神的内涵。职员一旦接受相应的管理工作,公司就会开设传递公司企业文化的培训课程,一方面提高员工的工作能力,为企业培养合适的管理人才;另一方面使员工对公司的企业文化有深刻的了解,从而实现公司和员工的共同成长。

餐厅员工岗位基础培训

作为直接面对顾客的"窗口"——餐厅员工,从进店的第一天开始,每个人就都要严格学习工作站基本的操作技能。从不会到能够胜任每一项操作,新进员工会接受公司安排的平均近200个工作小时的培训。通过考试取得结业证书。从见习助理、二级助理、餐厅经理到区经理,随后每一段的晋升,都要进入这里修习5天的课程。根据粗略估计,光是训练一名经理,肯德基就要花上好几万元。如此耗资,可见肯德基对员工培训的重视程度。

餐厅管理技能培训

目前肯德基在中国有大约5 000名餐厅管理人,针对不同的管理职位,肯德基都配有不同的学习课程,学习与成长的相辅相成,是肯德基管理技能培训的一个特点。比如,当一名新的见习助理进入餐厅,适合每一阶段发展的培训科目就已在等待他。最初时他将要学习进入肯德基每一个工作站所需要的基本操作技能、常识以及必要的人际关系的管理技巧和智慧,随着他管理能力的增加和职位的升迁,公司会再次安排不同的培训课程。当一名普通的餐厅服务人员经过多年的努力成长为管理数家肯德基餐厅的区经理时,他不但要学习领导入门的分区管理手册,同时还要接受公司的高级知识技能培训,并具备获得被送往其他国家接受新观念以开拓思路的资格和机会。除此之外,这些餐厅管理人员还要不定期地观摩录像资料,进行管理技能考核竞赛等。

讨论题:
(1) KFC员工培训体系的特点有哪些?
(2) KFC的员工培训制度对你有何启示?

2. 培训的效果

某连锁企业决定派出人力资源部的员工去外地某培训中心参加一次培训。当时人力资源部的人员都想参加,不仅是因为培训地点特殊,而且此次培训内容很精彩,培训讲师都是在大公司工作且有丰富管理经验的专家。但很不凑巧,但是人力资源部特别忙,所以主管再三权衡,最后决定由手头工作较少的A和B去参加。人力资源主管把培训时间、费用等事项向A和B作了简单的交代。培训期间,两人认真听课,对老师所讲的内容作了认真的记录和整理。但课后两人总是在一起,很少跟其他学员交流,也没有跟老师交流。培训回来后,主管只简单地询问了一些培训期间的情况,两人与同事也没有详细讨论过培训的情况,过了一段时间,同学都觉得培训后两人并没有什么明显的变化,两人也觉得听课很精彩,但对实际工作并没有什么帮助。

讨论题:

(1) A和B的培训令人满意吗?为什么?

(2) 该项培训人员的选配是否存在问题?

(3) 根据案例提出能够增强培训效果的有效措施。

3. 谭画的培训计划

谭画是人力资源管理专业的本科生,毕业以后,他就进入了某大型连锁企业。这家大型连锁企业有上千家分店,主要销售日用品。谭画进入该公司后,就在总公司人力资源部担任助理。1年以后,他被调往公司最大的门店,担任专门负责员工培训的人事经理助理。他干了整整4年。后来,谭画又被调往公司总部,担任总公司人力资源部的员工培训经理。总公司的人力资源部副总经理即将退休,谭画希望能够接替他的位置。他在寻找着表现自己工作能力的机会。

恰在此时,总公司计划在12个月内开设50家新门店。新企业大约需要800名一线员工,各类管理人员100名。总公司对于新门店的开设寄予厚望,人力资源总经理承诺一定全力以赴做好新企业的人员招聘和培训工作。这次新企业所需的操作工人全部从外部招聘,所有的管理人员则从总公司及其他门店选聘。总公司人力资源部谭画深知这一工作的分量。虽然他从事了多年的员工培训工作,但是,如此大规模的员工培训工作,他以前还没有负责过。而且,这次培训有很高的要求:一是一线员工要能熟练整理、销售商品;二是管理人员要掌握现代化的管理理念和管理方法,其中,管理技能、创新决策能力等方面是培训重点。

讨论题:

(1) 在制订员工培训计划之前,谭画该如何进行员工培训需求分析?

(2) 你认为,谭画制订的员工培训计划会包括哪些内容?

(3) 你认为,管理人员和一线员工的培训在课程设计与培训方法上会有什么不同?

第六章 连锁企业人力资源绩效管理

学习目标

1. 掌握绩效管理、绩效考核的内涵以及两者之间的关系；
2. 掌握企业绩效管理的动态循环过程；
3. 熟悉几种常见的绩效管理技术方法；
4. 了解目前连锁零售企业绩效管理的问题；
5. 了解绩效管理的目的与意义。

【引导案例】

践行卓越绩效管理模式，打造顾客最愿意光顾的超市
——武汉中百便民超市全国商业质量奖创奖历程回顾

2010年，中百超市以质量奖现场评审520分的优异成绩荣获全国商业质量大奖，在湖北省武汉市商业行业中，甚至是整个华中地区率先获得此项殊荣。成绩的取得，不但是对企业勇于创新、开拓进取的回报，更是对企业导入卓越绩效管理模式的充分肯定！

（一）探索企业发展之路，自主导入卓越绩效

从2001年创建以来，公司经济增长方式依靠门店数量急剧扩张，带来了规模增长，引发成本急剧上升。经营战略沿袭大卖场，比拼价格，引发利润空间压缩，企业绩效遭遇瓶颈，企业发展受到制约，陷入发展困境。2004年，集团公司调整了中百超市公司领导班子，剖析了企业发展现状，全面评估公司内外部环境，在面对公司经营危机和大卖场蓬勃发展的关键阶段，实施反应性战略变革：由粗放的门店数量扩张型战略转变为"科学经营、精细管理"的效率提升型战略，继而走向"集约化"战略发展之路。

2006年,为适应市场竞争需要,公司领导着力探索适合企业发展、兼具科学性与适宜性的现代企业管理工具,着力解决制约企业发展的桎梏和瓶颈,率先在连锁超市行业自主导入卓越绩效管理模式。

(二)组建专班钻研学习,结合实际开展自评

公司成立了卓越绩效领导组和推进组,边学习,边摸索,全面启动 GB/T19580《卓越绩效评价准则》的导入工作。小组成员采用集中学习讨论和自学理解、难点学习与专家指导、联系实际与模拟打分相结合的方式,认真地对照卓越绩效评价准则和实施指南进行了全面、系统的学习,逐步掌握了自我评价的操作要领,为开展自我评价工作奠定了基础。

依据"把握特点、突出重点、因地制宜、循序渐进"的原则和基于事实的评分要求,公司开展了首次自我评价。各类目组负责人对照评价准则,运用评分指南表的要求,依据"方法、展开、测量、改进"四个要素及 PDCA 循环,分别对领导、战略、顾客与市场、资源、过程管理、测量、分析与改进、经营结果8个类目22个条目进行评分,并拟定了中百超市第一份《卓越绩效自我评价综合报告》。

2007—2009年,公司连续3年坚持每年开展卓越绩效自评工作,自评成绩从最初的291分上升到536分,卓越绩效推进工作取得了实质性的成效。通过每年开展的卓越绩效自评工作,客观测量与分析了公司的内外部环境、优势和不足,不断地提出企业改进方向和优先次序,并将其作为每年度经营管理的引擎和重点,为公司的持续改进明确了方向。

(三)贯彻卓越绩效原理,不断实施经营管理创新

公司重视把卓越绩效评价与实际经营管理工作相结合,并依据每年的自评结果对企业的经营管理工作实施改进。通过一系列的改进工作,公司整体经营质量和管理水平不断提高。

建立店铺拓展模型,实现网点又好又快发展。从新点基本情况调查、新点开发论证分析、新点经营预测三个方面,逐步实现"选点流程精细化、选点方式多样化、效益测评标准化、开店质量优质化"。提炼出地理位置、面积、租期、商圈、月销售、费用等点位评估关键要素,形成点位评估模型,编制开店手册,力求提供多角度、真实准确、有说服力的数据和分析,提高开店的成功率,增强门店盈利能力。2010年,公司制订了新的网点发展策略,向下延伸至60平方米,向上拓宽至2 000平方米,同时,拓展24小时便利店新业态,新开便利店9家。促进公司网点开发不断取得新突破,进一步扩大市场占有率。

实施店铺提档升级,引领现代生活发展。在店铺设计上,每年推出不同版本的店铺设计方案,从色彩、外立面、道具设备、卖场布局等多方面入手,营造舒适的购物环境;优化卖场布局动线设计,有效地提升卖场使用效率;实施了陈列改造,有效地提升陈列米数10%～50%,销售提升20%～30%,拓展了商品展示力,提高了顾客满意度。2010版店铺设计,使用玻化砖,提高外立面装修档次;在招牌两侧安装亚克力灯带,提高门面夜间照明亮度;增加"冷藏＋冷冻"组合柜,使用冷藏柜陈列蔬果商品,探索个人护理用品、婴儿用品等专区经营模式,优化蔬果促销台、米桶、散食陈列架等商品陈列道具,促进店铺形象时尚美观,设施设备新颖实用,得到顾客的青睐与好评,有效提升门店吸客和悦客能力。

强化过程管理理念,不断优化关键业务流程。多年来,公司建立了《新品引进流程》、《顾客服务管理体系》等141个关键业务流程和管理文件,编制《店长手册》、《绩效管理手册》等18类质量手册。在关键业务中设置测量点,辨识、分解、评估业务流程的各个环节,对不必要的作出删除、压缩、整合等,促进企业取得最佳的集约化经营效果。

创新设计质量卡,提升基层门店人员工作质量。公司通过学习卓越绩效管理理念,结合门店日常工作需要,创新设计出门店六个岗位14张"门店员工工作质量卡",有效改变门店员工工作缺乏指导、测量与改进的现状,促进门店各岗位员工不断提高自身的工作质量。2010年,公司对"工作质量卡"实施新一轮的升级改版,创建"五好员工卡",从"素养、服务、管理、绩效和学习"五大方面,制订了员工"五好"要求,即:职业素养好、服务态度好、商品经营好、基础管理好、学习进步好,实现员工个人素质与门店基础管理工作的同步提升。

创新人力资源管理,提升团队整体素质。公司注重人力资源的开发工作。实施星级员工管理模式,开展星级员工培训,循序渐进地开展员工培训工作,打造员工从一星到五星成长通道,为员工职业生涯发展提供支持;实施"千百工程"培训方案,投入培训经费100万元,创建培训基地,自编培训教材,自行授课,轮训1 000多名门店骨干;组建店长孵化基地,以"经营业绩标杆,流程创新标杆,店长培养摇篮"的目标,成功地开辟人才培训的新途径。

企业发展的征程永无止境,公司将继续深入贯彻执行卓越绩效管理原理,不断提升经营管理水平,提升经济效益,提高员工收入,为实现"铸造顾客最愿意光顾的超市"的企业愿景而不懈努力。

部分转载王辉:《武汉商务》,2011年第6期。

第一节 绩效管理观念

一、绩效管理与绩效考核

(一)绩效管理

1. 绩效管理的出现

随着经济全球化和信息时代的到来,世界各国企业都面临着越来越激烈的国内和国际市场竞争。为提高竞争能力和适应能力,许多企业都在探索提高生产力和改善组织绩效的有效途径,组织结构调整、组织裁员、组织扁平化、组织分散化成为当代组织变革的主流趋势。但实践证明:上述组织结构调整措施只能够减少成本,它们并不一定能改善绩效;不论是在哪一水平(组织、团队、个人)评价和界定绩效,它们只是提供了一个改善绩效的机会,而真正能促使组织绩效提高的是组织成员行为的改变,即建立学习型组织,形成有利于调动员工积极性、鼓励创新、进行团队合作的组织文化和工作氛围。基于上述背景,理论工作者们拓展了绩效的内涵,并在总结效评价不足的基础上,于20世纪70年代后期提出了"绩效管理"的概念。80年代后半期和90年代早期,随着人们对人力资源管理理论和实践研究的重视,绩效管理逐渐成为一个被广泛认可的人力资源管理过程。

绩效管理始于绩效评估。绩效评估有着悠久的历史,根据Deris等人的考证,中国人至少在公元3世纪已经开始应用正式的绩效评估。在西方工业领域,罗伯特·欧文斯最先于19世纪初将绩效评估引入苏格兰。美国军方于1813年开始采用绩效评估,美国联邦政府则于1842年开始对政府公务员进行绩效评估。

从绩效评估到绩效管理过渡和研究者们揭示绩效评估的不足是分不开的。随着经济与管理水平的发展,越来越多的管理者和研究者意识到绩效评估的局限性和不足;绩效管理正是在对传统绩效评估进行改进和发展的基础上逐渐形成和发展起来的。

2. 绩效管理概念

何谓绩效管理?最初人们把绩效管理等同于绩效评估,随着经济与管理水平的发展,越来越多的管理者和研究者意识到绩效评估的局限和不足,绩效管理的概念正是在对传统绩效评估进行改进和发展的基础上提出来的。绩效管理是企业将战略转化为行动的过程,是一个将公司与部门、员工个人目标紧密地联系在一起,运用科学的考核方法,从目标、程序导向到意愿、行为、效果导向,从事前策划到过程的监测,从事后考核到绩效改进的动态过程。作为战略管理的一个重要构成要素,其深层目标是基于企业的发展战略,通过员工与其主管持续、动态的沟通,明确员工的工作任务及绩效目标,并确定对员工工作结果的衡量方法,在过程中影响员工的行为,从而实现公司的目标,并使员工得到发展。

绩效管理是：	绩效管理不是：
☆ 一个持续的交流与沟通过程	☆ 一年(一季)一次填表工作
☆ 下属与主管之间达成工作协议	☆ 只在绩效低下时而使用
☆ 对未来工作达成明确的目标和理解	☆ 迫使下属工作的棍棒
☆ 组织、部门、个人融到一个系统：三方受益	

(二)绩效考核

1. 绩效考核的含义

绩效考核是管理者与员工之间的一项管理沟通活动,企业根据员工的职务说明,对员工的工作业绩,包括工作行为和工作效果,进行考察与评估,考核的结果可以直接影响到薪酬调整、奖金发放及职务升降等诸多员工的切身利益。

就内涵而言,绩效考核包括人员素质评价和业绩评定两个方面。素质评价涉及考核对象的性格、知识、技术、能力、适应性等方面的情况。而业绩评定又一般包括工作态度评定和工作完成情况评定。工作态度评定是对员工进行工作时的态度所作的评定,它与工作完成情况的评定相互关联,但两者的评定结果也可能不一致。工作完成情况评定是绩效考核最基本的核心内容,它一般要从工作的最终结果(工作的质与量)和工作的执行过程两个方面进行分析。

2. 绩效考核的内容

绩效考核内容的设定,直接关系到企业对员工的基本要求,考核内容设定是否科学、合理,直接影响绩效考核的实施质量和效果。由于绩效考核具有多因性和多维性以及动态性。以下几个方面是大多数企业进行绩效考核的内容：

(1) 工作能力的考核。员工在工作过程中所表现的能力体现在几个方面：工作的技术能力、知识的掌握能力、相关的工作经验以及工作中所需要的体能。

(2) 工作态度的考核。对员工在工作中所表现出来的工作态度和努力的程度的评价,即对员工工作积极性的一种衡量。

(3) 工作业绩的考核。对员工在企业工作中所取得的工作成果的一种评价。

(4) 工作行为的考核。对员工在工作中的相关行为作出评价,衡量其工作的行为是否符合企业的规章制度和要求。

3. 绩效考核的原则

要实现绩效考核应起的多方面作用,使员工得到公正客观的评价,在绩效考核中应遵循以下基本原则：

（1）客观评估的原则。绩效考核应根据明确规定的考评标准，针对客观考评资料进行评价，尽量避免掺入主观性和感情色彩。首先要做到用事实说话，评估一定要建立在客观事实基础上；其次要做到把被评估者与既定标准作比较，而不是在人与人之间作比较。

（2）明确化公开化原则。人力资源的考核标准评估程序、评估责任都应当有明确的规定，而且在考核过程中要严格遵守这些规定，同时，评估标准、程序和对评估责任者的规定在组织内部应对全体员工公开，这样才能使员工对评估工作产生信任感，对考核结果理解并接受。

（3）反馈的原则。考核的结果最好能反馈给被考核者本人，否则就起不到考核的教育作用。在反馈考核结果的同时，应当向被考核者就评语进行说明解释，肯定成绩和进步，说明不足，提供今后努力的参考意见等。通过反馈考核结果，使被考核者知道自己在大家心目中的形象和地位，对自己有一个正确的评价，从而知道怎样提高自己的综合素质。同时，还要将有关的考核结果向有关部门和上级反馈，使他们掌握人力资源素质考核的结果，从而为人力资源的进一步调整与配置、培训与开发提供决策的依据。

（4）差别的原则。考核的等级之间应当有鲜明的差别界限，针对不同的考评评语在工资、晋升、使用等方面应体现明显差别，使评估带有激励性，鼓励员工的上进心。除了以上原则之外，还有非常重要的一点，就是对评估承担者进行充分训练，使其尽量排除主观因素，并能够对考核标准有准确的、统一的理解，许多企业都把这种训练安排在对管理人员的系统训练课程中，是普通员工晋升为管理人员的必修课程。

（三）绩效管理与绩效考核的关系

绩效考核反映的是过去的绩效，而不是未来的绩效；而绩效管理更强调未来绩效的提升。这是两个不同的概念，前者关注的是考核这一行为，后者强调的是一种过程。因此，绩效考核不过是绩效管理过程中的一个重要环节。如果只要绩效考核而不谈绩效管理，那就是见树木而不见森林。当然，脱离了绩效管理的绩效考核是无本之木，无源之水，推行不了多久就会失败。

在具体实践中，我们要认识到二者的区别与联系，明确绩效考核是绩效管理的关键环节，在抓住绩效管理的各个环节的同时抓好绩效考核这个关键环节。

1. 绩效管理与绩效考核的区别

绩效管理是一个完整的管理过程，它侧重于信息沟通与绩效提高，强调事先沟通与承诺，它伴随着管理活动的全过程；而绩效考核则是管理过程中的局部环节和手段，侧重于判断和评估，强调事后的评价，而且仅在特定的时期内出现。细说来，绩效管理和绩效考核的主要区别如下：

(1) 绩效管理是一个完整的系统,绩效考核只是这个系统中的一部分;

(2) 绩效管理是一个过程,注重过程的管理,而绩效考核是一个阶段性的总结;

(3) 绩效管理具有前瞻性,能帮助企业和经理前瞻性地看待问题,有效规划企业和员工的未来发展,而绩效考核则是回顾过去的一个阶段的成果,不具备前瞻性;

(4) 绩效管理有完善的计划、监督和控制方法,而绩效考核只是提取绩效信息的一个手段;

(5) 绩效管理注重能力的培养,而绩效考核则只注重成绩的大小;

(6) 绩效管理能建立经理与员工之间的绩效合作伙伴的关系,而绩效考核则使经理与员工站到了对立的两面,距离越来越远,制造紧张的气氛和关系。

如果说绩效考核中的考核者是警察,那么在绩效管理过程中的管理者是教练。在绩效管理系统的过程中,管理者改变了绩效考核中的警察的身份而成为教练,教练也在挑员工的不足,但目的不是惩罚,而是教其做得更好。

2. 绩效管理与绩效考核的联系

绩效管理与绩效考核是一个整体和局部的关系,二者无论是从基本的概念上,还是从具体的实际操作上,都存在着较大的差异。但是,同时绩效管理和绩效考核又是一脉相承、密切相关的。绩效考核作为现代企业管理的核心环节之一,是绩效管理的一个不可或缺的组成部分,绩效考核主要服务于管理和发展两个方面,目的是为了增强组织的运行效率、提高员工的职业技能、推动组织的良性发展,通过绩效考核可以为企业绩效管理的改善提供资料,帮助企业不断提高绩效管理的水平和有效性,使绩效管理真正帮助管理者改善管理水平,帮助员工提高绩效能力,帮助企业获得理想的绩效水平。

二、绩效管理的目的与意义

(一) 绩效管理的目的

绩效管理作为一种优化人力资源的有效手段,通过对员工工作绩效的良莠评价与良性改进来提高企业整体营运绩效,促使企业人力资源的效用发挥到最大极限。绩效管理主要有以下目的。

1. 保证组织目标的实现

战略目标经过层层分解,把目标分解到每一位员工身上,让公司的员工人人背指标,事事有人做,把指标落实到实处,从而可以保证组织目标的实现。否则,如果没有绩效管理体系,公司高层管理者就没办法把指标分解下来并进行有效监督。只有公司基层员工了解了公司的战略目标,并在明确了各自的分解指标后,公司的战略目标才能保证得以落实和实现。

2. 提升执行力

绩效管理系统对于企业执行力的提升主要是通过对过程的管理来实现的。公司制订的战略,以及阶段性的重点工作一般周期都会比较长。在执行中往往一开始公司管理层和员工都比较重视,但是时间一长,大家都淡忘了,也没有进行必要的督促、监督和控制。而绩效管理系统以月度为单位对公司的战略目标和阶段性的重点工作任务进行监督和考核,平时还辅以随时的绩效沟通,确保了公司执行力的提升。

3. 持续改进企业绩效水平

绩效管理是按照 PDCA 的模式建立起来的,不是仅仅对绩效进行考核,简单出个结果就可以了,而是在每个绩效循环结束以后,都要不断进行绩效总结,并且要把总结的经验和教训体现在下一绩效循环的绩效指标的制订工作中去,从而保证企业绩效水平可以不断地进行改进和提高。绩效管理循环的整个实施过程就是绩效管理水平不断提升的过程。

4. 构建良好的企业文化

绩效管理中的一项重要工作就是绩效指标的建立。绩效指标是一个结果和行为指标的综合体,会对企业员工的行为起到约束和导向的作用。凡是绩效指标提倡的,人们会积极主动的去做;绩效指标否定的,人们会从思想和行为有意避免触及。绩效管理体系的运行会在企业中形成奖勤罚懒、目标明确、责任到位、积极主动、互不推诿的新型企业文化。而这种优秀的企业文化又反过来为绩效管理提升起到很好的促进作用。

(二)绩效管理的意义

绩效管理就是通过人力资源管理,将组织策略和目标转换成为员工个体绩效项目的制度与方法,其目的在于结合人力资源管理的各项功能与绩效的相关性,以及整合人力资源循环与企业策略目标(见图 6-1)。说明了绩效管理在组织策略管理与人力资源管理中所担任的角色。

绩效管理的特性在于其强调:

(1)将组织的愿景和战略目标自上而下地分解到每一个员工个体。

(2)通过制订实施手段、目标值和时间表,对绩效进行不断提升和改善。

(3)与人力资源其他功能相结合。

绩效管理的意义就在于协助组织发展人力资源策略以达成企业目标。绩效管理作为一种对员工绩效目标的全方位管理过程,在员工行为与绩效目标之间构建起双向绩效改进循环系统,促使员工工作绩效和企业整体绩效不断提升。绩效管理作为一种战略目标的执行工具,为员工趋向企业战略目标提供了资源性支持,使

第六章 连锁企业人力资源绩效管理

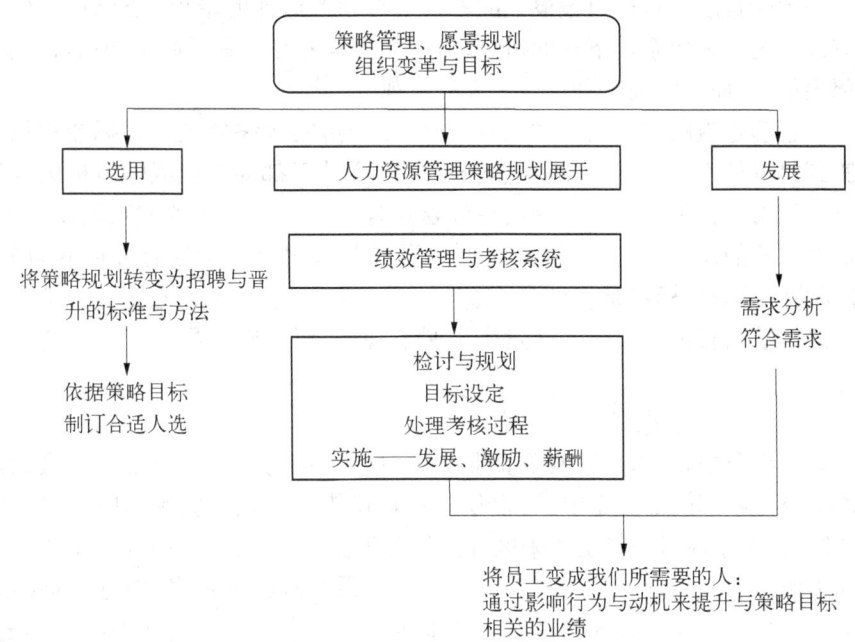

图 6-1 绩效管理的角色

得企业战略获得员工连续性的贯彻与执行。目前,绩效管理作为国际上通行的管理方式,在各个行业、不同企业中都产生了巨大的影响。它是现代企业管理体系中不可缺少的一环,是企业的核心内容之一。伴随着经济全球化的来临和国际市场竞争的加剧,绩效管理将成为引导中国企业形成世界级核心竞争力的有效手段和重要途径。实施绩效管理的目的是通过绩效经理与员工之间持续的双向沟通,从而建立的一种合作关系。绩效管理可以帮助企业实现绩效的持续发展,形成以绩效为导向的企业文化,使员工明确自己的工作任务和工作目标,知道企业的期望值,不断开发自身潜能,不断提高自己的各方面的工作能力,从而取得理想的绩效,促进员工自身的发展,实现企业目标和员工工作期望,最终达到企业整体、部门之间以及员工的共同进步。

三、当前连锁商业企业绩效管理中的问题

(一)绩效管理与战略实施相脱节

对绩效管理定位的片面性,是导致企业管理激励性差、管理改革难以成功的重要原因。由于绩效指标不能与企业战略发展需求充分相连,也不能真实和全面地度量各工作团队及员工的实际工作绩效,因而也就不能准确判断其行为与企业要

求之间的拟合程度。这种以偏概全的考核容易导致这样的结果:各部门年年都能够完成甚至超额完成企业下达的指标,但市场竞争力并没有因此增加;各部门考核成绩都很优秀,而企业绩效却没有很大的改观。

绩效管理是战略实施的有效工具,战略能否落实最终体现在目标能否层层分解落实到每位员工身上,并体现在能否促使每位员工都为企业战略目标的实现承担责任。战略稀释是指公司管理层在经营过程中逐步淡化企业战略的指导作用。战略稀释现象的发生,究其原因最主要的还是绩效目标的分解存在问题,即各部门、各职位的绩效目标不是从企业的战略逐层分解得到的,而是根据各自的工作内容提出的。绩效管理与战略实施发生了脱节现象,不能够引导所有员工趋向组织的目标。

(二)绩效管理仅仅被视为一种专业技术

在国内企业中,可以经常发现企业员工对于考核的态度是非常不认真的。考核在许多企业或部门都流于形式,仅仅停留在口头上。人力资源部门费尽力气制订考核制度,希望通过考核工作来区分出员工工作业绩的优劣,引导员工改进工作作风和工作方法,但是往往事与愿违,考核的结果大家都差不多,而且考核结果的好与坏对于员工个人没有任何影响。如果企业人力资源管理的业务板块不健全,即使再科学的考核制度也改变不了企业目前的现状,也无法引起企业员工真正的重视。

绩效管理作为一种有效的管理工具,必须与人力资源管理系统中的其他业务板块相互配合才能发挥真正的作用。单纯地将绩效管理作为一种专业技术,认为掌握或提高了这项技术的操作能力就能够实现绩效管理的目的是错误的。人力资源管理系统是由任职资格、绩效管理、薪酬管理、培训管理等多个业务板块共同构成的。绩效管理必须基于任职资格制度,对员工的工作绩效以及适应岗位要求的能力进行综合评价,而这种评价结果将应用于价值分配,以及后续培训、岗位晋升等方面。只有整个系统的有机协同才能对员工起到正向或者负向的激励的作用。

(三)绩效管理是人力资源管理者的管理责任

许多连锁企业目前都存在着一种非常奇怪的现象:一方面,各级主管都认同绩效管理工作对于员工绩效水平和技能提高的重要性;另一方面,绩效管理工作在具体推行过程中总会遇到很大的障碍,而这种障碍往往又主要来自各级主管。

在这些企业中,各级主管虽然认为绩效管理工作非常重要,但是当人力资源部门组织业务部门进行绩效考核工作时,各级主管往往会强调业务工作的重要性和复杂程度,认为绩效考核工作应当是人力资源部门的事情,业务部门做这些是在浪费时间和精力。实在不得不进行考核时,往往也是主管根据自己对下属的印象,作出一个非常主观的评价。这样的评价结果肯定是不可能完全反映被评价员工的实际绩效的,最终结果只能是使绩效考核工作遇到员工更大的抵触。

绩效管理是在管理者与员工之间就目标制订及如何实现目标而达成共识的过程,并协助员工成功地实现目标的管理方法。绩效管理既然是一种管理方法和手段,那么真正的主角只能是管理者和被管理者双方,也就是考核者和被考核者,而绝不是其他部门或者其他人。人力资源部作为服务性的职能部门,在绩效管理中只能起到组织、支持、服务和指导的作用,而不是绩效管理的主体。

作为部门管理者,应当承担的主要责任是对下属的绩效及能力的提升负责。管理者必须通过绩效管理这一有效的管理工具,引导员工努力实现绩效目标,并为这一目标的实现提供支持和指导,要意识到保证下属成功是管理者的责任。

(四)企业绩效、部门(团队)绩效、个人绩效之间存在差异

现代连锁企业在经营过程中,需要不断面对外界环境和组织内部的变化,及时调整工作方向和工作方式。传统的、僵化的组织形式往往无法做到快速调整和变化,于是团队这种相对简单灵活的组织形式和快速响应的特征日益受到企业青睐,越来越多的企业趋向于组建不同的团队来应对各种各样的变化。但是,还存在这样一种现象,在一些企业中,各团队的绩效较好,而综合起来组织的整体绩效水平却较低。也就是说,存在着组织绩效与个体绩效之间的差异和脱节,组织绩效、团队绩效和个人绩效没有有机地衔接起来。

这种司空见惯的现实一般是由两个原因造成的:一是组织、团队和个人的绩效目标出现脱节;二是组织绩效、团队绩效和个人绩效三者的性质不同。

无论组织、团队还是个人的目标都应来源于企业的战略,三者之间应当是层层分解和细化的关系。个人绩效是由员工的职业化行为所决定的,也就是说,个人绩效主要考察的是员工达到目标/结果的方法是否达到职业行为的标准,是否在按照职业化工作程序做正确的事情;而团队绩效则主要是由团队合作的程序所决定和形成的。跨团队跨职能合作、知识经验共享、学习型组织的建立是团队高绩效的决定因素,而企业文化和共同愿景则将个人、团队与组织和绩效有机结合,最终实现组织的战略目标。

(五)员工追求短期绩效,忽视长期绩效

有很多连锁企业在进行绩效考核时完全是以结果论英雄的,考核指标主要是财务指标,主管人员关注的也是财务指标的完成情况,员工的薪酬待遇等都是与财务指标挂钩。而员工在工作过程中的行为是否符合企业的规范要求,以及这些行为给企业长期经营带来什么后果则没有人关心。例如,有这么一家企业,它对销售人员的考核非常简单,就是以完成的销售量,按每单位计奖的。员工为了完成企业的销售指标采取了各种各样的做法,但基本都是短期行为,几乎很少有人考虑长期的市场培育,给企业的后续发展带来了很多问题。

传统的财务指标只能反映企业的短期绩效,而不能反映其长期绩效;只能反映最终结果,而不能反映关键过程;只从财务角度度量绩效,而没有从客户角度度量绩效;不能明确地将企业战略转化为内部过程和活动。采用单一的财务指标进行绩效评价,过于强调股东的价值取向,偏重短期利益,势必会引发公司经营管理者和员工的行为短期化。因此,在企业内必须按照平衡记分卡的原则建立起包括财务指标、客户指标、内部运营指标和员工发展指标在内的综合绩效指标体系。通过这四个方面指标之间相互的因果关系实现绩效考核——绩效改进以及战略实施——战略修正的目标,从而将企业的长期绩效和短期绩效协调在一起。

(六)忽视员工的参与

在许多连锁企业中,员工对绩效管理制度最大的意见就是不了解。许多员工不知道企业的考核是怎么进行的,考核指标是如何得出的,考核的结果是什么,以及考核结果究竟有什么用处等,至于自己在工作中存在哪些问题、这些问题又是由什么原因造成的、应该如何改进等就更无从得知了。

绩效管理的关键作用就是员工绩效的不断提升和技能的不断提高。作为绩效管理的主体之一,我们强调员工在绩效计划、绩效辅导以及绩效评价和反馈的全程参与;强调绩效管理是一种管理方法,是指导员工和主管通过承诺共同提升绩效的管理工具。管理者必须对员工的发展和技能的提高真正承担起责任,积极引导员工参与到管理活动中,而员工的这种参与要通过绩效管理活动才能体现出来。

第二节 企业绩效管理流程

一、绩效管理动态过程

绩效管理是一个动态的过程,包括绩效目标与计划、绩效实施与管理、绩效评估与考核、绩效反馈与指导、绩效评估结果应用五个方面的内容,各部分的逻辑关系如图6-2所示。

1. 绩效目标与计划

绩效计划是管理者和员工共同就员工在考核期内的工作职责、工作目标、评估标准及奖惩措施等内容达成共识的过程,是启动绩效管理系统的基础性环节,发生在新绩效周期的开始。制订企业绩效计划主要依据是工作目标和工作职责。

2. 绩效实施与管理

绩效计划制订后,被评估者就要开始按照工作计划开展工作了。绩效管理的实施就是按照绩效计划对员工工作绩效进行原始数据搜集,并对员工绩效进程进

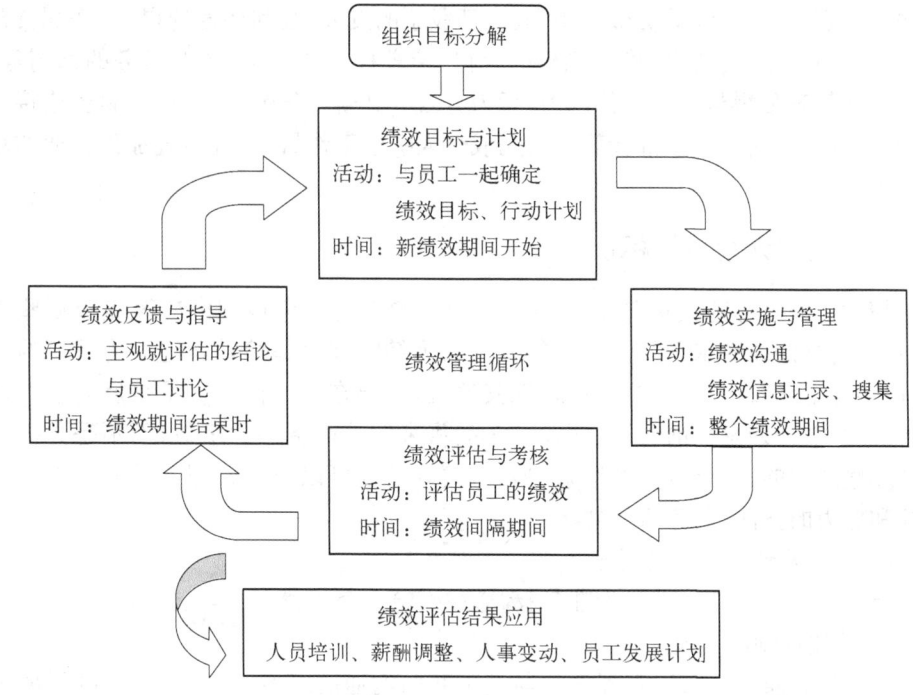

图 6-2 绩效管理动态过程

行监控、辅导与改进的过程。

3. 绩效评估与考核

在绩效间隔期间,管理者采取科学的评价方法对员工的工作实绩进行绩效评估。评估的依据是绩效期间开始时双方达成一致的绩效指标。在绩效评估过程中,首先要注意搜集能够说明被评估者绩效表现的相关的数据和事实。这些数据和事实是对被评估者进行评价和考核的主要依据。其次,如果确认搜集的评价数据充分、全面和准确,可以根据这些数据对员工的绩效完成情况进行评价。最后,在最终的绩效评价结果生效之前,管理人员还必须与员工就考核结果进行面谈沟通,对绩效评价中的关键事件和重要数据进行确认,就绩效考核的结论性意见达成共识。

4. 绩效反馈与指导

绩效评估以后,管理者要与下属进行绩效面谈。通过绩效面谈,下属可以了解管理者对自己的期望、自身绩效情况、有待提高和改进的方面等;下属也可以提出自己在完成绩效方面存在的问题和困难,请求上级帮助。

5. 绩效评估结果应用

企业必须将绩效评价成果依据绩效计划书的责任约定及时进行奖惩兑现,包括员工工资的增长、绩效奖金的增加、内部股票的发放、福利待遇的提高、任职资格的确认、工作职务的晋升、培训机会的获得、荣誉称号的授予、企业事务的参与等。通过绩效管理使得员工的工作能力、行为方式与其薪金酬劳、职业前景紧密连接起来,从而确保了所有员工都会努力去完成个人绩效工作目标,进而叠加到企业的总体战略目标。

二、绩效计划与目标设定

绩效计划是管理人员与员工共同讨论以确定员工考核期内应该完成哪些工作、达到怎样的绩效水平的过程。很多人认为绩效评价是绩效管理最为重要的环节,但实际上绩效计划要重要得多,究其原因,主要在于评价仅仅是从反光镜中往后看,而绩效计划是往前看,以便在不久的将来能获得更好的绩效,而不是分析和关注那些过去的、不能改变的绩效;另外,绩效计划可以帮助管理人员和员工明确目标和努力的方向,避免事倍功半。

(一)绩效计划的制订过程

绩效计划的制订过程分为准备、沟通和确定三个步骤。

1. 绩效计划的准备

绩效计划通常是通过管理人员与员工双向沟通的绩效计划会议得到的,那么为了使绩效计划会议取得预期的效果,事先必须准备好相应的信息。这些信息主要可以分为三种类型:

(1)关于企业的信息。为了使员工的绩效计划能够与企业的目标结合在一起,管理人员与员工将在绩效计划会议中就企业的战略目标、公司的年度经营计划进行沟通,并确保双方对此没有任何歧义。

(2)关于部门的信息。每个部门的目标是根据企业的整体目标逐渐分解而来的。不但经营的指标可以分解到生产、销售等业务部门,而且对于财务、人力资源部等业务支持性部门,其工作目标也与整个企业的经营目标紧密相连。

(3)关于个人的信息。关于被评估者个人的信息中主要有两方面的信息:一是工作描述的信息,二是上一个绩效期间的评估结果。在员工的工作描述中,通常规定了员工的主要工作职责,以工作职责为出发点设定工作目标可以保证个人的工作目标与职位的要求联系起来。工作描述需要不断地修订,在设定绩效计划之前,对工作描述进行回顾,重新思考职位存在的目的,并根据变化了的环境调整工作描述。

2. 绩效计划的沟通

绩效计划是双向沟通的过程,绩效计划的沟通阶段也是整个绩效计划的核心阶段。在这个阶段,管理人员与员工必须经过充分的交流,对员工在本次绩效期间内的工作目标和计划达成共识。

绩效计划会议是绩效计划制订过程中进行沟通的一种普遍方式。但是，绩效计划的沟通过程并不是千篇一律的，在进行绩效计划会议时，要根据公司和员工的具体情况进行修改，主要把重点放在沟通上面。以下是绩效计划会议的程序化描述。

(1) 选择适宜的沟通环境。管理人员和员工都应该确定一个专门的时间用于绩效计划的沟通。并且，要保证在沟通的时候最好不要有其他事情打扰。在沟通的时候气氛要尽可能宽松，不要给人太大的压力，把焦点集中在开会的原因和应该取得的结果上。

(2) 回顾有关的信息。在进行绩效计划会议时，首先往往需要回顾一下已经准备好的各种信息，在讨论具体的工作职责之前，管理人员和员工都应该知道公司的要求、发展方向以及对讨论具体工作职责有关系和有意义的其他信息，包括：企业的经营计划信息，员工的工作描述和上一个绩效期间的评估结果等。

(3) 绩效计划目标具体化。在对有关的信息进行简短的回顾后，就应该尽快把绩效计划的目标具体化。目标就是期待员工创造或达到的具体结果的描述。管理人员和员工在设定目标的时候要把注意力集中在结果上，而不是过程上，注意使每个目标尽可能具体，并将每个目标同工作或结果联系起来，明确规定出结果的时限和资源使用的限制，使每个目标简短、明确和直接。

(4) 制订衡量的标准。绩效标准是评判员工是否成功达到目标的标准。绩效标准应该具体、客观、方便度量，在员工通过努力后可以达到。它通常回答这样一些问题，如什么时候、怎么样、有多少失误、让谁满意等。

(5) 讨论计划实施的困难和需要提供的帮助。当管理人员和员工制订了绩效标准之后，还需要了解员工完成计划和达到标准过程中可能遇到的困难、障碍和问题，应尽可能防止计划执行过程中可能出现的各种问题，而不是等问题出现后再来解决，因此，管理人员应对员工遇到的困难提供尽可能的帮助。

(6) 讨论重要性级别和授权问题。要明确每项任务或计划目标的重要性级别，如可将它们分为必须级、重要级和一般级。管理人员和员工必须就哪些计划目标重要和哪些次要的问题达成一致，这样员工就可以根据情况自主分配时间，而不必事事请示上级。在决定授权水平的时候，需要参考员工的能力和过去的表现，要决策问题的重要性和性质，员工开展有效率和效力的工作需要什么权力，管理人员需要什么信息等方面的因素。同样，关于授权问题，员工和管理人员双方也必须有共同的理解。

(7) 结束会议。当绩效计划会议所有的议题都圆满解决之后，千万要注意结束会议也是非常重要的。这时，管理人员需要感谢员工的参与，再次说明会议的重要性和作用,对会议的重点进行简单的总结,同时安排制作相关的文档和计划解决遗留问题的后续步骤。

3. 绩效计划的审定和确认

在制订绩效计划的过程中,对计划的审定和确认是最后一个步骤。在这个过程中要注意以下两点:

第一,在绩效计划过程结束时,管理人员和员工应该能以同样的答案回答以下问题,以确认双方是否达成了共识。

(1) 员工在本绩效期内的工作职责是什么?

(2) 员工在本绩效期内所要完成的工作目标是什么?

(3) 如何判断员工的工作目标完成得怎么样?

(4) 员工应该在什么时候完成这些工作目标?

(5) 各项工作职责以及工作目标的权重如何?

(6) 哪些是最重要的,哪些是其次重要的,哪些是次要的?

(7) 员工的工作绩效好坏对整个企业或特定的部门有什么影响?

(8) 员工在完成工作时可以拥有哪些权力?可以得到哪些资源?

(9) 员工在达到目标的过程中会遇到哪些困难和障碍?

(10) 管理人员会为员工提供哪些支持和帮助?

(11) 员工在绩效期内会得到哪些培训?

(12) 员工在完成工作的过程中,如何去获得有关他们工作情况的信息?

(13) 在绩效期间内,管理人员将如何与员工进行沟通?

(14) 为什么一定要员工和管理人员对这些问题达成一致的意见?

绩效计划可以帮助企业、部门和个人朝着一个共同的目标努力,所以,管理人员和员工是否能对绩效计划达成共识是问题的关键。如果所有的管理人员与员工的意见都能达成共识,企业的整体目标与全体员工的努力方向就会取得一致,这样才能在全体员工的一致努力下,共同达成企业的目标。

第二,当绩效计划结束时,应达到以下的结果:员工的工作目标与企业的总体目标紧密相连,并且员工清楚地知道自己的工作目标与企业的整体目标之间的关系;员工的工作职责和描述已经按照现有的企业环境进行了修改,可以反映本绩效期内主要的工作内容;管理人员和员工对员工的主要工作任务、各项工作任务的重要程度、完成任务的标准、员工在完成任务过程中享有的权限都已经达成了共识;管理人员和员工都十分清楚在完成工作目标的过程中可能遇到的困难和障碍,并且明确管理人员所能提供的支持和帮助;形成了一个经过双方协商讨论的文档,该文档中包括员工的工作目标,实现目标的主要工作成果,衡量工作成果的标准和指标,各项工作所占的权重,并且管理人员和员工双方要在该文档上签字确认。

(二)绩效计划的管理策略

1. 绩效计划目标设定策略

工作目标的设计是一个自下而上的目标确定过程,通过这一过程将个人目标、部门或团队目标与组织目标结合起来。目标设计也是一个员工全面参与管理、明确自己的职责和任务的过程,是绩效管理的一个至关重要的环节。在目标设计过程中,应注意以下几个方面的策略:

(1)个人目标应与部门或团队目标保持一致。个人目标的设计应体现为一个从组织目标到部门或团队目标再到个人目标的目标逐步分解的过程,个人目标是部门、组织目标的细化,个人目标的实现应能促进部门或组织目标的实现。个人目标的确定应考虑组织的战略目标、自己所在岗位的主要职责以及内部和外部客户的需求。

(2)工作目标的设计是员工与部门主管共同的任务,员工应自主设计自己的目标并与部门主管达成一致。在过去的绩效评价中,员工的目标设计往往是一个自上而下的过程,目标是强加给员工的,不管员工愿不愿意去做,也不关心员工能否实现。一般做法是年初上级领导为员工设计目标,年终进行目标完成情况考核,没有任何中间过程。正是因为这种"强加性"和缺乏员工的全面参与,使得绩效评价受到越来越多的批评。

(3)所确定的目标的表述应简洁明了,符合"SMART"目标原则,即 Special:工作目标是准确界定的;Measurable:工作目标是可测量和评价的;Agreed:工作目标是双方认可的;Realistic:工作目标是可达到且富有挑战性的;Timed:工作目标是明确规定了最后期限和回顾日期的。

(4)应确定主要目标,一般为 5 个目标至 7 个目标,而且,每一个目标都应赋予权重,并按重要程度进行排列,最重要的排在最前面。

(5)每一个目标都应有可衡量的标准,所定标准应尽可能量化,可根据可量化的程度选择数量、质量、时间、成本等作为衡量指标。

2. 绩效计划管理质量体系

绩效计划的形式是对目标的确认和约束,同时也是一个成员的角色创造过程。因为它描绘了一个成员在一个绩效周期内应该达到哪些组织期望的目标,这也就是创造了一个角色定位。根据角色理论中角色创造的定义,绩效计划能够突破岗位职责的限制,为员工完成岗位角色以外的行为提供角色定义上的支持。同时,员工参与绩效目标的讨论和制订,能够提高其对目标的理解和清晰度的提升,更重要的是参与了企业的管理过程,这种参与的程度能够提高影响其对目标的承诺。根据社会同一性理论,这种目标制订的过程能够降低团队的冲突,促进个体作为组织成员的身份认识,形成群体内偏好,有利于工作绩效的达成。

三、绩效管理的实施

绩效管理作为改进组织绩效和个人绩效的工具,其本身并不存在好与坏之分,只是看该如何利用它。吉姆·柯林斯说:"只要训练有素的人在车上,你就不用担心,车一定会到达你想要去的地方。"成功的绩效管理注重与企业实际情况的紧密结合,是一个系统性工作,强调持续不断的沟通,不仅重视工作结果,而且重视达成目标的过程。绩效管理作为一种工具,如何使用对实施绩效管理的主体尤其关键,成功实施绩效管理要把握八个关键点。

(一)全面分析必要性

绩效管理作为管理工具有其适用性。每个企业由于规模大小不一、发展的阶段不同、组成人员各异、员工共同价值观的区别等,不宜盲目实施绩效管理。如果在公司共同文化和价值观的影响下,员工自身的奋斗目标自觉与公司目标保持一致,在公司总体战略下,分阶段目标能够顺利完成,短期内不宜硬性介入绩效管理,打破原有均衡。这时,公司改善绩效的方法是对员工的培训和职业引导。如果公司绩效上行通道气势不足,员工绩效出现停滞或下滑,企业中开始出现绩效管理要求等情况显露时,企业要着手思考介入实施绩效管理工作。

(二)提供组织保障

现在许多企业绩效管理的失败,是由于辛辛苦苦进行的各项绩效措施不能顺利推进。这其中的主要原因之一就是绩效管理没能得到经理层持续的支持,绩效管理工作由HR部门独立负责。建议以HR部门为主导成立绩效管理推进委员会,吸纳各部门经理和相关副总加入,直接向总经理负责,以便获得经理层持续的支持。绩效管理鲜明的系统性,必然涉及企业的各部门,甚至每个人员,虽然绩效管理追求的是企业与员工的共同发展,但从局部看是利益均衡的打破和重新分配,会引起部门组织间、员工个体间的冲突。通过绩效管理委员会协调各部门的关系,最终达成目标一致,这对绩效管理工作的顺利推进尤其重要。

(三)体系的设计

(1)要对绩效管理前、管理中、绩效管理反馈环节进行体系分解,制订绩效管理的闭环流程。这是成功推进绩效管理的先决条件。

(2)明确考核内容与标准,这是一个总体战略演绎分解、员工行为聚焦战略的过程,是一个互动选择的过程。

(3)选择适宜的绩效评估方法。绩效管理方法很多,如关键绩效指标法(KPI)、平衡计分卡(BSC)、360度反馈评价法等。其实这些方法并没有好坏之分,只是侧重点不同,并不是新出现的绩效评估方法就最优,要根据企业的具体情况区别对待,选择最适合的方法。

(4)要明确绩效管理的动态周期和管理程序,这对绩效管理工作的阶段性总结和持续改进是必要的。

（四）注重互动

绩效管理是组织与部门和员工之间的互动过程。绩效管理工作不是对员工个体或个别部门的管控,是合作的、共同的持续改进,是员工个体和组织发展的共同要求。这就要求企业在实施绩效管理时,要与员工之间建立相互信任的关系,一是要加大绩效管理目的的宣传,以获得全体员工的支持;二是在绩效标准和考评内容上要与员工进行充分的沟通,达成绩效管理的协议;三是在绩效管理过程中,进行持续的问题反馈;四是分阶段总结后,做好绩效面谈工作;五是加强绩效改进反馈工作。

（五）发挥面谈的关键作用

绩效面谈作为绩效管理过程中的重要环节,在达成绩效管理的目的上发挥着重要作用。通过面谈,组织与个人对绩效评估的结果形成一致的看法。借助面谈这种形式,可以营造和谐的气氛,更能了解员工对绩效评估结果的根本看法,在肯定员工优点,特别是指出存在的不足时,员工更容易接受,而且通过双方的讨论了解员工需要的资源和支持,并制订双方都能接受的改进计划。在绩效面谈前,面谈人须确定最佳的面谈时间和场合,尤其要做好面谈的充分准备,以提供帮助为目的,运用探索性问题,注意倾听,消除被评估者的自我防卫心理。企业实践中往往忽视这一点,有的企业根本不进行绩效面谈,而有的企业虽进行了绩效面谈,由于对上述问题把握不到位,致使面谈不能达到预期目的,更有甚者引发对立情绪和产生冲突。

（六）谨慎处理评估误差

绩效管理中的绩效考评工作往往是定量与定性相结合的,这样由于评价者个人的偏见、宽大化倾向、晕轮效应、逻辑误差等,会对绩效评估结果造成较为严重的影响。如果对其不加以控制,不能保证评估结果的客观公正,更会因此引发组织内的冲突,使绩效管理工作全盘失败。所以,考评误差的防范须在绩效评估的前、中、后都给予高度重视。在评估前要对评估者做评估标准、内容、方法和程序的培训工作,端正评估者的态度。在评估中,要使评估者与被评估者有面谈的机会,做好双方的沟通工作。在评估后,要有反馈和申诉程序。

（七）与奖惩制度适配拓展

首先,企业的薪资结构在满足保证企业组织结构稳定性的需求外,须包含动态内容,并能灵活响应企业与个人绩效的变化。例如,设立绩效工资组成部分,使组织能够用绩效工资作为激励工具来支持绩效管理目标的实现。其次,企业中的晋升晋级制度与绩效结果相关联,使个人职业发展与绩效的持续改进相适配。开发多渠道宽带晋升途径,使各类绩效改进突出的员工有晋升渠道。最后,在绩效管理过程中,适时地树立绩效突出员工的典型,通过建立标杆和榜样,为绩效管理提供一个明确的导向。

(八) 拓展评估结果应用范围

绩效评估结果的充分利用是绩效管理的重要组成部分,通过对评估结果的应用,也能对绩效管理的其他部分提供支持。根据绩效评估结果的特性,分别应用于企业人力资源的规划、招聘选择、人力资源开发、报酬方案的设计与调整、员工培训等方面。目前,许多企业进行的绩效管理,往往停留在评估结果的奖惩方面,而在组织发展的更加重要的规划和提升方面使用甚少,这从另一方面也阻碍了绩效管理持续滚动的提升进程。

四、绩效评估与绩效反馈

(一) 绩效评估

一般而言,组织或企业之所以对员工进行绩效评估,或是为了达到管理方面的目的,或是为了达到发展方面的目的。一个绩效评估项目的用途是多方面的,这些用途对企业和被评估的员工双方都是有益的。比如,绩效评估的结果可以用来为薪资评定提供基础,可以用来衡量员工是否需要培训,以满足员工培训需求等。

绩效评估的程序有四个基本步骤:

(1) 建立绩效标准。这是绩效评估的基础和前提条件。员工的工作绩效必须与某一个固定的标准相对比才可能得出公平的评价,工作标准越明确,绩效评估才可能越准确。因此,对员工评估实施有效管理的第一步就是审核原有的标准或建立新的标准。工作绩效标准一般应包括两类基本的信息。其一是员工应该做什么,包括工作任务量与工作职责等关键因素;其二是做到何种程度,包括具体的工作要求和工作标准。绩效标准一般以职务规范为依据。

(2) 绩效测定与记录。对员工的工作绩效进行核算、测定和记录,把握和分析工作的基本情况,也就是对员工的工作绩效作出测定,知道干了什么,干了多少,干得怎样。

(3) 正式绩效评估。把绩效标准和员工实际工作绩效比较衡量,加以评估对照,看哪些没有达到标准或要求,哪些超过标准或要求,从而作出实事求是的判断,提出评估结果和意见。

(4) 绩效结果反馈。结果反馈通常要把评估结果反馈给员工个人,使其了解自己的工作状态与评价,知道成绩与不足,明确努力的方向。必要时,也可把组织成员的评估结果统一公布,使每个人既了解自己,也了解别人,便于对照检查,找出差距。同时,作为组织也可以通过考评结果的反馈,明确组织差距。比如,对环境因素进行调节,为员工取得良好的工作绩效提供必要的条件,也可以将评估结果用于规划、奖惩、晋升等人力资源的管理活动。

以上四个步骤过程合起来即构成一种控制作用,因此,绩效评估是可产生控制及指导一个组织的过程所需信息的一种检查程序,这种评估程序一般由生产第一线的基层开始,每一员工的绩效由各部门的主管加以评估。整个组织的绩效则由其较高层主管加以评估。最后,最高层领导评估整个组织的全面绩效。

(二) 绩效反馈

绩效反馈是使员工了解与其绩效有关信息的绩效管理手段,是绩效沟通的最主要形式,也是绩效管理过程中的重要环节。其目的是根据绩效考核的结果,通过考核者与被考核者之间的沟通,对被考核者积极的方面进行肯定、强化,对不足之处提出改进方案与措施,从而实现员工绩效的提升。具体来说,绩效反馈的重要功能体现在:① 使员工了解绩效目标完成情况;② 使员工认识到自己在本阶段工作中取得的进步和存在的缺点;③ 制订绩效改进计划;④ 修订或协商下一个绩效管理周期的绩效目标和绩效计划。

绩效管理的意义绝不仅仅是得出几个分数,排出序列,其根本目的在于通过这种方式来激励员工的正面行为,纠正错误导向,即不仅是"总结当期"更要"展望下期",作出评价和绩效改进的建设,以提高员工的工作绩效目标。为此,绩效反馈是绩效管理必不可少的程序。因此,我们要建立一套完善的绩效反馈制度,包括通畅的员工申诉通道。

第三节 企业绩效管理技术

一、胜任力模型

(一) 胜任力的概念

早在20世纪50年代,Flanagan就在其研究中提出了关键事件法,并且用该方法来分析人类的行为表现。关键事件法和传统的依赖智商测验和能力倾向测验的人事测评有根本性的不同,关注的不是从智商和能力倾向测验去推测人们可能的行为表现,而是现实表现出的能够影响绩效的关键行为。以1973年麦克米兰发表《测量胜任力而非智力》为标志,胜任力(Competency)的概念被正式提出,同时在全球人力资源管理及相关学科领域内掀起了一股研究胜任力的浪潮,相关的理念和技术在企业组织也得到广泛的推崇。

理解胜任力有三个要点:第一,能够把优秀绩效者和普通绩效者区分开;第二,能够有效测量或者有外显的特征;第三,全面而非局部,一般而言胜任力应包括知识、技能、自我概念、人格特质、社会角色以及动机等。

(二)胜任力的特征

胜任力模型(CM)由一系列胜任特征构成,这些进入模型的特征首要条件是能够关键性地影响员工个人绩效,以及在此基础上的团队绩效甚至组织绩效。同时,这些胜任特征应该是可以被观察,可以被准确测量,并且是一定程度上可以改进的。

科学研究和管理实践都应该遵循简洁原则,所以胜任力模型不宜太复杂,否则实施起来难度和成本都太高,也无法体现胜任特征的"关键"属性。一般而言,胜任力模型包含4~6项与绩效紧密关联的胜任特征,通过这几项特征就可以有效地甄别优秀和一般绩效者,并且是绩效产生差异的真正原因。

针对职业角色的差异、岗位任务的差异、行业背景的差异以及社会文化的差异,每一个胜任力模型应该是独特、与众不同的。这样才符合胜任力模型驱动优秀绩效的理论初衷,才符合适应不断变化的社会、行业竞争背景的要求。尽管实践应用的胜任力模型之间有很大的差异,但综合所有的胜任力模型,一些基本的规律或者共同的内容还是存在的。比如,胜任力模型领域的著名学者 Spencer 就总结出了对大部分职位而言,导致优秀绩效的20个常见的胜任力特征。这些特征被进一步分成了6个方面:第一,成就簇,包括成就欲望、主动性人格、对工作质量的持续关注;第二,服务簇,包括人际关系能力(情商)、客户服务意识;第三,影响簇,包括影响他人的能力、对权力的渴望、公共关系处理能力;第四,管理簇,包括指挥控制能力、团队精神、领导能力以及促使下属成长;第五,认知簇,包括专业技术能力、判断决策能力、分析推理能力以及获取信息的能力;第六,个人特征簇,包括自信、自控能力、灵敏特质以及忠诚度。在通用模型的基础上,考虑组织的战略需求、组织文化背景以及岗位类型和层次,可以选择其中的一些要素,从而发展出所需要的特异模型。由于胜任力模型与绩效的紧密关系以及基础性,在组织中得到越来越广泛的应用。

(三)冰山模型

在理解胜任力含义与特征的基础上,进一步探讨胜任力模型。简单而言,胜任力模型是承担特定岗位或角色并实现一定绩效标准所必需的一系列胜任力要素的组合。可见,所谓胜任力模型实质上就是胜任力的结构。一般而言,根据应用目的的差异,胜任力模型可以作进一步区分,比如岗位型胜任力模型、功能型胜任力模型等。

对于胜任力的理解,学界通常用所谓的冰山模型来表示。员工整体的胜任力就好像一座漂浮在海洋上的冰山,我们能看到的只是在海平面之上的,冰山的一小部分,这一部分对应员工的知识、技能,属于易观察、易测量的内容,被称为表层胜任力。对于整座冰山来讲,真正决定其分量、威力和走势的是海平面以下,我们无法直接观察到的部分,这一部分对应员工的自我概念、动机、人格、价值观等,属于不易观察和不易测量的内容,所以被称为深层胜任力。与知识、技能这些表层胜任力相比,深层胜任力往往很难评估和培养,而且越往下难度越大,效果越不好,所以往往又被称为潜能。潜能之所以难以改变有两个原因:一方面,人类的生理发展,特别是大脑神经结构的发育具有一定的先天性和后天培养的不可逆性,过了某些关键期,花费再多的努力,某些潜能也不可能再被培养出来,或者收效甚微;另一方面,人类的价值观、人格特征、动机强度、社会角色等是在长期的社会生活中逐渐形成的,具有很高的稳定性,而且人与人之间的差别很大,这些因素一旦形成要想通过短期的培训和训练加以改变,几乎是不可能的。

综合上述,真正决定员工在工作中行为表现的是那些看不见的、"冰山"下的潜在关键因素。以往的人事测评之所以效果不佳,根本原因就在于只看到了冰山上的部分,希望通过对这些可见的因素加以测量和甄别来预测员工未来的行为表现和绩效,相对忽视了"冰山"下的潜在因素,而正是这些"冰山"下的因素决定了员工的优劣。也就是说,传统的人事测评的视野是有限的,其预测能力当然不能令人满意。

二、平衡计分卡

(一)平衡计分卡的概念

平衡计分卡(Balanced Scorecard, BSC)是一种通过描述战略的绩效指标把战略转化为行动的工具。它将战略和实施有机结合,可有效地将企业战略转变为其运营目标,以驱动企业绩效和行为。平衡计分卡是根据企业的战略,由一系列因果链条贯穿而成的一个有机结合体,以提供更为平衡的视点。

(1) 财务指标与非财务指标的平衡。建立在会计数据基础上的传统绩效评价体系,由于财务指标偏重于企业内部评价,忽视了对顾客、市场等外部环境的分析,难以揭示绩效的动因或者绩效改善的关键因素。而平衡计分卡可弥补其不足,通过财务指标和非财务指标的有机结合,来揭示财务结果与其执行动因之间的关系。

(2) 企业的利益相关者平衡。平衡计分卡不仅注重企业内部,而且注重企业外部,包括股东和顾客;并注重企业的内部流程、学习和成长等无形资产,能有效地处理股东与顾客、员工等利益相关者之间的平衡。

(3) 结果性指标和驱动性指标的平衡。企业应了解其所追求成果的产生原因,只有把握真正的动因,才能获得所需成果。平衡计分卡以有效完成企业战略为动因,以可衡量的指标为目标绩效管理的结果,寻求两者的平衡。

(4) 定量衡量和定性衡量的平衡。定量指标多为基于过去的事件而产生,因此,定量数据的分析需要以"趋势可预测"为前提条件。而定性指标具有主观性,因而在应用中被重视程度往往不如定量指标。而平衡计分卡用定性的指标以弥补定量指标的缺陷,以使评价体系有新的实际应用价值。

(5) 短期目标与长期目标的平衡。平衡计分卡是基于企业战略而开展的实施过程,在关注企业长期可持续发展的同时,也关注企业近期目标的完成,注重长期目标与短期目标的协调,从而加速企业的发展。

(二) 平衡计分卡指标的设计原则

(1) 战略相关性原则。平衡计分卡指标体系应基于战略,并随着战略需要而改变。同时,指标体系应该能够对战略目标的影响因素进行计量和评价。

(2) 适度性原则。注重指标使用的成本与效益,提倡用最少的指标控制最大的绩效结果的成本效益原则。Kaplan 和 Norton 认为平衡计分卡各方面应包含4~7个指标,而指标总数应保持在20~25个之间。如果能用较少的指标来描述战略,并能解决问题,就不宜增加指标。

(3) 指标间的驱动关系原则。让平衡计分卡真正发挥作用,需要建立各项指标间的驱动关系,以使各指标间能相互促进。否则平衡计分卡不能为企业准确计分,难以准确描述企业战略,也就无法指导企业各部门和员工的日常活动。

(4) 定量化原则。为使绩效评价公平、合理,在实际的绩效评价活动中,由于存在着比较,尽量采用能定量化的指标。

(5) 可操控性原则。绩效评价指标体系应便于使用,并具有可操作性。绩效评价指标应该是被评价单位可以控制的因素,而不会受其他被评价单位的影响。

(6) 权衡性原则。在绩效评价指标选择过程中,企业要防止出现一个指标的改善是以其他指标的恶化为代价的现象。

(三) 平衡计分卡的内容

平衡计分卡从财务、顾客、内部业务流程和学习与成长四个维度来观察企业(如图6-3所示),并为四个基本问题提供了相应的答案。

(1) 财务方面。企业经营结果是使其股东得到财务价值的回报。财务指标直接反映出企业的努力是否对其经济收益产生了作用,所以财务方面是其他三个方面的出发点和归宿。财务指标一般包括销售收入、利润额、资产利用率等。

(2) 顾客方面。企业要实现其远景目标,必须向顾客提供优质的产品和服务,满足顾客的需要。顾客方面所体现的是企业对市场需求变化的反映。客户指标通常包括客户满意度、客户保持率等。

(3) 内部流程方面。企业必须拥有一定的生产能力和竞争优势,因此要关注企业内部效率,如R&D经费强度、新产品合格率、生产周期效率、生产能力利用

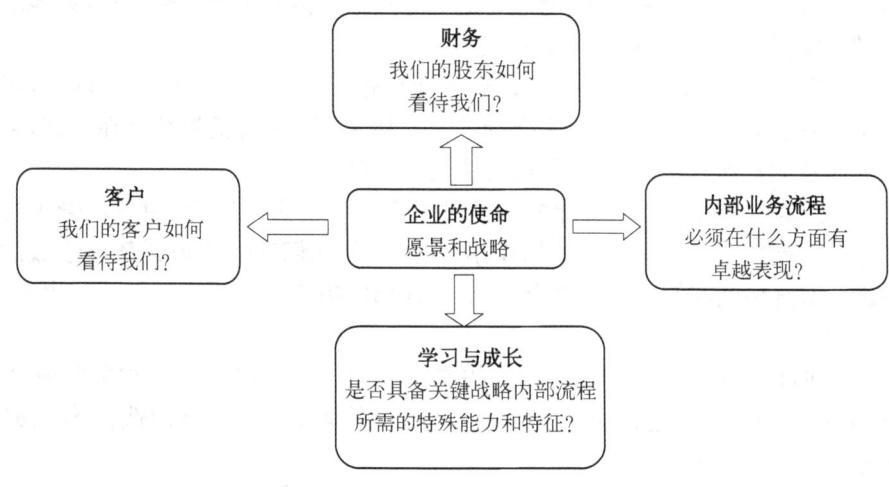

图 6-3 平衡计分卡四维度

率、新产品开发速度和成本等,才能使股东和顾客对企业的业务流程满意。企业内部业务流程是其改善经营绩效的重点。

(4)学习与成长方面。企业要实现顾客和内部经营过程的长期目标,就必须不断地成长,这包括企业人力资源、技术、核心能力等方面的进步,还必须要有学习的能力。学习与成长方面指标一般包括员工的知识水平、员工人均培训费用、员工人员创利能力、R&D 人员保持率等。

平衡计分卡的财务、顾客、内部业务流程、学习与成长四个维度构成了它的基本框架,从这四个相互联系的角度可将企业的远景和战略转化成为具体实施的目标、指标、标准及行动计划。平衡计分卡的四个维度彼此形成了一条因果链,反映出绩效和绩效动因之间的关系,如为了改善财务绩效,企业必须使其产品或服务得到顾客的认可;而在时间、质量、成本、品种等方面赢得顾客的满意,就需要不断优化内部经营过程,如提高产品与服务质量、缩短生产周期等。而上述过程又要求企业加大对员工的培训和学习的投入。

(四)平衡计分卡的优点

平衡计分卡突破了以企业财务作为唯一指标的衡量工具,并做到了财务、顾客、内部业务流程和学习与成长四个方面的平衡。它能有效地反映企业综合经营状态,有利于企业长期发展。与传统评价体系比较,平衡计分卡的优点如下:

(1)战略管理的核心工具。企业将平衡计分卡纳入到战略管理体系后,可通过用具体的评价指标把企业的使命和战略转变为具体目标。平衡计分卡将企业战略规划和具体经营计划相统一;通过计划实施过程来推进企业战略进程,并能获得相应的反馈信息;有助于企业战略管理。

(2) 提高企业管理效率。平衡计分卡运用过程中所涉及的四方面内容,都是促进企业发展的重要因素,通过平衡计分卡可将这些要素有机地结合在一起,可以大大提高企业管理效率,为企业持续发展奠定基础。

(3) 注重团队合作。平衡计分卡通过对企业各要素的组合,使企业管理者能多考虑各职能部门在企业发展中的作用与功能,使他们充分认识到某一领域的工作改进会对全局或其他部门产生影响,促使各部门决策时必须从企业总体出发,慎重决策。

(4) 注重沟通和学习,提升员工的参与意识。平衡计分卡注重沟通和学习,鼓励员工学习,促进企业成长,并通过目标管理,激励下属创造性地完成目标任务。

(5) 减少企业信息负担。平衡计分卡的运用可以使企业管理者仅关注少数关键指标,既可满足其管理需要,又尽可能地减少信息成本。

(五) 平衡计分卡的不足

为了使企业将经营目标有效分解并能传递给各层员工,平衡计分卡定义了有关财务和非财务指标,但是,在实际应用过程中,仍存在一些不足:

(1) 有些非财务指标难以量化。由于企业学习、成长与创新等都是很宽泛的概念,涉及企业生产经营的方方面面,将其界定一个方面并定量化比较困难。

(2) 平衡计分卡通常设立的指标过多,其权重分配具有任意性,使得员工感觉难以理解;而且,这些指标及权重对企业外部环境的变化反映存在滞后性,因此有时不能及时准确地评价和激励员工。

(3) 平衡计分卡为企业经营绩效考核提供了一定依据,但它还无法使经营管理者的绩效与其报酬完全紧密衔接。

(4) 平衡计分卡的非财务指标还不能直接体现以财务绩效为落脚点的逻辑关系。平衡计分卡的财务、顾客、内部业务流程、学习与成长四个方面的评价指标,最终都应体现股东财富最大化,因为这是企业的最终目标。顾客、内部经营过程和学习与成长方面的实际绩效,最终都是为实现企业股东财富最大化服务的,尽管这四个方面之间是由一条因果链联系起来的,但还未能在具体指标设计上充分体现出来,可能导致因果关系设置不严密。

三、关键绩效指标

关键绩效指标(Key Performance Indicators,KPI)管理实际上是一个重要的管理学原理"二八原理"在绩效管理中的应用。即在一个企业价值创造的过程中,每一个部门和员工的80%的工作任务是由20%的关键行为完成的,抓住了这20%,也就抓住了工作的主体。

(一)关键绩效指标的含义

关键绩效指标是用于评价和管理被评价者绩效的可量化的或可行为化的标准体系,它能体现对组织战略目标有增值作用的绩效指标,是连接个体绩效与组织战略目标的一个桥梁。通过在关键绩效指标上达成的承诺,员工与管理人员就可以进行工作期望、工作表现和未来发展等方面的沟通。

企业关键绩效指标由以下层级构成:一是企业级关键绩效指标,由企业的战略目标演化而来;二是部门级关键绩效指标,根据企业级关键绩效指标和部门职责来确定;三是部门关键绩效指标落实到具体岗位的业绩衡量指标。设计关键绩效指标体系的步骤,见图6-4所示。

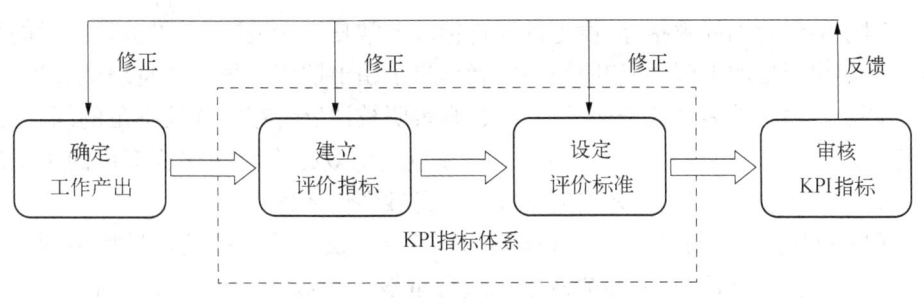

图6-4 设计关键绩效指标体系

(1)工作产出的确定。不同层次的工作目标都是由组织总体的目标分解而形成的,因此在设定不同层次的关键绩效指标时也要首先回顾组织整体的目标和各个业务单元的工作目标。由于关键绩效指标是根据对组织绩效目标起到增值作用的工作产出来设定的,因此要想设定关键绩效指标首先要确定组织内各个层次的工作产出。

(2)评价指标的建立。关键绩效指标主要有四种类型:数量、质量、成本和时限。在确定关键绩效指标时应遵循SMATR原则。S代表的是Specific,意见是"具体的";M代表的是Measurable,意思是"可度量的";A代表的是Attainable,意思是"可实现的";T代表的是Time-bound,意思是"有时限的";R代表的是Realistic,意思是"现实的"。见表6-1。

(3)针对不同的绩效评价指标,设定相应的绩效评价标准。指标指的是从哪些方面对工作产出进行衡量或评价。而标准指的是在各个指标上分别应该达到什么样的水平。指标解决的是评价"什么"的问题,标准解决的是被评价者做得"怎样"、完成"多少"的问题。

表 6-1 设定关键绩效指标的原则

原则	正确做法	错误做法
具体的 Specific	切中目标、适度细化、随情境变化	抽象的、未经细化、复制其他情境中的指标
可度量的 Measurable	数量化的、行为化的、数据或信息具有可得性	主观判断、非行为化描述、数据或信息无从获得
可实现的 Attainable	付出努力可以实现、适度时限实现	过高或过低的目标、期限过长
有时限的 Time-bound	使用时间单位、关注效率	不考虑时效性、模糊的时间概念
现实的 Realistic	可证明的、可观察的	假设的、不可观察或证明的

对于数量化的绩效指标,设定的评价标准通常是一个范围,如果被评价者的绩效表现超出标准的上限,则说明被评价者作出了超出期望水平的卓越绩效表现;如果被评价者的绩效表现低于标准的下限,则表明被评价者存在绩效不足的问题,需要进行改进。对于非数量化的绩效指标,在设定绩效标准时往往从客户的角度出发,需要回答这样的问题:"客户期望被评价者做到什么程度?"

(4)审核关键绩效指标。在确定了工作产出,设定了关键绩效指标和标准之后,还需要进一步对这些关键绩效指标进行审核。其目的主要是为了确认这些关键绩效指标是否能够全面、客观地反映被评价对象的工作绩效,以及是否适合于评价操作,从而为适时调整工作产出、绩效评价指标和具体标准提供所需信息。

(二)关键绩效指标的作用

(1)关键绩效指标有助于能够明确部门的主要责任,并在此基础上,明确部门人员的绩效衡量指标,以实现定量化或行为化绩效评估。

(2)构建科学有效的关键绩效指标体系是企业绩效管理的核心。关键绩效指标体系可把个人和部门目标与企业总体目标相联系。通过阶段性地对部门或者个人的关键绩效指标进行评估与控制,可使主管引导下属把握正确的目标,并对其创造价值的贡献作出评估。

(3)关键绩效指标是针对对企业目标有增值作用的工作而设计的,其绩效评估激励对战略目标有贡献的行为和努力。

(4)关键绩效指标有助于依据企业战略目标确定部门或个人的绩效目标,重点监测战略实施过程,发现潜在的问题和有待改进的领域,并反馈给有关部门或个人。

(5)基于关键绩效指标的沟通和承诺,企业管理人员和员工就有了共同语言。

(三) 关键绩效指标体系与一般绩效考核体系的区别

关键绩效指标体系与一般绩效考核体系的区别,如表 6-2 所示。

表 6-2　关键绩效指标体系与一般绩效考核体系的区别

	战略导向的 KPI 体系	一般绩效考核体系
假设前提	人们会采取一切必要的行动以达到预期目标	假定人们不会采取行动以实现目标;不清楚应采取什么行动以实现目标;制订与实施战略与一般员工无关
考核的目的	以战略为中心,服务于战略目标	以控制为中心,根据控制需要设计与运用指标体系,更有利于控制个人的行为
指标的产生	在组织内部,对战略目标层层分解产生	根据个人以往的绩效与目标产生
指标的来源	来源于企业战略目标与竞争的需要	来源于特定的程序,即对企业过去行为与绩效的修正
指标的构成和作用	通过财务与非财务指标相结合,兼顾长期与短期收益;推进战略实施	以财务指标为主,非财务指标为辅,注重对过去绩效的评价,且根据过去绩效存在的问题修改绩效指标,绩效改进与战略需要相脱钩,但与个人绩效密切相关

(四) 关键绩效指标的优点

(1) 设立的原理简单明了。原理简单,员工容易理解,以 KPI 为核心的绩效管理实施起来容易为员工所接受。

(2) 目标明确抓住关键。明确清楚的目标为员工确立了以后的努力方向。在实施 KPI 时,考评者抓住了解决问题的主要矛盾,提高了绩效考评的效率,员工把精力和时间放在主要工作上,可以尽快提高工作绩效。

(3) 高度的参与性。在 KPI 考核的实施中,下级不再是被动的执行者,而是成为主动的参与者,满足了员工的自尊需要,有利于发挥员工的积极性和创造力。

(4) 自我控制。KPI 考核的一个优点就是使每一个员工都能控制自己的成就。自我控制意味着更强的激励。它把外部的控制代之以更有效的内部控制。

(5) 鲜明的培养性。根据设置的目标对下级的完成情况进行总结反馈调整,是 KPI 考核中的关键环节,在这一总结反馈的过程中,上级与下级共同探讨需要进行怎样的培训才能实现预期的目标。

(五) 关键绩效指标的缺点

(1) KPI 指标比较难界定。KPI 更多是倾向于定量化的指标,这些定量化的指标是否真正对企业绩效产生关键性的影响,如果没有运用专业化的工具和手段,是很难界定的。

(2) KPI 会使考核者误入机械的考核方式。过分依赖考核指标,而没有考虑人为因素和弹性因素,会产生一些考核上的争端和异议。

(3) KPI 并不是对所有岗位都适用。

四、360 度绩效考核

(一) 360 度绩效考核体系的含义

360 度绩效考核法又称全方位全视角考核法,最早由被誉为"美国力量象征"的典范企业英特尔首先提出并加以实施的。它是指由员工自己、上司、部属、同事甚至顾客等全方位的各个角度来了解个人的绩效:沟通技巧、人际关系、领导能力、行政能力……通过这种理想的绩效评价,被评价者不仅可以从自己、上司、部属、同事甚至顾客处获得多种角度的反馈,也可从这些不同的反馈清楚地知道自己的不足、长处与发展需求,使以后的职业发展更为顺畅。

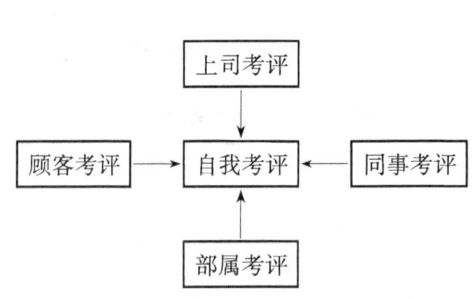

图 6-5　360 度绩效考核示意图

作为一种多源反馈系统,360 度绩效考核有五个数据源,即自己、上司、部属、同事(或者供应商)和顾客。其考核原理在于,不同的评估角度提供独特而有价值的信息,并因此增加个体绩效评估的效度。与传统的上级评价相比,360 度绩效考核体系是通过员工自己、上司、同事、部属、顾客等不同主体来了解其工作绩效的,如图 6-5 所示。它不同于自上而下,由上级主管评定下属的传统方式。

(1) 自我评价。员工根据自己在工作期间的绩效表现评价自己,并据此设定未来的目标。当员工对自己做评价时,通常会降低自我防卫意识,从而了解自己的不足,愿意加强、补充自己尚待开发或不足之处。

(2) 同事的评价。通过同事互评绩效的方式,来达到绩效评价的目的。对一些工作而言,有时上下级相处的时间与沟通机会反而没有下属彼此之间多,这时上司对部属做绩效评价也就非常困难;相反,部属彼此之间由于比较了解,所以他们之间的互评反而能比较客观,而且部属之间的互评,可以让彼此知道自己在人际沟通方面的能力。

(3) 部属的评价。让下属人员参与到对他们的主管的工作绩效评价过程中,这可以使企业的高层管理者对企业的管理风格进行诊断,认识到企业中存在的潜在人事问题,在必要的时候,甚至包括对某些管理人员采取强制措施。这一评价方法也可在对管理人员的技能开发时使用。

(4) 上司的评价。由被评价人员的上司对其工作绩效进行评价,这是大多数工作绩效评价制度的核心。从上司那里获得对部属员工的工作绩效评价相对来说较为容易,并且主管人员对评价内容也较为熟悉。这是因为:第一,直接领导通常处于最佳的位置来观察员工的工作业绩;第二,直接领导对特定的单位负有管理的责任;第三,部属的培训和发展在每一个管理者的工作中也是一个重要环节,并且评价方案和员工发展常常是紧密相连的。

(5) 顾客的评价。顾客的满足与否可能直接和企业经济效益挂钩,所以顾客的评价也是十分重要的,尤其是对从事服务业、销售业的人员特别重要。因为唯有顾客最清楚员工在客户服务关系、行销技巧等方面的表现与态度如何。所以,在类似的相关行业中,在绩效评估的制度上不妨将顾客的评价列入评估系统之中。

目前,国内一些服务业(例如:餐饮业)就常常使用这种绩效评估方式(如评选最佳服务人员)。因为服务人员的服务品质、服务态度唯有顾客最清楚。国内很多知名公司的客户服务部门,就会定期以抽样的方式,请顾客评估该公司客户服务人员的服务成绩。

(二) 360度绩效考核体系的特征

1. 多评价主体

360度绩效考核体系的评价者来自不同层面的群体,有上级、下级、同事、自己和客户。这样,对被评价者的了解更深入、更全面,得到的信息更准确。其原因在于,我们从任何一个方向去观察人作出的判断都难免片面。运用多人、多角度的考核则可以减少个人偏见及评分误差,考核结果更加准确。同时,员工对管理者的直接评价实际上促进了员工参与管理。

2. 基于胜任特征

胜任特征是指能将某一工作中表现优秀者与表现平平者区分开来的个体潜在的深层次特征,它是工作行为设计的依据。这是因为,在绩效考核中,仅仅强调工作产出(结果)的评价是不全面的,因为它实际上并没有涵盖绩效的全部内容,而我们又很难做到将工作行为指标量化。要解决这一问题,我们不可能也没有必要对管理者的工作行为的评价面面俱到,而应抓住关键性的工作行为要素,即把影响绩效表现的深层次的东西揭示出来,这里的界定标准不是合格,而是能区分表现优异者和表现平平者的胜任特征,360度绩效考核体系要素的设计依据就是各职位的胜任特征评价模型。

3. 评估的匿名性

为了保证评估结果的可靠性,减少评价者的顾虑,一般采用匿名的方法,使评价者能够客观地进行评价。另外,通过开放式问题,搜集到很多比较中肯的意见,还要进行专门的评分训练。

4. 多维度考核

许多研究表明,被考核者对自身的了解并不全面,自我知觉通常不是准确的。如何让被考核者心悦诚服地接受负面信息,是人力资源管理者进行管理评价的难点之一。多维度的考核能够帮助个体调整自我知觉、自我评价和行为,增强个体的自我意识,提高自我管理效能。360度考核体系强调及时、客观的反馈,能够促使被评价者正确认识自我,改善行为表现。

5. 促进发展

一般来说,在360度考核的结果反馈中,均设有专门的个人发展计划和指导,这些咨询意见和建议一旦被评价者接受,就能够促进个人的职业生涯发展。同时,360度考核体系还能够增强组织的竞争优势,有助于强化组织的核心价值观,通过加强双向沟通和信息交流,建立更为和谐的工作关系,这样既能增加员工的参与度,也能帮助管理者发现并解决问题,提高组织绩效。

6. 误差小

360度绩效考评的考评者不仅多,而且来自不同层次,考评结果可用统计,甚至集值统计的方法,求取平均值,误差大小可以控制。从统计学角度看出,其结果更加贴近客观实际,可以减少个体引起的主观偏见与偏差,甚至可以使其平均误差趋于零,实得分趋于真实分,有较高的可信度和有效度。

(三)360度绩效考核体系的作用

对员工进行360度绩效考核,可以在以下方面发挥重要作用:

(1)作为一种绩效考核方法,360度绩效考核是绩效控制的手段,通过该考核法的实施,可以掌握员工在完成组织目标中的贡献,对其业绩进行认可和评定,所以它具有激励功能,使员工有成就感、自豪感。

(2)360度绩效考核也是作为员工升迁、调配、惩罚、解雇等的依据之一。因为通过考核可以了解员工对工作的胜任程度和发展潜力,考核结果的兑现和执行,达到提高员工工作效率、改善工作方法、克服不足的目的。

(3)按照按劳取酬的分配原则,360度绩效考核作为对员工论功行赏,制订薪水和发放资金的重要依据,从而增加员工工作的满意度和公平感。

(4)对员工培训、开发的作用。360度绩效考核能从不同角度发现员工的长处与不足,对他们的长处进行保护、发扬;对不足方面进行培训、开发和辅导。

(5)通过实施360度绩效考核方法,可通过面谈或其他渠道,将结果向被考评人反馈,并听取意见和看法,这样就可达到上下级沟通、平行部门沟通和左右同事的沟通,充分了解各方的期望和要求。

（6）作为评价招聘和任用政策的依据，也是人力资源规划、财务预算、工作进度安排、相关政策制订的依据。

（四）360度绩效考核体系的优缺点

1. 360度绩效考核体系的优点

（1）打破传统的由上级考核下属的传统考核制度，进行全面的绩效评价。在实际中，上级真正考察到下属的时间实在太少，平均只有10%左右，而下级的绩效评价大多来自上级的评价。在很多情况下，除了一般具体指标的完成情况之外，上级给下级的评价往往很不充分。上下级之间的私人感情对下级的绩效评价影响较大。重结果轻行为，导致员工不惜代价去追求短期硬指标的实现，而忽视许多更加好的长期指标，而采用360度的绩效考评体系，可以避免传统考核中考核者极容易发生的"光环效应"、"居中趋势"、"偏紧或偏松"、"个人偏见"和"考核盲点"等现象。

（2）信息全面，质量可靠。管理层获得的信息更准确，由于信息来源是多主体的，这些信息是从不同方向、角度和渠道得到，所以，信息来源质量可靠和全面，较为全面的反馈信息有助于被考核者多方面能力的提升。

（3）增加员工的自我发展意识，防止被考核者急功近利的行为。360度绩效考核体系是一个系统工程，一个员工想要影响多个人是困难的。同样，一个员工要想得到一个好的考评结果，单凭自己的考核成绩或一个考核主体的考评结果是不行的，必须要得到上级、下级、同事、客户以及其他相关考核主体的认可才行。

（4）加强团队精神。员工要得到好的评价，必须与上下左右、相关群体搞好关系，加强团队合作，提高工作效率，综合多方反馈意见，才能可以反映出不同考核者对于同一被考核者的综合看法。

2. 360度绩效考核体系的缺点

在实际应用中，企业经常发现360度考核方法效果不佳。原因何在？通过长期研究发现，一个深层的原因是犯了形而上学的错误。因为360度考核方法的本意是让最了解情况的人而不是所有的人来做评价，可是人们往往不分青红皂白地让所有的人来考核所有的考核要素。从这个意义上讲，"360度考核方法不等于360度考核"，因此，360度考核方法，也有其自身的缺点：

（1）被考评者的各类考评人主要由本人提名，有欠公允；个别被考核人的考核人选取缺少广泛性、代表性，不排除有提名与自己关系好的人作为考评人的现象。为此，上级和下级考核人可由人力资源部提名，同事考核人防止被考核人提名与自己关系好的人作为自己的考评人，客户考核人根据机构客户信息库等资料甄选。员工少于10人的部门，其下级考核全部参加，员工较多的部门，可采取随机抽取下级考核人。

（2）各维度的评价标准不够明确，考核人在评价时不太好掌握；应进一步明确考核标准,使考核人更易于在评价时掌握。

(3) 考核成本高。当一个人要对多个同伴进行考核时,时间耗费多,由多人来共同考核所导致的成本上升可能会超过考核所带来的价值。

(4) 成为某些员工发泄私愤的途径。某些员工不正视上司及同事的批评与建议,将工作上的问题上升为个人情绪,利用考核机会"公报私仇"。

(5) 考核培训工作难度大。组织要对所有的员工进行考核制度的培训,因为所有的员工既是考核者又是被考核者。

(6) 由于360度侧重于被考核者各方面的综合考核,属定性考核,缺少定量的业绩考核。

(7) 理解从不同渠道来的评分和信息有时也不容易,因为这些渠道并非总是一致,尽管各种评价在各自立场是正确的,但产生相互冲突的评价是难以避免的。例如,对同一员工的沟通能力问题,上级评为优,下级评为中,而客户评为差,这应该怎么办呢?值得研究。

360度绩效考核涉及的数据和信息比单渠道考核法要多得多,这个优点本身就可能是个问题,因为收集、处理数据,综合各个方面的信息增加了系统的复杂性,花费时间长,运用成本很高。同时,由于有大量的信息要汇总,这种方法有变成机械和追逐文字材料的趋向,即从两人的直接沟通演变成表格和印刷材料的沟通。

本 章 小 结

基于管理者的实践,理论工作者们拓展了绩效的内涵,并在总结绩效评价不足的基础上,提出了"绩效管理"的概念。绩效管理是企业将战略转化为行动的过程,是一个将公司与部门、员工个人目标紧密地联系在一起,运用科学的考核方法,从目标、程序导向到意愿、行为、效果导向,从事前策划到过程的监测,从事后考核到绩效改进的动态过程。

与传统的绩效考核相比,绩效管理是一个完整的管理过程,它侧重于信息沟通与绩效提高,强调事先沟通与承诺,始终伴随管理活动的全过程;而绩效考核则是管理过程中的局部环节和手段,侧重于判断和评估,强调事后的评价,而且仅在特定的时期内出现。但是,绩效管理和绩效考核又是一脉相承、密切相关的。绩效考核作为现代企业管理的核心环节之一,是绩效管理一个不可或缺的组成部分。

针对连锁企业表现出的特殊性,连锁企业在绩效管理过程中存在的问题包括:绩效管理与战略实施相脱节;绩效管理仅仅被视为一种专业技术;绩效管理是人力资源管理者的管理责任;组织绩效、团队绩效、个人绩效之间存在差异;员工追求短期绩效,忽视长期绩效;绩效管理忽视了员工的参与。

绩效管理的实质是一个动态的过程,包括绩效计划、绩效实施与管理、绩效评估、绩效反馈面谈、绩效评估结果的应用五个方面的内容。其中,绩效计划是管理人员与员工共同讨论以确定员工考核期内应该完成哪些工作、达到怎样的绩效水平的过程;成功实施绩效管理要把握全面分析、组织保障、体系设计、注重互动、发挥面谈的关键作用、谨慎处理评估误差、与奖惩制度适配与拓展评估结果应用范围八个关键点;绩效评估是可产生控制及指导一个组织的过程所需信息的一种检查程序,在对员工进行了绩效评估之后,接下来要做的就是将绩效信息反馈给员工,从而帮助他们纠正自己绩效的不足,这就需要进行绩效反馈面谈。绩效反馈面谈是指主管与下属之间共同针对考核所作的面对面的沟通与交流。

管理实践中提高对管理者绩效认识水平的要求促进了管理者绩效评价的研究。随着绩效评价理论与方法的发展和管理者绩效评价实践的不断深入,以及管理实践中新的问题焦点的出现,人们倾向于认为绩效评价方面研究与应用的发展已经相对成熟,常见的企业绩效管理技术有:胜任力模型、平衡计分卡、关键绩效指标、360 度绩效考核等。

思考题

1. 绩效管理与绩效考核的区别与联系有哪些?
2. 简述绩效沟通的功能与意义。
3. 我国连锁企业绩效管理存在哪些问题?
4. 企业绩效管理的流程及各环节的具体作用如何?
5. 评价胜任力模型、平衡计分卡、关键绩效指标、360 度绩效考核的适用情况。

实践应用

为什么设定目标反而导致了矛盾加剧和利润下降

一家制药公司决定在整个公司内实施目标管理。事实上之前在为销售部门制订奖金系统时已经用了这种方法。公司通过对比实际销售额与目标销售额,支付给销售人员相应的奖金。这样销售人员的实际薪资就包括基本工资和一定比例的个人销售奖金两部分。

销售大幅度提上去了,但是却苦了生产部门,它们很难完成交货计划。销售部抱怨生产部不能按时交货。总经理和高级管理层决定为所有部门和个人经理以及关键员工建立一个目标设定流程。为了实施这个新的方法,需要用到绩效评估系统。生产部门的目标包括按时交货和库存成本两个部分。

公司请了咨询顾问指导管理人员设计新的绩效评估系统,并就现有的薪资结构提出改变的建议。公司付给咨询顾问高昂的费用修改基本薪资结构,包括岗位分析和工作描述。还请咨询顾问参与制订奖金系统,该系统与年度目标的实现程度密切相连。咨询顾问指导经理们如何组织目标设定的讨论和绩效回顾流程。总经理期待着很快能够提高业绩。

然而不幸的是,业绩不但没有上升,反而下滑了。部门间的矛盾加剧,尤其是销售部和生产部。生产部埋怨销售部销售预测准确性太差,而销售部埋怨生产部无法按时交货。每个部门都指责其他部门的问题。客户满意度下降,利润也在下滑。

分析:这个案例的问题出在哪里呢?为什么设定目标(并与工资挂钩)反而导致了矛盾加剧和利润下降?

经过仔细分析总结出几个基本问题:

(1) 设定的目标不全面。每个部门只专注于对自己非常重要的几个目标。

(2) 因为这家公司的传统是一年进行一次绩效评估,目标一旦定下来就不能再改变。所以即使发觉有些目标有问题,也不会进行及时修改。

(3) 各部门的目标之间互相没有联系,只是和组织内上下级之间有联系。

(4) 修改后的系统仍然存在定性或主观评估。这就意味着私人关系对绩效评估流程还是有很重要的影响。经理在考核绩效时仍然存在主观因素,经理和下属的关系亲密与否导致了系统的不平等性。

(5) 这可能是最重要的一点,即目标不符合公司扩大市场份额的特定战略。原来的目标只关注销售额和按时交货,但是战略最重要的几个关键面没有得到特别体现。

第七章 连锁企业人力资源薪酬管理

1. 掌握薪酬管理的基本思想,薪酬的功能;
2. 解释有效的薪酬体系如何提升竞争优势;
3. 描述组织如何才能构建公平的薪酬体系;
4. 了解不同的福利方案以及相对应的管理。

【引导案例】

ABC公司薪酬改革中的问题

ABC公司是一家连锁企业,随着业务的迅速发展,企业的经济实力近几年有了很大的提升,为了更好地留住关键岗位的工作人员,同时调动员工们的工作积极性,同时吸引更多的高素质人才进入连锁企业,公司决定在原有的基础上大幅度提升员工的工资待遇。公司修改了原有的薪酬制度,并且按比例提高了所有岗位的薪资。工资总额大大提高了,但是效果并不理想。人才流失的情况没有减少,员工工作的积极性没有明显提高,人才引进缺乏进展。出现这些问题,人力资源部经理感到无颜面对公司董事们。

第一节 连锁企业薪酬概述

一、连锁企业薪酬内涵与功能

在现代社会中,薪酬问题已经不仅仅关系到一个国家的社会经济能否健康发展和社会能否稳步前进,同时还会影响到一个企业的生死存亡和发展的好坏,在企业经营管理中起着十分重要的作用。随着世界经济的迅猛发展,中国的连锁经营企业也发展得很快,由此引发对连锁企业人才需求量日益增加,人才竞争也愈演愈烈,薪酬可以说是人力资源管理的重点研究问题之一,连锁企业常常会因为薪酬管理不够恰当,导致整个企业团体的薪酬体系出现问题。由此可见,薪酬管理在连锁企业人力资源管理中占有举足轻重的地位。

(一) 什么是薪酬

"薪酬"这个词,最早源自西方,一般认为是由"Compensation"翻译而来,是市场经济体制下一个十分重要的概念,它是指雇员由于就业所得到的各种货币与实物报酬的总和。所谓薪酬是指员工从事企业所需要的劳动,而得到的以货币形式和非货币形式所表现的补偿,是企业支付给员工的劳动报酬。与传统的工资概念所不同的是,薪酬还包含了非货币形式的报酬。

从本质上讲,薪酬是一种公平的交换或交易。连锁企业根据员工劳动合同的规定,对员工为企业所提供的贡献以及根据工龄、知识、技能和工作表现等支付给员工相应的报酬。作为一种交换或者交易,它必须服从市场的交换或交易规律。否则,这种交换关系不可能长久地持续下去。一方面,一旦企业表示不满,那么员工将面临被解雇的威胁;另一方面,一旦员工不满,那么企业将要失去这份人力资源,无论前者还是后者,这种交换关系或者交易都将要终止。如果员工对这种交换表示满意,那么他会倾力付出,会有良好的工作表现。这是企业对人力资本的投入取得的最好的回报,并能保证企业的持续发展。因此,雇主与雇员间存在着既合作又冲突的关系,而薪酬作为双方一个很重要的筹码,在吸引、留住、激励人力资源方面发挥着重要和持久的作用。

(二) 薪酬功能

薪酬功能可从员工、企业和政府三个视角分析。

1. 薪酬功能的员工视角

薪酬对于员工的重要性主要体现在经济保障功能、心理激励功能以及价值实现功能三大方面。

(1) 经济保障功能。从经济学的角度来说,薪酬实际上就是劳动力这种生产要素的价格,其作用就在于通过市场将劳动力尤其是具有一定知识、技能和经验的稀缺人力资源配制到各种不同的用途上去。员工薪酬水平的高低对于员工及其家庭的生存状态和生活方式所产生的影响是非常大的。

(2) 心理激励功能。从心理学的角度来说,薪酬是个人和组织之间的一种心理契约,这种契约通过员工对于薪酬状况的感知而影响员工的工作行为、工作态度以及工作绩效。从激励的角度来说,员工较高层次的薪酬需求得到满足的程度越高,则薪酬对员工的激励作用越大。反之,如果员工的薪酬需要得不到满足,则很可能会产生消极怠工、工作效率低下、人际关系紧张、缺勤率和离职率上升、组织凝聚力和员工对组织的忠诚度下降等多种不良后果。

(3) 价值实现功能。薪酬是员工工作业绩的显示器,是对员工工作业绩、综合素质、能力的认可和回报,是个人价值实现的重要信号。薪酬水平的高低反映了员工在组织中的地位和作用。薪酬不仅仅能从物质上保障员工的生存需要,而且还有利于增强员工对组织的信任感和归属感。

2. 薪酬功能的企业视角

对于企业而言,薪酬的功能主要表现在以下几个方面:

(1) 控制经营成本。由于企业所支付的薪酬水平高低会影响到企业在劳动力市场上的竞争能力,因此,企业保持一种相对较高的薪酬水平对于企业吸引和保留员工来说无疑是有利的。但是,较高的薪酬水平又会对企业产生成本上的压力,从而对企业在产品市场上的竞争产生不利影响。因此,有效地控制薪酬成本支出对于大多数企业的成功经营具有重大意义。

(2) 改善经营绩效。薪酬实际上是企业向员工传递的一种特别强烈的信号。通过这种信号,企业可以让员工了解,什么样的行为、态度以及业绩是受到鼓励的,是对连锁企业有贡献的,从而引导员工的工作行为和工作态度以及最终的绩效朝着企业期望的方向发展。如何通过充分利用薪酬利器来改善企业经营绩效,是连锁企业薪酬管理的一个重大课题。

(3) 塑造和强化企业文化。薪酬会对员工的工作行为和态度发生很强的引导作用。因此,合理的和富有激励性的薪酬制度会有助于连锁企业塑造良好的企业文化,或者是对已经存在的企业文化起到积极的强化作用;但是,如果连锁企业的薪酬政策与企业文化或价值观之间存在冲突,则它会对企业文化和企业价值观产生严重的消极影响,甚至导致原有的企业文化土崩瓦解。

3. 薪酬功能的社会视角

薪酬除了对员工个人和连锁企业具有重大意义之外,它对于整个社会具有独特的作用。世界各国的国民生产总值中,大约有60%的部分是以薪酬的形势体现出来的。因此,薪酬水平的高低会直接影响到国民经济发展水平的重要指标。合理的薪酬不仅可以满足人们的多种需要,不断提高人民的生活质量,而且有利于经济社会的平等与效率的提高。一旦薪酬的分配不合理,它所提供的保障功能不足,则可能引发社会动荡,带来许多社会问题。

(1) 薪酬是劳动力市场的价格信号。作为要素市场之一的劳动力市场是政府主要干预的场所。

(2) 薪酬是宏观经济运行的参考因素。薪酬是连锁企业成本的重要组成部分,同时它也会对区域经济发展、产品市场及国际贸易等产生重要的影响,因此,需要宏观政策的调节。

(3) 薪酬是衡量社会公平的标准。薪酬是社会公平的指示器。通过薪酬的变动,可以发现不同社会层面、社会群体的收入变动与收入公平问题。

(4) 薪酬是财政支出的重要组成部分。政府本身也发生雇佣关系,政府的公务员、公共管理部门及国有企业管理的收入等也属于薪酬管理的范畴,并构成政府财政支出的重要组成部分之一。

二、我国连锁企业薪酬管理影响因素

(一) 影响连锁企业薪酬水平的因素

确定影响连锁企业薪酬水平的因素是决定连锁企业薪酬水平的重要依据,是确定连锁企业薪酬水平的主要前提。连锁企业的薪酬水平指的是连锁企业在某一段特定的时期、特定的地域范围内所拥有的员工平均薪酬高低的程度。

连锁企业薪酬水平可以用以下公式表示:$L = T/N$ ($N=1, 2, 3, \cdots$)

其中,L 表示企业薪酬水平;T 表示企业薪酬总额;N 表示企业在职员工总人数。

由以上公式可以得出以下结论,即影响我国连锁企业薪酬水平的要素主要包括两个方面:一是连锁企业的薪酬总额;二是连锁企业的在业员工总人数。根据公式进行推算,连锁企业的管理人员可以通过改变以上两个因素来最终达到提高或者降低连锁企业的总体薪酬水平的目的。但是这两个因素并不是可以通过人为改变就可以达到的。下面介绍一些影响企业薪酬水平的主要因素。

1. 企业经营理念

企业理念是企业在持续经营和长期发展过程中,继承企业优良传统,适应时代要求,由企业家积极倡导,全体员工自觉实践,从而形成的代表企业信念、激发企业活力、推动企业生产经营的团体精神和行为规范。按照不同层次划分为精神文化型和组织制度型两类。

精神文化型的企业理念,是指那些由思想、观念、心理等因素经长期的相互渗透、影响而逐步形成的一种内含于企业生产经营中的主导意识。精神文化型的企业理念表现为群体的理想、信念、价值观、道德标准、心理等方面,它一旦形成,则不易发生变化,具有相当长的延续性和结构稳定性。精神文化型的企业理念代表了企业理念的深层结构,它是企业理念的真正核心,代表企业理念的最基本的精神含义。

组织制度型的企业理念是企业理念的表层结构,一般是指企业家根据企业特性,经过概括,总结为具体的事业原则、行为规范、思维模式。这种组织制度型的企业理念对企业员工的行为具有规范划一的特点,因此,相对于精神文化型的企业理念,组织制度型的企业理念较为严谨,对员工有压力。同时,又因为是表层结构,所以,相对于精神文化型的企业理念,组织制度型的企业理念变化较快。

近年来,企业管理理念的创新带动了管理方法和方式的更新,出现了新的管理系统,即薪酬系统,薪酬系统在企业管理中占有很大的比例,将企业管理理念以复杂的结构、周密的计划和定量的分析等手段进行管理。这的确是一个将复杂转变成简单的系统,它用熟悉把握市场的薪酬管理理念将其与企业管理理念结合起来。

企业的管理理念能够直接影响到该企业的薪酬总额,决定该企业薪酬水平的直接因素。我国连锁企业根据外部竞争、内部激励的考虑和组织的用人需求,决策层在薪酬方面会产生成为同行业"领导者"或者"追随者"的意向。相应的,自身所在企业的薪酬水平会高于市场薪酬水平或者与市场薪酬水平持平。

2. 企业的发展阶段和发展战略

我国连锁企业生命周期有初始、成长、成熟和衰退四个阶段。处于不同生命周期阶段的该类企业具有不同的发展目标和经营战略,需要有不同的薪酬水平来适应和支持企业的战略实施,激励的重点也会有所不同。

3. 企业的支付能力

中国连锁企业经济效益的好坏直接影响到该企业薪酬总额的多少,在市场经济条件下,它是决定企业薪酬水平及其变动的最重要的因素。该类企业之间销售额的不同,必然反映在企业薪酬水平的差距上,因为企业的经济效益最终决定着企业支付报酬的能力。该类企业经济效益不仅决定了企业薪酬水平,也决定了企业内部各员工之间的薪酬水平差异,特别是非基本薪酬部分,因为员工的绩效薪酬、津贴等非基本薪酬形式与企业效益密切联系。

4. 员工的配置

在一定时期内,企业员工的数量配置,与其薪酬水平之间,是一种此消彼长的替代关系。薪酬是企业总成本的一个组成部分,而在短期内销售额一定的情况下,决定了该类企业的薪酬总额变动不大。这样,该类企业员工人数越多,则企业薪酬水平越低。

5. 劳动力市场的供求状况

同属连锁行业由于其销售商品不同,劳动力的供求状况是不一样的,并且在短期内销售不同商品的连锁业的劳动者也不易转移,这就决定了劳动力供大于求的,可以用更低的薪酬水平就能吸引到需要的员工;劳动力供小于求的,则必须以更高的薪酬水平来吸引企业所需要的员工。从而劳动力市场的供求状况影响到中国连锁企业薪酬水平的高低程度。比如,目前家居建材连锁业的人才相对短缺,而连锁百货业人才相对会多一些,因此虽同属连锁业但薪酬水平可能不同。

6. 地区差异

地区差异是中国连锁企业在制订薪酬水平时重点要考虑的,这也是中国连锁企业薪酬管理的一大特点,不同地区的分支机构应该采用不同的薪酬水平,甚至采用不同的薪酬管理模式。地区差异也决定了中国连锁企业薪酬管理的复杂性。地区的经济发展水平、物价水平以及政策差异,直接影响中国连锁企业薪酬水平。如果中国连锁企业管理者在确定本企业薪酬水平时,不考虑该地区的薪酬情况,过高或过低都会出现问题,过高不仅会引起同行业其他企业的不满,而且企业人工成本加大,人工成本与当地的经济发展水平及购买力不符,过低就会引起员工的不满和外流。如果未来中国连锁企业在国外开店,这种地区差异更为突显,更应该考虑同一企业同一职位人员不同地区采用不同薪酬水平或者薪酬管理模式的做法。值得一提的是,支付的币种也将影响到薪酬水平,因为各种币种汇率的变化必然会影响到员工收入的多少。例如,有可能由于汇率变化,用1万元人民币换算出的美元支付薪酬的标准不如直接用1万元人民币支付收入的多。

分析可见,影响中国连锁企业薪酬水平的因素很多,有企业内部因素,也有企业外部因素;有企业可控因素,也有企业不可控因素。企业在确定薪酬水平时,主要考虑的因素应该是企业自身的支付能力、企业发展阶段和发展战略与同一地区同行业的平均薪酬水平,这样可以将企业薪酬水平分为三种基本模式:第一,本企业薪酬水平低于平均薪酬水平的薪酬水平滞后模式;第二,本企业薪酬水平与平均薪酬水平持平的薪酬水平持平模式;第三,本企业薪酬水平高于市场平均薪酬水平的薪酬水平领先模式。

(二)影响连锁企业员工薪酬水平的因素

员工薪酬水平是一个强调企业内部员工个体的薪酬高低程度的概念,与中国连锁企业薪酬水平既有联系又有区别,它的相对高低主要是和企业内部员工薪酬水平的比较,而该类企业薪酬水平高低是和其他企业薪酬水平的比较。该类企业员工薪酬水平的确定是企业薪酬管理的主要内容,体现企业内部薪酬分配的公平性。其影响因素主要如下。

1. 工作性质和工作环境

劳动本身存在着质和量的差别,存在着不同的劳动社会形式(如个人劳动和协作劳动的组合方式),这就决定了员工承担的责任和风险不相同。另外,不良工作条件和工作环境会对劳动者产生一些诸如劳累、紧张、枯燥、疲倦、痛苦和危险等生理和心理影响,连锁企业在决定员工薪酬水平时也会对这些工作岗位进行必要的补偿,并由此产生与其他岗位员工在薪酬水平上的不同。

2. 员工个人因素

员工工作努力程度和表现、资历、技能、工作年限影响着员工的薪酬水平。员工的薪酬水平直接与员工个人的工作表现相关。通常资历高的员工比资历低的员工的薪酬水平要高,这主要的原因是要补偿员工在学习技术时所耗费的时间、体能、金钱和机会,甚至是心理上的压力等直接成本,以及因学习而减少收入所造成的机会成本,而且还带有激励作用,即促进员工愿意不断地学习新技术,提高生产力水平。为了补偿员工过去的投资并减少人员流动,稳定员工队伍,降低流动成本的作用,工龄长的员工薪酬水平通常要高一些。

3. 薪酬分配和支付形式

薪酬分配形式也影响员工的薪酬水平及其变动,如销售商品时按销售数量计算薪酬比计时薪酬更能促进销售,因为它把劳动报酬和劳动成果直接联系在一起,比较适用于机械化程度不高,但与劳动者主观努力程度结合比较密切的工作。在按销售数量支付薪酬形式下,一些个人劳动能力强、劳动成果多的员工,可以得到较高的劳动报酬。目前,各种形式的绩效工资又开始取代按照销售数量计薪,成为新的主要工资形式。各种薪酬要素的配合,或者称薪酬分配结构,也决定薪酬水平的高低。例如,基本薪酬、奖励薪酬以及附加薪酬所占的比重不同,决定了中国连锁企业员工之间的收入差距。此外,员工薪酬的支付形式,如现金还是非现金支付,现期支付还是延期支付,都会对当期员工薪酬水平产生影响。

4. 企业文化

企业文化也会在一定程度上影响该类企业员工的薪酬水平,比如有的企业推崇个人英雄主义,员工薪酬水平的差异就很大;如果提倡的是集体主义,薪酬水平的差异就会较小。

三、连锁企业薪酬管理的误区

经过长期的发展,我国连锁企业实现了规模化的发展,但是由于我国连锁企业在人力资源管理方面经验的积累时间很短,再加之该类企业对这方面的管理工作重视程度不够,人力资源管理的基础性工作缺陷严重,该类企业薪酬矛盾越来越突出。目前,我国连锁企业在薪酬管理方面还存在许多问题,主要表现在以下几个方面。

1. 缺少规范的与企业战略相匹配的薪酬体系

工资制度内工资等级差别很小,不能体现职位的价值和工作绩效的差别。差距只在单位与单位之间,行业与行业之间,有单位工资、行业工资,而没有职位工资。没有正常的升级和降级,工资调整随意性很大,是运动性管理,没有制度。没有科学考核制度,薪酬与考核结果和晋升缺乏联系。薪酬调查数据有用但不科学,没有科学的市场薪酬。

2. 组织结构滞后,岗位不明晰,导致升职加薪不科学

近年连锁商业企业发展速度很快,但大多数企业发展表现在规模上的扩张,管

理上往往无法同步。由于缺少科学、客观的评价标准,职位界定不清晰,岗位说明流于形式。升职与加薪基本上靠各管理者主观掌握,裙带关系盛行。岗位不明确导致各人责、权、利的不对等,从而也使内部薪酬严重失衡,使薪酬矛盾加剧。

3. 论资排辈的加薪

将工龄直接作为一个重要考虑因素,无论员工的绩效如何,在新的一个加薪年度必将有一定幅度的收入增长,这意味着那些工作期限长的雇员的收入相对较多,收入增长幅度也随之较大较快地增加。

4. 不同地区的分支机构的薪酬水平差异难平衡

国内很多大型的连锁公司往往在各地都有连锁店,有的还在海外设有连锁店,甚至在同一个地区设有不同级别的连锁店,如果没有统一的薪酬体制往往导致不同地区的员工的薪酬管理制度比较混乱。许多公司都没有经过科学、系统的薪酬专项调查,薪酬的确定往往仅是依据企业高层的主观判断,这样势必造成了薪酬体系既缺乏集团管理的统一性,又缺乏适应当地情况的特殊性。

5. 认为高工资一定可以吸引并留住人才

很多企业包括我国的连锁业的经营管理者深信"重赏之下必有勇夫"这句古训,认为只要支付了足够的薪水,会很容易招聘到一流的员工,员工也不会轻易离职,错误地认为"有钱能使鬼推磨"、"金钱是万能的",所以,在将员工薪酬视为企业的纯成本的同时,也迷信高工资一定可以吸引并留住一切人才。然而,近些年来连锁业较高的员工离职率证明了企业的薪酬绩效不仅在于支付薪酬的高低,更在于薪酬支付的方式和艺术。高薪的确能吸引一部分人才,但它并不能吸引企业所需的所有人才,而且也不一定能留住人才。

第二节 连锁企业薪酬体系设计

连锁企业薪酬体系设计需考虑多方面因素(见图7-1)。薪酬体系是指薪酬的构成,即一个人的工作报酬由几个部分构成。根据员工所从事的工作贡献、员工的技能水平、具备的能力或任职资格,形成不同岗位之间和绩效之间的差异工资体系,如基本工资、补充工资制度和福利制度等。

一、基于胜任能力的薪酬体系

能力是一个综合性的概念,员工要具备岗位所要求的不同能力要求,包括:团队工作能力、计划和组织能力、解决问题的能力、以顾客为中心的工作能力、领导能力、建立关系的能力、分析问题的能力和具有业务认知的能力等。也有的连锁企业

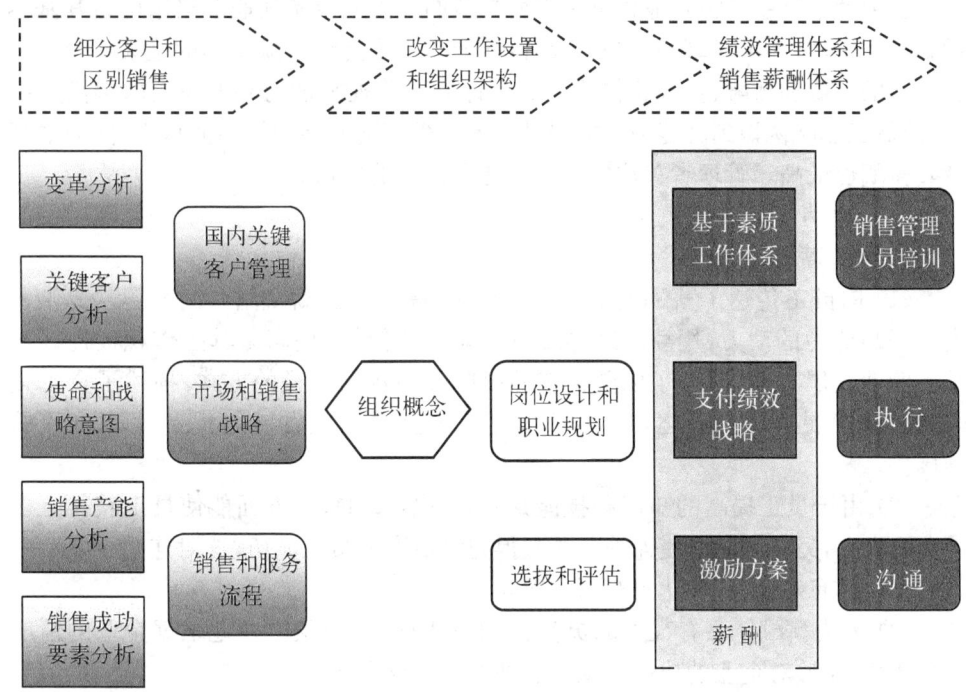

图 7-1 企业薪酬体系

根据总战略需要提出自己的能力标准,例如通用电器公司对最高管理层制订了四个核心能力标准,成为"4E":精力旺盛(Energy),有锐气(Edge),能鼓舞士气(Energize),实践(Execute)的能力。

就设计胜任能力薪酬体系而言,能力是知识、技能、自我认知、人格特征和动机这五大要素以及其他个人特性的总称。这些能力要素对企业而言是指那些能够增加价值以及预测未来成功的要素;能力与工作绩效有关,是一种绩效行为能力,不是指广泛意义上的能力。为了在实践中操作方便,能力的定义应可操作和可测量。

(一)正确认识能力薪酬体系

在激烈的竞争环境下,连锁企业需要提高核心竞争力的支撑能力,而核心竞争力最终体现在连锁企业人力资本的核心知识、技能和专长上。在这种背景之下,强化能力成为连锁企业实现价值的一个重要途径,薪酬体系要重点激励那些掌握连锁企业核心竞争力所要求的知识和技能的员工,这成为连锁企业设计薪酬体系应遵循的原则。作为新生事物,基于能力的薪酬设计方案正显示出越来越强的生命力,能力薪酬随着竞争力的要求已经成为企业关注的焦点,其对企业的发展起到非常重要的作用。

能力薪酬体系是指企业根据员工所具备的能力或者是任职资格来确定其基本的薪酬水平,对人不对事,其中基于岗位的能力占了岗位薪酬总额的绝大部分。员工能力的高低和薪酬、晋升相挂钩。其设计假设前提是能力高的一定取得高的绩效,使员工能够认识到高能力会取得高绩效。薪酬随着能力提高而提高,能力最高者其薪酬也最高。管理者关注的是员工能力价值的增值。

(二) 能力薪酬的优缺点

1. 能力薪酬体系的优点

(1) 向员工传达了薪酬增长的可能性,提高了员工薪酬增长的期望。提供了员工提高能力的动力,用薪酬来体现员工能力的价值,提高了其工作积极性。在员工职业发展方面,改变了以前传统的以职务为晋升途径的方式,描述了员工整个的职业发展通道。总之,实现了真正意义上的个人发展与提高薪酬过程的链接。

(2) 由于员工提高的知识和技能是企业所需要的,一方面能使员工获得更多的发展机会,另一方面能使连锁企业获得充满活力的员工队伍,这对连锁企业和个人的发展都有好处,可以达到双赢的效果。

(3) 能力薪酬体系有很大的灵活性和适用性,可以很方便地根据企业的情况进行调整,能够对企业的战略和发展起到有力的支撑作用。

(4) 能力薪酬体系复合薪酬设计的公平性原则,能有效满足员工的责任感和满意度,从而提高其工作绩效。

2. 能力薪酬体系的局限性

能力薪酬体系会出现一些弊端和局限性,主要表现在以下几个方面:

(1) 员工着眼于提高自身能力,可能会忽视组织的整体需要和当前工作目标的完成。

(2) 员工能力高不代表一定能产出高绩效,企业要承担为能力付酬却未获得所需绩效的风险。

(3) 在如何与绩效相结合以及建立员工能力素质模型方面存在着困难。由于能力界定很困难,因此需要建立一套能力模型并据此制订一套新的薪酬方案。但即使是这样,仍有可能失之偏颇,无法满足连锁企业的期望。另外,连锁企业对能力标准的判断往往容易主观化、间接化、简单化、流于形式和缺乏量化,不一定能真正反映员工能力的大小。

(4) 能力薪酬体系需要培训体系的支持,需要为员工提供足够的培训机会,这就会造成企业培训成本的增加。

企业只有充分认识到这种薪酬模式可能带来的弊端,才可能避免出现问题,从而设计出更加合理、更加完善的能力薪酬体系。

(三)能力薪酬体系设计的一般流程

1. 做好能力薪酬设计的准备工作

连锁企业在进行能力薪酬设计,特别是进行薪酬变革前要注意做好以下准备工作:

(1) 转变经营管理思想。首先,应对能力薪酬体系设计和实施过程中的困难有所准备。在实行能力薪酬体系的各个阶段都会遇到困难。废除旧的薪酬体系,引入能力薪酬体系,这种变化通常会否定长期存在的惯例,会触动一部分人的利益,从而引起这部分人的强烈反对。这就要求设计的能力薪酬体系必须让员工感到是公平的。其次,需要和员工进行认真的沟通,给员工解释实行能力薪酬体系的理由和原因,向员工传达他们必须作出什么努力才能增加其薪酬等。连锁企业应当做好这些前期准备工作,以有效地减少实施能力薪酬体系的阻力。

(2) 变革企业文化。能力薪酬体系成功实施需要连锁企业逐渐建立起基于能力的企业文化。在基于能力的企业文化之下,企业强调人的能力大小差异很大,这种能力的差异导致人们在连锁企业中的不同分工和待遇,员工应为自己的职业发展而努力工作,并且积极营造出使员工全身心投入工作、迎接挑战并积极工作的氛围。要着力塑造能够激发员工自豪感和忠诚度的文化理念,让员工自愿为企业目标改变自我,把文化建设目标直接定位于培养员工能力的文化氛围,放弃其他不相关目标。

2. 五步走打造能力薪酬体系

能力薪酬体系设计一般可以分为以下五个步骤(见图7-2):

第一,从连锁企业宗旨和价值观中得出连锁企业应当具备什么核心竞争力;

第二,分析员工应当具备什么核心知识、技能和专长,从而确定哪些能力是连锁企业发展所需要的,值得企业付出相应的报酬;

第三,对每个岗位的任职能力进行分级,形成能力区间,在每个区间对任职能力进行区分,下限能力规定为完成一项工作所必需的能力要求,而最高的职位能力则规定为会产生优秀绩效的能力要求,用能力区间检验这些能力是否能够使员工绩效突出;

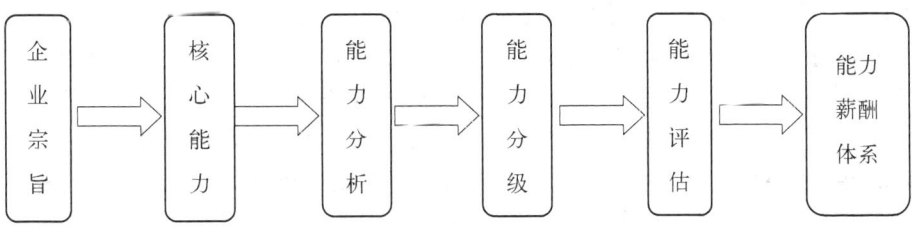

图7-2 能力薪酬体系的设计流程

第四,在此基础上,依据能力要求,评估员工能力,给予合理的薪酬水平;

第五,通过对核心能力进行分析、分级和评价,以形成基于能力的薪酬体系。

二、基于绩效的薪酬体系设计

绩效薪酬的本质就是对员工薪酬的控制。从实际运作情况来看,绩效工资随员工业绩的变化而变化,控制薪酬的目标可以从两个方面实现:一是员工只有实现了既定的任务,才能得到变动薪酬的部分,也就是说员工必须自己赚得变动薪酬;二是激励员工投入更多,产出更高。

(一)绩效薪酬的优缺点

1. 绩效薪酬的优点

(1)个人层面,绩效薪酬将奖励和员工绩效紧密连接起来,使得连锁企业的薪酬支付更加具有客观性和公正性。

(2)组织层面,将绩效和薪酬相结合能够有效提高生产效率,并使得薪酬更加具有市场竞争性。同时,由于它将人工成本区分为可变和固定两个部分,所以有利于减轻组织的成本压力。

绩效薪酬的优点体现在提高生产效率、加强团队建设、保持薪酬灵活性、改善产品质量、提高员工的参与度、改善客户服务质量、提高利润、降低薪酬成本、提高股东回报率、提高员工的主动性等方面,而这些原因也可认为是绩效薪酬的优点所在。

2. 绩效薪酬的确定分析

对绩效薪酬制度产生疑虑的原因,最根本的问题在于这一制度往往着眼于个人绩效和个人奖励。在企业实践中,这种以绩效为基础的薪酬制度往往存在以下缺点:

(1)在绩效标准不公正情况下,很难做到科学并准确。绩效薪酬体系的设计和管理要求有一个严密、精准的绩效评价系统。但在实际运作中,绩效评价很难做到科学并准确,往往流于形式。在中国,由于人力资源管理理论、技术与方法引入管理实践的时间较短,绩效评价中的人为因素仍然是影响绩效评价准确性的重要原因,以此为基础的绩效薪酬实施结果不够理想也是必然的。

(2)过分强调个人绩效回报,对连锁企业的团队合作精神产生不利影响。在组织实现一定的绩效目标时,其绩效奖金总额通常是一个固定值,员工所能分享到的份额不仅取决于个人绩效,而且取决于其绩效在组织中的相对水平。因此,绩效薪酬制度这种对以自我为中心的个人努力进行奖励的做法,往往会造成在需要员工进行团队合作的时候却出现了员工之间的过度竞争,从而影响了组织整体目标的实现。

（3）刺激高绩效员工与实际收入相背离的现象，难以确定提高绩效所需要的薪酬水平。努力与绩效相联系的标准往往无法实现。绩效薪酬制度是以努力与绩效相联系、绩效与薪酬相联系为假设前提的，但现实情况下，这一假设往往无法成立，主要原因是员工很难控制自己的绩效水平。

（4）破坏心理契约，诱发多种矛盾。绩效奖励计划实际上是一种工作加速器，有时员工收入的增加会导致连锁企业出台更为苛刻的产出标准，这样既会破坏组织和员工之间的心理契约，增加管理层和员工之间产生摩擦的机会，也会造成优秀员工和普通员工之间的摩擦。

（二）实施绩效薪酬之前应开展的两项工作

1. 分析绩效薪酬的适用条件

根据期望理论、公平理论及其他激励理论，我们可以将绩效薪酬发挥作用的条件总结为以下八个方面：

（1）员工能高水平地完成工作，这预示着要考察员工有没有出色表现的潜力。

（2）员工相信，如果他付出努力（期望），就能出色完成工作。即使个人具备一定的能力，如果他本人没有认识到这种能力，他也不可能有出色的表现。

（3）员工能认识到出色业绩（手段）和金钱之间的关系，相信他们将因出色表现而获得回报。如果员工认为薪酬与业绩无关，则绩效薪酬不能产生相应的效果。

（4）个人视金钱为一种回报。尽管金钱能满足员工的众多需求，但是，在不同的员工结构和环境条件下，员工的需求会产生较大的差异，因此，确认需求结构及特殊需求（尤其是金钱）的重要性就非常关键。

（5）工作绩效能产生差异，主要强调员工具有一定程度上控制自己产出的能力，而不是完全由个人不可控因素决定个人绩效。

（6）绩效能够被测量，测量的结果也是可靠的。

（7）员工必须相信程序是公平的，他们必须感受到程序的公正。程序公正的感觉决定了员工对结果是否认同的问题。

（8）能够识别工作结果是个人贡献还是团体贡献。

2. 掌握绩效薪酬基本分析框架

绩效薪酬能否起到控制薪酬的作用，取决于诸多因素，这正是人们对绩效薪酬的实际作用褒贬不一的主要原因。根据赫尼曼提出的绩效薪酬框架图（如图7-3所示），我们能够清晰地看出绩效薪酬运用过程中的各种影响因素，同时也体现了绩效薪酬运用的复杂程度，这或许就是绩效薪酬在不同情况下所起的效果产生差异的原因。

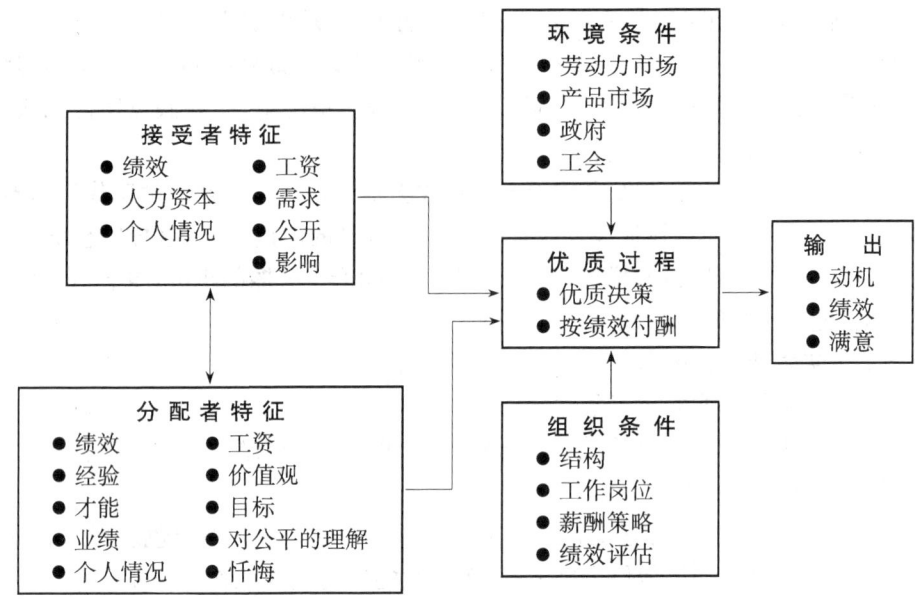

图7-3 赫尼曼绩效薪酬框架图

三、基于市场因素的薪酬体系

基于市场因素的薪酬体系指的是通过市场调查,了解相关行业薪酬状况,结合自身企业的实际状况制订薪酬体系的设计方法。薪酬市场的调查一般分为如图7-4所示的几个环节。

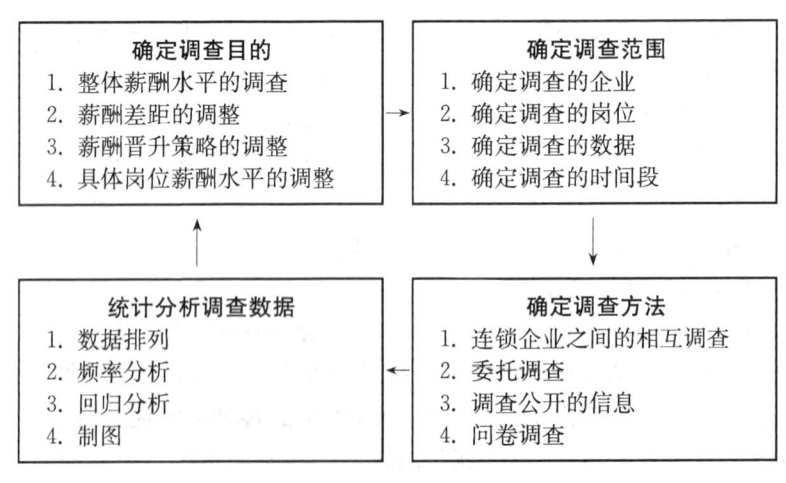

图7-4 薪酬市场调查

四、基于职位价值的薪酬体系

基于职位的薪酬设计所隐含的逻辑基础是,连锁企业根据职位的相对价值给员工支付报酬。这就要求我们对职位进行合理的评估。而要对职位进行评估,就必须先解决两个基本问题:

第一,该职位主要的工作任务是什么?

第二,员工要胜任该职位需要具备什么样的能力?

只有先弄清了职位要做什么以及需要什么样的人来做,才能在信赖的基础上量化职位价值。而要科学地解决上述两个问题,就必须进行工作分析。

职位评价为薪酬体系的内部公平打下了很好的基础,但单凭这个还不够。要是立一个科学的薪酬体系,我们还要进行外部薪酬调查,使公司的薪酬水平在市场上具有足够的竞争能力。

基于职位的薪酬体系设计的基本框架如图7-5所示。

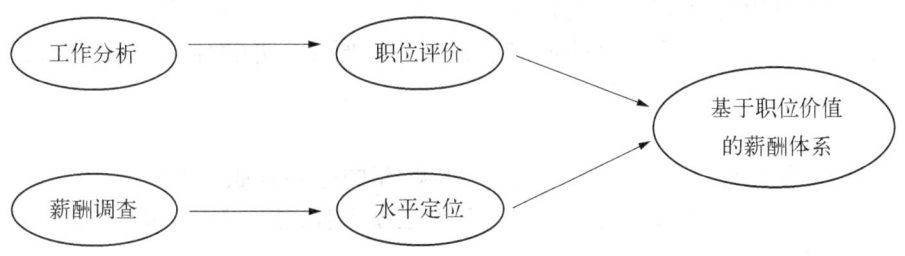

图7-5 基于职位价值的薪酬体系设计

(一) 工作分析

工作分析也称职位分析,指的是了解、获取与工作有关的信息并且以一种格式把这种信息描述出来,从而使其他人能了解这种工作的过程。它所要回答的主要是以下两个问题:

第一,该职位应该做什么?怎么做?为什么要做?

第二,什么样的人来做该职位最合适的?

工作分析的主要目的是通过系统的分析,将组织中的任务进行组合,使之形成工作。在工作分析的过程中,应当怎样做才能对任务的组合最优呢?

(1) 基于战略原则。在工作分析中,特别是在归并职责和任务到一个职位、确定任职资格和考虑考核要素的过程中,一定要基于组织的整体战略。从企业的战略出发,很容易得出什么职责对企业的价值意义大,什么样的要素技能对于组织是稀缺的。

(2) 系统性原则。一个组织在运行的过程中,必然会有大量的任务和职责需要员工去履行,而在这些众多的职责和任务中,必定会有一些任务有内在的系统性。做工作分析的目的,就是通过工作分析,去寻找任务和职责者的内在的关系,并将其自然地归入一个有内在联系的系统中而形成职位。

(3) 专业化原则。这一原则和系统性原则不可分割,但是将其单列出来,目的就是要强调专业分工。

(4) 全面性原则。在工作分析中,虽然不可能完全准确地预见和囊括组织未来的任务,但是对于组织现有的任务和职责,则一定要将其归并到适当的职位中去。

(5) 能力原则。能力原则解决的是在工作分析的过程中,如何确定一个职位担当的任务和职责的数量,即一个职位到底应当承担多少任务?从成本的角度讲,当然希望一个职位的任务越多越好,但是这也有一个限度,就是要让在这个职位上的员工经过努力能够完成。

(6) 权责对等原则。对某个职位,如果我们要其履行相应的责任,就应该赋予其相应的履行职责的权利,反之亦然。

此外,还包括基于显示的原则、效率改进原则、明确性原则以及激励性原则。

(二) 职位评价

职位评价是指组织基于职位分析的结果,系统地确定职位之间的相对价值从而为组织建立一个职位结构的过程,它是以工作内容、技能要求、对组织的贡献以及外部市场等为综合依据的。

职位评价的主要步骤如图 7-6 所示。

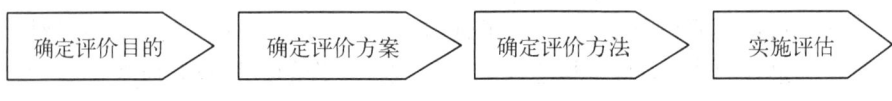

图 7-6 职位评价的主要步骤

(三) 薪酬调查

1. 薪酬调查的定义

薪酬调查的目的是为了了解处于特定行业、地理区域或职能类别的职位的外部薪酬水平。在有些情况下,市场薪酬调查所发挥的作用比组织内部进行的职位评价更大。例如,一些市场稀缺的人才,其薪酬水平可能远远偏离它在组织内部相应的位置。

薪酬调查还能使连锁企业了解竞争对手的薪酬策略,增强企业薪酬决策中的针对性。

2. 薪酬调查的方法选择

对一个组织来说,薪酬调查一般有两种方法:一种是自行组织;另一种是把自己的需求提交给外部专门的薪酬调查公司,委托它们代为完成。

是自己开发薪酬调查方案进行调查还是利用专业的调查公司进行薪酬调查,主要应权衡这两者的优缺点。自己进行调查可以节省成本,并且调查结果可能更符合企业的要求。但是可能对调查技术不够了解,而且有窃取对手秘密的嫌疑,难以获取详尽的信息,并有可能高估市场的工资率。请专业公司进行调查无论是在技术上还是在减弱竞争对手的保密程度上都具有优势,并且在一定程度上避免浮夸。但是所花费的成本比较大,所得到的调查结果可能不太符合连锁企业的实际需求,并且会担心本企业内部的信息被泄露。

(四)薪酬水平定位

薪酬水平指的是连锁企业支付给不同职位的平均薪酬。薪酬水平决策对组织的总费用会产生重大影响。在其他条件相同的情况下,薪酬水平越高,劳动力成本越高。但有些企业认为支付高薪可以从更有效率的员工那里得到弥补。高薪可能使员工很少跳槽,从而降低招聘和培训成本。

第三节 连锁企业福利与社会保险

一、连锁企业福利

(一)连锁企业的福利内容

福利是连锁企业为全体员工举办的集体生活设施、文化福利设施以及各项补贴制度的总称,是连锁企业向员工及家属提供的工资、奖金以外的货币、实物以及劳务服务等。福利对于方便员工生活、减轻员工的负担、解决员工生活困难、提高员工物质文化生活、促进连锁企业发展有着重要的意义。

员工福利享受的对象为在职员工。福利的内容与种类如下。

1. 公共性福利

公共性福利也称法定社会保险,是指法律规定的一些福利项目。主要有医疗保险、失业保险、养老保险、伤残保险。

2. 实物与货币性福利

一是提供免费的工作餐、免费饮料、免费独身宿舍等;二是各类补贴,如培训补贴、子女教育补助、托儿补助、老年补助、生日礼金、结婚礼金、节日加薪、物价补贴、住房补贴、交通补贴、燃料补贴、报刊订阅补贴、洗理补贴、高温津贴、取暖津贴、海外津贴等。

3. 服务性福利

一是提供免费计算机或其他学习设施；二是免费定期体检及防疫注射,职业病免费防护；三是免费使用文体设施；四是免费提供法律咨询和心理咨询；五是免费提供托儿所和托老所；六是免费提供一定数额的贷款担保。

4. 优惠性福利

一是提供购房低息或无息贷款,廉价出租公房；二是提供个人交通工具低息贷款,优惠车、机票；三是部分公费医疗,优惠疗养；四是提供折扣价电影票、戏票、表演和球赛票等；五是信用储金、低息贷款等；六是优惠价提供本企业产品和服务。

5. 有偿休假型福利

一是有偿事假和病假。员工在有报酬的前提下,休病假和事假；二是公休。在有报酬的前提下规定员工每年有5～15天的公休；三是节日休假,除国家规定的法定带薪休假外,有的企业还规定青年节、妇女节、圣诞节等带薪休假。四是旅游。这是企业全额或部分资助的一种福利；五是脱产培训。这既是企业对人力资源投资的一种商业行为,又是一种福利,尤其是该培训项目对员工有明显的直接好处,更显示出福利的特点。

6. 特种福利

一是针对特殊优秀人才设计的高档轿车服务、出差时的星级宾馆饭店住宿；二是针对有特殊贡献的人才设计的股票期权、股票优惠购买权、高级住宅津贴；三是针对有特殊困难的员工提供的困难补助、伤残补助、重伤补助等。

(二)制订连锁企业员工福利计划

员工福利计划是企业对员工福利进行规划和安排,也是对员工福利各个板块的设计。员工福利计划的主要内容如下。

1. 明确福利的目标

这些目标包括用人企业的动机、员工需求、政府法规和政策。

2. 选择提供的福利项目

福利计划应该清楚地描述,让员工知晓,这既是政府法规和政策的规定,也是员工个人的需求。目前,企业可供选择的福利项目有以下几种：

(1)"助餐式"福利计划。"助餐式"福利计划是指员工可以根据自己的需求按企业给予的福利额度选择符合个人需求的福利项目。其本质就在于改变企业给予员工福利项目的管理方式。在工资总额不变的情况下,所提供的福利项目选择可以适当增多,以提高企业形象及吸引优秀人才。并且可作为奖励制度,使福利与个人工作绩效有机结合。

(2)保险类福利。保险类福利主要包括属于劳动法律责任要求的工伤保险,在员工伤残后得到一定的补偿。如企业为员工购买团体人寿及意外保险；为高层、股东和核心员工购买保险；为常出差员工购买旅行保险等。政府强制保险的有养老保险、失业保险、工伤保险、交通保险等。

（3）医疗福利。医疗福利是指企业按照规章为生病的员工支付全部或部分医疗费用。这类保险一般按照职务、职级高低或工龄长短给予不同的保险利益。有些企业的福利计划还可以使员工的父母、配偶、配偶父母、子女等也能够获得保障。

（4）教育资助。教育资助主要有三种形式：一是提供培训与开发机会。二是支付全部或部分学习费用。三是提供员工子女教育费用。

（5）带薪假期。带薪假期主要包括疗养、病假、考试及女性的分娩假期等，一般分为法律规定的带薪假期和企业自有的带薪假期。

（6）文化娱乐。文化娱乐包括企业的周年庆典、各种体育运动会、为员工举办的生日宴会、益智类活动等。这些福利主要是为了增加企业与员工沟通的机会，使员工分享企业成果，营造愉快融洽的人际氛围，调剂身心，增强员工的归属感。

（7）其他福利。其他福利包括弹性上班时间、提供整洁舒适的现代化办公环境等，让员工在轻松的工作环境中提高业绩。有些企业也利用本身的优势和声誉，为员工争取更为有利的消费条件，如优惠房屋、汽车贷款、购物折扣和特价机票等。

3. 确定员工福利计划覆盖范围

哪种类型的福利应该提供给哪些员工，企业应当十分明确，然后形成福利的总体覆盖人群的计划。

4. 明确员工是否有选择的权利

可选择性福利变得越来越重要，随着弹性福利计划和自选式福利计划的形成，企业建立福利计划的成本不断增加，但对员工的吸引力增强，福利越来越能满足员工的差异性需求。

5. 制订福利资金的筹措计划

一是选择分担方式，即是由企业全面负担，还是企业和员工个人共同负担；二是选择分担的比例，即企业和员工个人各自分担比例多大最为合适；三是利用国家的有关优惠政策，使员工的获益最大化；四是选择基金的管理主体，可供选择的主体有：保险公司、基金管理公司、企业自身。

6. 有效传递员工福利计划信息

员工福利计划制订后，要进行良好的信息沟通，否则就不能发挥预期作用，因此通过适当渠道公布福利计划信息对于企业来说至关重要。

7. 福利计划的实施

一要做好福利政策和计划方案的宣传沟通工作；二要按既定的福利政策和计划，审查员工资格，协助办理手续，帮助员工获得自己应该享有的福利待遇；三要注意节约开支,降低成本。

(三)连锁企业绩效福利制度

1. 绩效福利的含义

绩效福利是将员工个人、团队或企业的业绩与福利建立明确的联系,依据员工个人、团队的业绩变化而享受不同的福利,是为了激励员工或者团队更好地工作。

2. 绩效福利的优缺点

绩效福利的优点:一是企业用较高的绩效福利吸引对企业比较重要的关键员工;二是绩效福利可促使员工不断提高技能和工作经验;三是通过绩效福利引导员工努力完成或超额完成工作目标,取得最优业绩,使员工朝着有利于企业的方向发展。

绩效福利的缺点:一是可能导致员工或团队之间产生不正当竞争;二是在执行过程中可能增加管理人员与员工的摩擦;三是可能导致企业制订较为苛刻的绩效标准,使员工对工作产生反感情绪;四是绩效标准无法做到足够的准确和公正。

3. 绩效福利制度设计的原则和目标

绩效福利制度的基本原则:通过激励员工个人绩效的提高,进而提高企业的整体绩效,传达企业预期的绩效信息,刺激所有员工努力提高工作业绩。绩效福利制度的最终目标是形成独具特色的企业文化和价值观,保证福利因员工的绩效不同而不同。

4. 绩效福利制度

绩效福利实施一般有四个步骤:一是确立绩效福利的实施能支持企业实现绩效目标,确定绩效福利计划;二是关注一两个能真正促成经营目标的主要绩效指标与福利指标相联系;三是做好绩效福利的管理,即保证员工完全理解和支持绩效福利,同时分散员工对福利的过分关注;四是积累信息和资料,为福利额度的确定与发放奠定基础,同时建立反馈机制,听取员工意见,对绩效福利制度进行必要的调整和修正。

(四)企业员工福利的发展趋势

企业员工福利制度在产生不到一百年的时间里,其形式随着社会经济的发展而不断发生变化。进入21世纪以来,随着企业员工结构的变化,如何对企业核心人才进行有效管理已经成为人力资源的核心。因此,员工福利管理又产生了新的变化。

1. 从普惠制到重点针对核心人才的趋势

过去的福利制度常常是面向公司中的所有或大多数员工,与员工对企业的贡献和各种业绩并不进行挂钩,从而具有普惠性质,因而使它往往成为薪酬中的保健因素,有它不多,无它则不行,久而久之,员工渐渐将福利看成是企业必备和常规的薪酬部分，不再因为福利而感受到企业对员工的关怀，福利设立最初的目的也就难以实现，并造成企业成本的攀升。因此，现代企业在设计其福利计划时，越来越倾向于将福利也作为对核心人才和优秀员工的一种奖励来进行发放，要求员工通过努力工作来挣得福利报酬。

但是这种对于不同员工群体的福利项目差别对待的做法也有一些弊端。

第一，管理困难。对于不同的员工群体实施不同的福利计划就要考虑哪些岗位上或管理层上的员工应该享受什么样的福利，这无疑增加了企业福利管理的难度。

第二，企业内部实行差别福利，可能会导致部分员工的不满，从而不利于组织团结，导致组织的凝聚力下降。

第三，某些福利计划只适用于企业中的一部分员工的做法可能会触动某些法律规定，同样，如果组织想通过福利计划达到减免税收的目的，在某些情况下，这种对员工队伍采取区别对待的做法也可能引起麻烦。尽管如此，大多数企业至少区分了经理层和普通员工层的福利组合或者区分了不同类别员工的福利组合，对销售人员、技术人员、职能管理人员的福利待遇区别对待等。

2. 员工福利的弹性化优势

福利是企业提供给员工的一种额外的工作报酬，其目的是体现企业对员工的关怀，塑造一种大家庭式的工作氛围，但是再传统的企业实践中，很多企业在向员工提供福利的过程中，却发现不同群体的员工（如不同年龄层次、不同性别、婚否）往往对福利项目的偏好不同，众口难调，企业很难用统一的福利计划去满足员工多样性的需求；相反，企业却付出了大量的成本。当公司提供的福利与部分员工的需求之间出现脱节时，这种福利就难以提高员工的满意度。在这种情况下，企业为了减轻负担，更好地满足员工的个性化需要，于是开始设计弹性化的福利制度。从长远来看，这不仅仅是一个如何满足员工偏好的问题，更在于最大限度地减少使公司功能紊乱、破坏公司经营的行为。

目前弹性优势已经成为许多企业员工福利制度的发展趋势，它有许多优点。对员工而言，员工可以根据自己的情况，选择对自己最为有利的福利。这种由企业所提供的自我控制，对员工具有激励作用，同时也可以改善企业与员工的关系。对于企业而言，有利于雇主管理和控制成本，减少员工的不满，吸引优秀人才等。

弹性福利制也存在一些问题：首先，部分员工在选择福利时未仔细考虑或只看重近利，以至于选择了不适应的福利项目。其次，实行弹性福利计划以后，由于福利项目不统一，减少了购买的规模效应，可能会使公司用于福利的成本增加。再次，实施弹性福利制，通常会伴随着繁杂的行政作业。尤其在登录员工的福利资料或重新选择福利项目时，会造成承办人员的极大负担。另外，实施弹性福利制初期，行政费用会增加，成本往往不降反增。

3. 社会化趋势

员工福利的社会化趋势是指企业签合同把自己的福利计划外包给其他专业性公司来做，由他们负责企业福利计划的设计，以及员工福利的购买、发放和管理。这种福利社会化的优点是可以为企业省去许多设计和管理方面的难题，使企业能够集中精力专注于核心业务，而且由专业公司设计的福利计划一般来讲专业化程度较高。但是缺点也很明显，作为"外脑"的专业公司对企业的了解程度一定不如企业自己人力资源部门的人员，对企业员工的需求了解也不是很清楚，所以必须要经过深入的调查和沟通才能设计出适合企业的福利制度。

4. 货币化趋势

目前，有些企业为了强化员工福利的管理，免去福利设计项目和迎合员工偏好差异的麻烦，提出干脆直接向员工发放与原来福利项目等值现金的想法，这样既省去了大量的行政作业，又避免了员工的多样化需求。但是福利货币化有两个明显的缺点：一是货币化改变了福利计划原有的性质，变成了企业为员工发放的"第二奖金"，失去了设立福利的意义；二是采取发放现金的形式发放福利就不能再享受国家的税收优惠和政策支持，也不能体现规模采购的好处，将来可能会使企业的人工成本大大增加。

二、连锁企业的保险

社会保险一般包括养老保险、失业保险、医疗保险、工伤保险和生育保险等。社会保险通常实行强制保险制度，被保险的人没有选择的权利。

（一）养老保险

1. 养老保险的含义

所谓养老保险（或养老保险制度）是国家和社会根据一定的法律和法规，为解决劳动者在达到国家规定的解除劳动义务的劳动年龄界限，或因年老丧失劳动能力退出劳动岗位后的基本生活而建立的一种社会保险制度。养老保险是在法定范围内的老年人完全或基本退出社会劳动生活后才自动发生作用的；养老保险的目的是为了保障老年人的基本生活需求，为其提供稳定可靠的生活来源；养老保险是以社会保险为手段来达到保障目的的。

2. 养老保险的特点

养老保险是世界各国普遍实行的一种社会保障制度。一般具有以下几个特点：一是由国家立法，强制实行，企业单位和个人都必须参加，符合养老条件的人，可向社会保险部门领取养老金；二是养老保险费来源，一般由国家、单位和个人三方面共同负担，并实行广泛的社会救济；三是养老保险具有社会性，影响很大，享受人多且时间较长,费用支出庞大,因此,必须设置专门机构,实行现代化、专业化、社会化的统一规划和管理。

3. 我国养老保险的组成

我国的养老保险由三个层次组成。第一层是基本养老保险,第二层是企业补充养老保险,第三层次是职工个人储蓄性养老保险。

(1) 基本养老保险是指由国家立法强制实施的,覆盖范围内的所有用人单位和劳动者都具有按统一政策规定履行缴纳养老保险费的义务,参加基本养老保险的劳动者退休后都能享受相应的保险待遇的一种养老保险制度。

(2) 企业补充养老保险是指由企业根据自身经济实力,在国家规定的实施政策和实施条件下为本企业职工所建立的一种辅助性的养老保险。它由国家宏观指导,企业内部决策执行。企业补充养老保险由劳动保障部门管理。企业补充养老保险的资金筹集方式有现收现付制、部分积累制和完全积累制三种。企业补充养老保险费可由企业完全承担,或有企业和员工双方共同承担,承担比例由劳资双方协商确定。企业内部一般都设有由劳资双方组成的董事会,负责企业补充养老保险事宜。

(3) 职工个人储蓄性养老保险是我国养老保险体系的一个组成部分,是由职工自愿参加、自愿选择经办机构的一种补充保险形式。由社会保险机构经办的职工个人储蓄性养老保险,由社会保险主管部门制订具体办法,职工个人根据自己的工资收入情况,按规定缴纳个人储蓄性养老保险费,记入当地社会保险机构在有关银行开设的养老保险个人账户,并按照不低于同期城乡居民储蓄存款利率计息,以提倡和鼓励职工个人参加储蓄性养老保险,所得利息记入个人账户,本息一并归职工个人所有。职工达到法定退休年龄经批准退休后,企业凭职工个人账户将储蓄性养老保险金一次支付或分次支付给职工本人。职工跨地区流动,个人账户的储蓄性养老保险金应随之转移。职工未到退休年龄而死亡,记入个人账户的储蓄性养老保险金应由其指定人或法定继承人继承。实行职工个人储蓄性养老保险的目的,在于扩大养老保险金额的来源,多渠道筹集养老保险基金,减轻国家和企业的负担;有利于消除长期形成的保险费完全由国家"包下来"的观念,增强职工的自我保障意识和参与社会保险的主动性;同时也能够促进对社会保险工作实行广泛的群众监督。个人储蓄性养老保险可以实行与企业补充养老保险挂钩的办法,以促进和提高职工参与的积极性。

(二)失业保险

1. 失业保险的含义

失业保险是指国家通过立法强制实行的,由社会集中建立基金,对因失业而暂时中断生活来源的劳动者提供物质帮助的制度。

2. 失业保险的特点

失业保险的主要特点有：一是普遍性。它主要是为了保障有工资收入的劳动者失业后的基本生活,其覆盖范围包括城镇劳动力队伍中的绝大部分成员;二是强制性。它是通过国家制定法律、法规来强制实施的,在失业保险制度覆盖范围内的单位及其职工必须参加失业保险并履行缴费义务,不履行缴费义务的单位和个人应当承担相应的法律责任;三是互济性。失业保险基金主要来源于社会筹集,由单位、个人和国家三方面共同负担,缴费比例、缴费方式相对稳定。筹集的失业保险费,不分来源渠道,不分缴费单位的性质,全部并入失业保险基金,在统筹地区内统一调度再使用,以发挥互济功能。

3. 失业保险金的构成

失业保险金由以下各项构成：一是城镇企业事业单位、城镇企业事业单位职工缴纳的失业保险费;二是失业保险基金的利息;三是财政补贴;四是依法纳入失业保险基金的其他资金。

4. 失业人员的界定

失业人员是指在法定劳动年龄内有劳动能力,目前无工作,正以某种方式寻找工作的人员。我国规定的法定劳动年龄是 16~60 岁;对于目前虽无工作,但没有工作要求,又不寻找工作的人不能视为失业人员。

（三）医疗保险

1. 医疗保险的含义

医疗保险是由劳动者因疾病、负伤或生育受到伤害后,需要诊断、检查、治疗,由国家或者社会给予的一种物质帮助,即提供医疗服务或经济补偿的一种社会保障制度。

2. 医疗保险的特点

我国基本医疗保险制度的一般特点是：一是基本保障,即要求基本医疗保险的水平须与我国生产力水平相适应,只保障劳动者的基本医疗需求;二是广泛覆盖,即覆盖我国国内全体公民;三是保障的综合性,包括疾病的诊治、护理和药物提供;四是目的专一性,以保障国民的身体健康为特定的内容;五是机会均等性,符合条件的被保险人在享受医疗机会和待遇上一律平等。

3. 医疗保险的原则

医疗保险的原则有：一是全民性,即所有居民均为医疗保险的对象;二是保障的基本性,即保障水平和主要方式要与国家和地区的财力水平相适应;三是机会均等性,即所有居民的聚会是均等的;四是专款专用性,即医疗保险只能用在医疗范围内;五是风险公担,即需要保险人缴费和国家或社会拨款相结合;六是预防与医疗相结合,即不仅用于疾病治疗而且应当把预防和治理环境卫生相结合。

(四) 员工工伤保险

1. 工伤保险的含义

工伤保险是社会保障制度中的重要组成部分,是指国家和社会为在生产、工作中遭受事故伤害和患职业性疾病的劳动者及其亲属提供医疗救治、生活保障、经济补偿、医疗和职业康复等物质帮助的一种社会保障制度。工伤保险既是社会的责任,也是劳动者的基本权利。

2. 工伤保险的作用

工伤保险有三方面的作用:一是保障工伤职工的医疗及医疗期间的生活;二是有利于促进安全生产、安全防护、减少经济损失;三是维护工伤员工的权益。

3. 工伤保险的特点

工伤保险有四个基本特点:一是强制性。它是由国家立法强制执行的,在法律规定的范围内用人单位和职工必须参加;二是非营利性。工伤保险是国家对劳动者履行的社会责任,并非以盈利为目的,也是劳动者应该享受的基本权利;三是保障性。保障企业劳动者在发生工伤事故后的基本生活;四是互济性。通过向各用人单位强制征收保险费,建立工伤保险基金,在统筹地区范围之内、行业之间、单位之间实行统一调剂使用。

4. 工伤保险的原则

工伤保险是国际社会立法普遍、较为完善的社会保障制度,其遵循的原则有:一是无过失补偿原则。即无论伤害者的责任主体是谁,受害者均可获得一定的经济补偿,而且雇主不承担直接补偿责任;二是风险共同原则。国家通过法律强制征收工伤保险基金,采用互助的方法分担风险,基金分配上实行国家统一调剂;三是个人不缴费原则。即工伤保险费由企业负担,而非个人负担;四是因工和非因工区别对待原则;五是工资损失补偿原则;六是补偿与预防、康复相结合原则。

5. 工伤保险的范围

一是与工作有直接关系的事故,即在工作时间内、在工作地点从事工作任务而产生的伤害;二是与工作有间接关系的事故,如上下班途中非本人原因造成的交通事故和意外事故;三是与公益事业有关的事故;四是职业病,即因工作环境而造成的职业病。

6. 工伤待遇

一是到签订服务协议的医疗机构就医的权利;二是所需费用符合工伤诊疗项目目录、药品目录和住院服务标准的,可提供相关费用;三是诊疗期间按因公出差补助伙食费;四是诊疗期间享受原工资待遇;五是生活不能自理的,支付护理费;六是需要提供假肢、假牙、矫形器具和轮椅的,可提供相关的费用。

(五)员工生育保险

1. 生育保险的含义

生育保险是指妇女劳动者因为妊娠、分娩而不能工作,工资收入暂时中断,从国家和社会获得现金帮助和医疗保健的一种社会保障制度。

2. 生育保险的作用

一是对妇女生育价值的认可;二是对女职工基本生活的保障,保障她们离开工作岗位期间享受有关待遇;三是提高人口素质的需要,妇女生育消耗体力大,需要充分休息和补充营养。

3. 生育保险的内容

一是产假。国家法规给予女员工在生育过程中休息的期限,我国规定正常生产产假为90天;二是生育津贴,即支付产假期间工资,按上年度企业员工月平均标准工资支付月工资;三是医疗服务,我国的生育医疗服务主要包括检查、接生、手术、住院、药品和计划生育手术费等方面。

本 章 小 结

薪酬管理,是人力资源管理重要的组成部分,其理论建设和具体操作还都处于实践中不断完善和丰富的阶段。薪酬管理在西方发展较快,中国企业薪酬管理由于长期被人们所忽视,当前正面临着变革的抉择。我们在借鉴和学习的过程中,不能笼统地照搬照抄,一定要立足于自身,从自身的特点出发,按照规范的设计流程,寻找适合自己的薪酬管理制度体系。

企业薪酬管理在我国的推进是一个长期的过程,需要科学规范的理论指导和坚持不懈的具体实践。在今天我国改革开放进一步深入的环境中,在我们进行企业薪酬管理的推进过程中,影响中国连锁零售企业薪酬管理不规范的主要原因是观念落后、企业产权问题和管理者的素质等,同时这些因素也是企业实现薪酬管理目标模式的三大主要障碍,企业应该即时采取相应的措施,排除各种障碍,以建立科学、合理、规范的薪酬管理模式,从而实现企业薪酬管理目标。

思考题

1. 全面理解薪酬管理的含义需要注意哪些问题?
2. 薪酬的功能是什么?
3. 影响连锁企业薪酬的因素有哪些?

4. 薪酬设计的原则是什么？
5. 基于胜任能力的薪酬体系的体系设计步骤是什么？

 实践应用

1. 如此工资体制

某连锁企业原有工资制度概括如下：工资水平处于行业工资水平的50%，但是核心技术、管理岗位员工的工资只达到行业工资水平的20%；工资登记按行政级别划分，总共48级，级差为50元；工资的调整采取"一支笔"政策，总裁同意就可以。

讨论题：

(1) 该公司的工资体制存在哪些问题？

(2) 如果该公司计划引入其他类别的薪酬体系，应当按照什么样的程序进行设计？

2. 上源公司的薪酬改革

上源公司成立于1995年，成立之初规模不大，总经理聘请了自己的几个亲友负责管理生产、销售、技术以及后勤。这几名管理人员的分工并不明确，但是非常敬业，忠诚度极高，在企业的发展初期起到了很大的作用。目前，生产线的员工实行的是计件工资制，销售人员只有提成工资，其他员工实行的是固定底薪，到年底按照企业当年效益发奖金，奖金的多少由总经理决定。企业的经济实力和业务规模近几年有了很大的提高，但是也遇到了很多发展中的问题。例如，企业的管理工作日趋繁重，员工反映管理人员方法生硬；产品缺乏创新，导致一部分固定客户流失；有些生产和销售的骨干被同行高薪挖走；人才的引进工作也不顺利。

为了走出困境，企业进行了一系列的改革。例如，将企业的组织结构进行调整，明确各部门的职责；在原有基础上对所有岗位的薪资按比例进行了调整；为了避嫌，免除了原有管理人员的职位，对这些人员在工作安排和薪酬发放上与一般员工一视同仁；为了提高管理水平，面向社会进行招聘，并规定应聘人员的学历不能低于大学本科。

讨论题：

1. 企业改革之前存在哪些问题？
2. 请对企业采取的改革措施作出评价。
3. 请对企业的薪酬制度提出改革性的建议。

第八章 连锁企业人力资源信息管理与服务外包

学习目标

1. 了解人力资源信息系统的发展阶段；
2. 了解人力资源外包的作用；
3. 掌握人力资源管理信息系统与服务外包的概念；
4. 了解人力资源管理信息系统的类型；
5. 了解人力资源外包的优点与缺点；
6. 掌握人力资源管理信息系统的功能结构；
7. 了解人力资源外包的内容选择；
8. 掌握人力资源管理信息系统与服务外包的实施流程。

【引导案例】

沃尔玛总部庞大复杂的信息中心

沃尔玛总部信息中心共有员工近3 000名,其中有三四百名从事项目管理工作；约800名从事应用软件开发,还有三四百名系统维护人员。员工人数通常根据任务变化进行合理调配,一般约1 000人分为一组。例如,组建了国际财务组、会计组、跨部门业务Netmeeting组、E-mail组等。公司所有业务和信息系统管理完全按照高度中央集权方式进行矩阵式的组织管理。信息中心各职能部门负责提供项目资源需求,信息应用分部负责开发软件。例如,沃尔玛公司的客户关系管理系统开发项目由市场部同调查公司拟定40~50项指标,制成调查表交给IT部门,通过E-mail等散发到各门店来完成客户调查。

在一套庞大复杂的系统下,沃尔玛的良性经营运转需要有一套完全契合的内部管理体制和操作流程。沃尔玛的成功取决于其拥有一个优秀的CIO,

取决于公司职员能完全按照一套操作简单、控制复杂、成本最低、赢利最大的系统管理模式工作。在员工管理上,沃尔玛用条码影像制卡系统为每个员工制作员工卡,卡上有员工的彩色照片、员工号、姓名、部门、ID 条码。员工工作时必须佩戴员工卡,并使用员工卡上的条码记录考勤。所有员工的资料信息以及作业情况全部进入公司的信息系统,作为员工工作的基础考核数据。利用各种先进信息技术,沃尔玛在人力资源上的管理成本已经降到了很低的水平。

系统的最大特点是舍弃了较多厂商使用的客户机/服务器结构,采用较为先进的浏览器/服务器结构,运用 COM+技术,实现了三层结构模式,其中间应用层的数据访问、处理能力和灵活的伸缩性等特点为超市大型应用提供了高性能和高扩展性的保证。

第一节 连锁企业人力资源信息管理

随着信息技术的发展,人力资源管理信息系统应运而生。从国际上来看,在 20 世纪 70 年代末到 80 年代初,基于 DOS 的单机版软件开始用于人事管理和人力资源管理;进入 20 世纪 90 年代,随着网络技术的发展,C/S 和 B/S 架构的网络化的人力资源管理系统相继诞生并得到了充分的应用。人力资源管理信息系统既可以作为各部门管理者日常工作的支持性工具,也可以为连锁企业人力资源主管参与制订企业发展战略提供必要的信息。

一、人力资源管理信息系统概述

计算机技术的发展使人力资源管理信息化。人力资源管理信息系统在人力资源规划决策中以及人力资源的其他管理工作中起着越来越重要的作用。

(一)人力资源信息系统的发展

人力资源信息系统的发展分为三个阶段,即人力资源信息系统、人力资源管理信息系统、电子化人力资源实现阶段。

1. 人力资源信息系统

在一开始,关于人力资源管理软件,人们称之为人力资源信息系统(Human Resource Information System, HRIS),这一阶段的软件,着重于对人力资源信息的采集、维护等功能,主要表现在软件中的模块大多是人事信息管理模块、考勤模块、薪资计算模块、福利管理模块等。

人力资源信息系统的主要职能是对信息进行存储,如员工代码、员工的知识与技能、工作经验、培训经历、个性特征、绩效评估结果等,对与职务和员工有关的工作信息进行收集、保存、分析和报告。人力资源信息系统的不足是缺乏分析和管理功能。

2. 人力资源管理信息系统

随着人力资源管理的逐渐深入和"人力资本管理"的提出,企业对人力资源管理系统的要求不仅局限于信息的采集、更新和维护,而是要进一步对这些数据进行挖掘,依靠各类模型和工具,提供优化的管理流程、智能的分析、战略的决策参考等,于是人力资源管理信息系统(Human Resource Management System,HRMS)的称呼随之出现,软件中增加了许多全新的模块,比如培训模块、绩效管理模块、门户、招聘模块等。目前,对人力资源管理软件称呼较多的就是 HRMS。

人力资源管理信息系统体现了"客户导向"、"全面人力资源管理"、"战略性人力资源管理"、"利润中心"、"战略伙伴"等理念。人力资源管理信息系统将帮助人力资源部门实现数据的集中管理和共享,优化业务流程及人力资源作业流程,为人力资源部门进一步提高日常工作效率,提升部门整体业务水平提供强有力的支持,成为人力资源部门信息化、职业化、个性化的管理平台。同时,人力资源管理信息系统还具有统计分析、决策支持等功能。

3. 电子化人力资源

在电子商务模式日趋成熟化的今天,人力资源管理必须借助信息化技术,打造新的管理模式,节省精力和时间用于更加重要的职能,进而直接改善企业的生态环境,推动组织的不断进步与发展。目前市场上也呈现出了多种多样的人力资源管理系统平台,如招聘软件、人才测评系统、猎头管理软件等。

电子化人力资源(Electronic Human Resource,E-HR)是新经济时代下人力资源管理的趋势,网络技术的成熟与运用是其基础,ERP、CRM、SCM、ASP 等概念的出现和具体实施是其存在和发展的大环境,而对于人力资本开发和增值的迫切性是其终极原因,原因在于人力资源是企业经营诸要素中第一位的资源,技术和资金相对于人力资源已经退居其次。E-HR 不仅使企业的人力资源管理自动化,实现了与财务流、物流、供应链、客户关系管理等系统的关联和一体化,而且整合了企业内外人力资源信息和资源与企业的人力资本经营相匹配,使 HR 从业者真正成为企业的战略性经营伙伴。

E-HR 指人力资源管理信息化,由人力资源部门的 HRMS 和面向不同角色(高层管理者、部门管理者、普通员工、人力资源管理者)的网络自助服务系统两大部分组成,是对 HRMS 在技术上(基于 Internet/Intranet 技术)与理念上(建立在全面人力资源管理,强调全员共同参与基础上)的延伸。

企业是选择 HRIS 还是 HRMS,或者选择 E‐HR,要根据自身的需求与承受能力而定,即应该根据企业的实际情况进行选择,并不是技术越先进越好。

(二)人力资源管理信息系统的含义

人力资源管理信息系统,又称人力资源管理系统,是指企业为了对人力资源管理提供支持而用于收集、汇总和分析有关人力资源信息的系统,涵盖从人力资源规划、招聘、选拔到薪酬管理、培训与开发等各个方面,并提供各种查询统计功能与报表输出功能。

人力资源管理信息系统能动态直观地反映企业人力资源的现状,并为人力资源管理提供高效的决策支持。人力资源管理信息系统中涉及的基础信息如下:

(1) 自然状况:性别、年龄、民族、籍贯、健康状况等。
(2) 知识状况:文化程度、专业、学位、职称与证书等。
(3) 能力状况:表达、操作、管理、人际关系能力、特长等。
(4) 阅历经验:做过的工作、担任的职务及任职时间、调动原因、总体评价等。
(5) 心理状况:兴趣、偏好、积极性、心理承受能力等。
(6) 工作状况:目前所属部门、岗位、职级、绩效及适应性。
(7) 收入情况:工资、奖金及职务外收入。
(8) 家庭状况:爱人情况及偏好、家庭职业取向、未来职业生涯设计等。
(9) 部门意向:提拔重用、现职留用、平级调动、降职使用。

(三)人力资源管理信息系统的目的

建立人力资源管理信息系统的目的,就是在人力资源管理实践活动中,通过信息技术和管理技术的有机结合,使人力资源管理人员能够从烦琐的日常事务性工作中解脱出来。

1. 提高人力资源管理工作效率

人力资源管理信息系统的基本目的是如何提升工作效率、降低手工操作的错误率。比如,工资发放管理、员工考勤管理、人员招聘流程以及工作调动和岗位等日常事务,需要占用人力资源管理人员大量的时间,手工操作不仅效率低,而且容易出现错误。

为了支持企业的成功,人力资源从业者应该有60%的时间投资在战略和规划方面,而在行政事务处理上只应该投资10%。人力资源管理系统可以替人力资源管理者处理定量工作,从而使人力资源管理者有充裕的时间处理定性工作,提高人力资源管理者的工作效率和质量。

2. 规范人力资源管理业务流程

人力资源管理信息系统涵盖了从岗位、招聘、绩效评估、薪酬到培训方案、员工职业计划、离职等流程的一系列工作模块。HRMS 软件将相关的工作职能完全覆盖并划分清楚,且能将经过优化后的流程体现在软件中。

3. 为企业决策者、管理层、员工提供增值服务

人力资源管理者将从行政事务处理者向企业战略伙伴方向发展,对人力资源部门而言,企业管理者和员工就是他们的客户。人力管理信息系统能够为企业决策者、管理层和员工提供增值服务。比如,管理层渴望知道谁的绩效较好,哪些员工需要哪种类型的专业培训,谁是继任者计划的最佳人选,人员成本的构成和使用情况等。部门主管希望了解哪些员工可以参与轮岗或轮班。一线经理们想要获取某一岗位任职者的最佳人选。如何根据企业战略进行人力资源规划、如何通过合理的招聘技术与测评技术为企业选择合适的人才、如何通过工作分析技术及相应的绩效考评体系来提升组织与个人绩效、企业领导如何能方便地了解员工的各种状况等,都是人力资源部门要做的。

4. 为人力资源规划提供数据来源

人力资源管理信息系统可以为人力资源规划提供如下信息:企业战略、经营战略及常规经营计划信息,根据这些内容可以确定人力资源战略规划的种类及框架。企业外部的人力资源供求信息以及这些信息的影响因素,比如,外部劳动力市场上各类人员的供求状况及未来趋势,国家劳动政策法规的变化等,均对人力资源战略规划产生影响。企业现有人力资源的信息,如员工数量、年龄、学历、绩效考核结果。

5. 推进全面人力资源管理

人力资源管理与开发业务涉及每个员工,该业务不仅是人力资源部门的事情,更需要直线部门经理、员工的参与,全员参与可以提高人力资源管理的效率和人力资源决策质量,许多企业提出了全员人力资源管理的理念。但是,通过什么渠道、什么形式以及什么时间参与,并没有配套措施。基于互联网操作的人力资源管理信息系统,打破了用户数量限制,能够对用户进行等级划分,分别授予不同的操作权限,如把非人力资源管理部门人士分为高管、直线部门经理、员工等。通过面向所有员工的信息工具,延伸人力资源管理范围,提高各级人员参与人力资源管理的程度,有效地改善人力资源部门的服务范围和服务质量,化全员人力资源管理理念为行动。在员工充分参与的基础上,推进人力资源管理工作不断创新和全方位提高。

6. 提高人力资源管理和决策的质量

企业使用人力资源管理信息系统之后,企业的人力资源计划和控制管理达到定量化。人力资源管理信息系统的建设必然会要求企业提供适合于本企业员工绩效考核、薪酬和福利管理等工作的一系列指标。人力资源管理信息系统提供的数

据使得管理者在进行决策时做到有据可依,而不是凭经验和感觉,有利于减轻操作人员手工工作负担,降低人为的误操作因素,减少工作中的错误,在提供更方便、更正确服务的同时,促进业务流程的顺利对接,改善人力资源管理工作的品质和所用人员的工作心态。通过人力资源业务数据的完整、集中式的管理,会有效提高人力资源部门经理和公司领导获取信息的效率和质量,为各级决策者提供基于信息的分析和决策支持,有效避免因信息不全、数据不准、时效不高而可能带来的决策风险。促进企业人力资源管理工作的科学化和规范化。比如,当企业人力资源管理者进行员工流动率分析时,传统的方法是手工方法对企业不同业务部门员工的教育背景和任职时间长短等因素进行考察。而在配备了人力资源信息系统之后,系统可以迅速提取相应的数据,对近期影响企业员工流动率的关键因素进行排序。

7. 突破时空限制,降低工作成本

基于互联网操作平台的 E-HR 软件,采用了 B/S 结构,企业人士可根据需要随时随地通过互联网登录系统,查询公司人力资源信息,提交或审批各种业务申请,完成众多的人力资源工作。同时,支持多人同时操作系统,也可以多人同时取得系统的服务,从而真正实现移动办公。由于突破时间、空间、人数的限制,事务处理时间大大降低,可以节省人力资源管理的直接成本与间接成本。同时提升公司人力资源管理的竞争力,间接地增加公司的效益。

8. 强化集团企业总部对子公司的管理

在拥有多家分支机构的集团型企业里,人力资源管理存在许多问题。通过建立人力资源管理信息系统,可以实现以下功能:建立集中、共享的数据库,实现全集团人员的动态盘点,在全集团范围内实现人力资源的合理配置。在统一和集中的前提下,为各子公司的不同人力资源管理流程提供个性化设置的平台,快速有效地满足一线业务对人力资源管理提出的需要。通过共享人力资源信息和业务资源,加强集团 HR 全系统的协调,降低运作成本,提高效率。利用信息化系统,分解和落实绩效目标,最终形成团队和个人的绩效计划。快速有效地完成集团决策所需要的人力资源报表和分析报告等各种决策支持信息。

二、人力资源管理信息系统主要内容

(一) 人力资源管理信息系统的功能构成

人力资源管理信息系统是对人力资源管理所有领域提供支持的系统,涵盖从人力资源规划、招聘、选拔到薪酬管理、培训与开发等各个方面,并提供各种查询统计功能与报表输出功能。人力资源管理系统不仅对人力资源管理者提供强大的功能支持,而且包括经理自助服务与员工自助服务的扩展功能。图 8-1 是典型的人力资源管理系统的功能结构图。

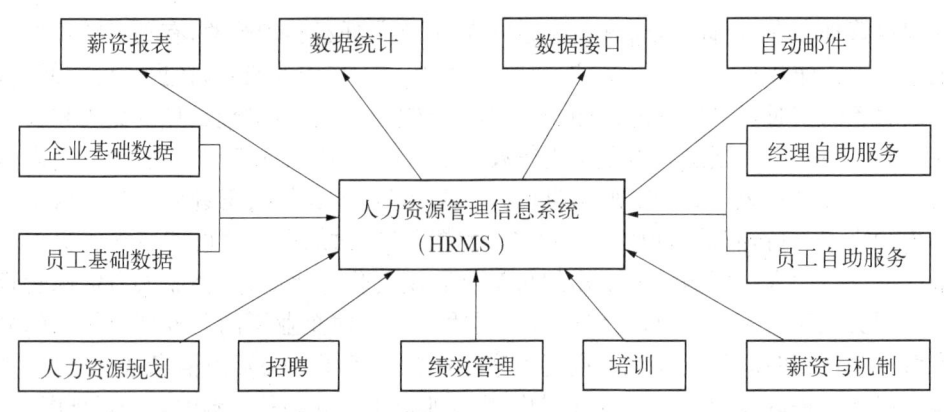

图 8-1 人力资源管理信息系统功能结构图

典型的人力资源管理系统包含两个方面的功能：一是面向人力资源管理者的信息收集、处理、决策功能；另一个是面向其他管理者以及普通员工的信息服务和互动决策功能。

近几年来，国内外有关人力资源管理信息系统的软件不断推陈出新。总体来看，涉及的功能有：人力资源管理模块、人员招聘管理模块、薪资和福利模块、培训管理模块、考勤管理模块、绩效管理模块、岗位规划模块。

1. 人力资源管理模块

人力资源管理模块从企业的人力资源规划开始，记录招聘、岗位描述、培训、技能、绩效评估、个人信息、薪资和福利、各种假期、到离职等与员工个人相关的信息，并以易访问和可检索的方式储存到集中的数据库中，将企业内员工的信息统一管理起来，完整地记载员工从面试开始到离职整个过程的薪资、福利、岗位变迁、绩效等历史信息。人力资源管理模块具有灵活的报表生成功能和分析功能，使得人力资源管理人员可以从烦琐的日常工作中解脱出来，同时综合性的报表也可供企业决策人员参考；可以生成按岗位的平均历史薪资图标，员工配备情况的分析图标，个人绩效与学历、技能、工作经验、接受过的培训等关系的分析等。

2. 人员招聘管理模块

人员招聘管理模块主要完成企业的招聘活动的管理，包括部门的招聘需求申请，人事部门进行招聘计划的制订，招聘岗位的发布，外部招聘活动管理，内部招聘活动管理，以及招聘计划的评估等。

人员招聘管理模块对招聘过程进行了流程化的设计，包括职位空缺记录、接受申请、网上评估测试安排等详细功能。有效的人员招聘软件应该能够帮助管理者搜集求职者的基本信息,根据职位分析所要求的条件来筛选简历,对面谈、测试等招聘过程进行记录、追踪,扩大求职者人才库,实现用户化,允许系统使用者将其他类型的数据资料增添到系统的文件当中去,运用招聘软件还可以进行决策。

3. 薪资和福利模块

薪资和福利模块可用于管理企业薪资和福利计算的全过程,包括企业薪资和福利政策设定、自动计算个人所得税、自动计算社会保险等代扣代缴项目。通常,这些程序还可以根据公司的政策设置并计算由于年假、事假、病假、婚假、丧假等带薪休假以及迟到、早退、旷工等形成的对薪资和福利的扣减,能够设定企业的成本中心并按成本中心将薪资和总账连接起来,直接生成总账凭证,还能存储完整的历史信息供查询和生成报表。

福利管理信息系统主要提供员工的各项福利基金的提取和管理功能。包括定义基金类型,设置基金提取的条件,进行基金的日常管理,并提供相应的统计分析。薪资和福利管理软件可以帮助管理者,提供图表化的薪资变动范围和薪资等级线的描述,快速觉察薪资政策的变化可能带来的影响,比较不同的薪资增长方式给企业薪资成本总额带来的影响,确定不同的薪资战略,比较不同公司中不同工作的报酬高低,确保内部公平,利用薪资管理信息对单个雇员的薪资进行调整,评价可能的福利变化、雇员人口特征等所导致的成本影响。

4. 培训管理模块

培训管理模块一般通过培训需求调查、预算控制、结果评估和反馈以及培训结果记载等手段,实现培训管理的科学化,并且和人力资源信息有机地联系起来,为企业人力资源的配备和员工的升迁提供科学的依据。

培训管理软件有两个用途,可以记录培训指令、参加的课程数量、课程指定及课程确认、存储课程考试题、上课出勤记录及员工的资格更新记录等;还可以用来确认培训需求,根据员工的成绩、评估结果、资格和技能差异来设定不同的培训课程和进度安排。通过培训管理软件,可以帮助管理者进行以下决策:确定哪些雇员需要接受培训、确定哪些培训项目对于雇员所从事的工作以及他们的技能水平来说是最为恰当的、确定哪些雇员适于获得晋升和职位轮换、帮助管理人员快速地建立起一个配备必要技能的团队。

5. 考勤管理模块

考勤管理模块是人力资源管理系统中重要的一部分,主要实现员工考勤的管理,对员工考勤数据进行计算、核对、汇总。为了有效地记载员工的出勤情况,很多企业购置了打卡机、考勤机等设备。考勤管理程序一般都与这些设备相接,根据事先编排的班次信息,过滤掉错误数据,生成较为清晰的员工出勤报告,将每月的考勤计算结果数据提供给薪资和福利管理模块,使考勤数据直接与薪资挂钩。其生成的文档还可作为历史信息保存,用于分析、统计和查询。

6. 绩效管理模块

绩效管理模块可以把雇员的绩效评价等级、违纪行为等都存储在电子数据库中,起到监督雇员的实际绩效和生产率的作用;还可以通过对管理人员提供的有关绩效以及工作环境方面的信息进行调查,为管理者提供改善绩效问题的可能方案。绩效管理模块可以对业绩、能力、态度等进行月份、季度、年度考评,对考核数据提供统计分析功能,为薪酬、奖惩、培训开发等方面提供依据。

绩效管理模块对于管理者进行决策具有重要的参考意义。它使得"绩效跟踪"流程化,减少人力资源中的各种行政事务;根据不同工作的类型设计适用的绩效评价系统,同时帮助找到解决不良绩效问题的具体方案;在所确定的绩效标准上,对每一位雇员的绩效等级作出评价报告,并对雇员的长处和缺点加以总结;直接访问各种信息,为组织的人力资本的战略管理提供帮助。

7. 岗位规划模块

岗位规划是人力资源管理体系中非常重要的组成部分,利用岗位规划模块可以建立公司内部岗位、建立岗位任职条件、建立岗位职责体系、建立岗位计划书等。

(二)人力资源管理信息系统的技术构成

人力资源管理信息系统技术包括信息处理技术、计算机硬件系统、计算机软件系统、文件系统、数据库系统、计算机网络等各个方面。现代信息技术不仅要求选择合适的技术,而且要求保证各基础技术之间的连接。事实上现代信息是信息存储技术、信息处理技术和通信技术的综合体。

1. 信息处理技术

常用的信息处理技术包括以下几种方式:

(1)批处理或实时处理。批处理是把一定时间内人力资源数据汇聚后进行集中处理,以便获得关键信息。实时处理方式是根据组织内的需求,及时响应组织信息需求,及时收集、处理并输出处理结果。

(2)远程处理与局域处理。借助通信网络,外地的人力资源信息就不必使用传统通讯手段进行传输,用户也不必直接计算(信息)中心,而是可以通过远程终端进行联机批处理。与远程处理相对应的是局域处理,它一般在小型计算机系统和微型计算机系统中使用,局域处理与组织规模、分布、业务大小相关。

(3)脱机处理与联机处理。联机处理是通过通讯线路之间的联结自动完成信息的传输、处理等过程,它不需要人工干预。在大型的、高度自动化的组织中,人力资源信息联机处理可以节约信息成本,提高信息的共享程度,而脱机处理则需要人工干预,组织信息的传递速度慢。

(4) 集中化、分散化和分布处理。根据处理机配置方式和信息的存储处理集中程度不同,信息处理分为集中式、分散式和分布式三种方式,其中分布式考虑到机器的分工节约原则,是目前主要采用的方式,但在不同组织中,可根据具体情况进行选择。

2. 硬件系统

组成计算机的基本硬件有运算器、控制器、存储器、输入输出设备等。虽然从总体上看,所有用于人力资源管理信息系统的计算机硬件没有什么本质差别,但是一个组织应该根据自己的数据结构、经济性、适用性等因素来选择和配置硬件系统。一般来说,选择计算机配置需要考虑:

(1) 人力资源信息量与计算机处理能力。所需求的计算机处理能力,首先要考虑参与组织内人力资源的数量、质量和分布状况,满足他们的基本信息需求;其次要考虑组织未来的成长性。选择处理能力的基本原则是:满足功能性需要又要留有余地,同时必须考虑成本因素。

(2) 信息量与存储容量。根据程序量、数据量的估计及数据存取类型,即脱机的或联机的、顺序的或随机的来考虑主存储器和辅助存储器容量。对主机系统而言,主存储器直接影响数据处理速度,所以它的选择是关键的问题。

(3) 输入/输出设备。根据输入/输出数据类型、数量和需要,选择经济适用的I/O设备。

(4) 环境需求。配置系统时,必须考虑与计算机有关的特定环境、安全条件、电源和机房等情况。

(5) 效率要求。选择计算机硬件一是要满足组织内信息的高效处理;二是要受组织的资源约束,不能盲目贪大贪新。

3. 软件系统

软件系统是人力资源管理信息系统最关键的技术基础。目前,许多专业性公司都在企业信息系统中包含了人力资源管理功能,有的公司还开发了商业性的专业应用软件。一般小型的、结构简单的组织可以从市场上直接购入,但是,对于大型的、复杂的业务系统,可能不宜或无法从市场上直接购入。其原因有二,一是组织内独特的管理信息需求,二是专业性软件的容量、功能与实际不相适应,应该根据实际情况,组织开发人力资源管理信息系统。

软件通常分为系统软件和应用软件,应用软件开发是人力资源管理信息系统建设的重要内容。人力资源管理信息系统开发的重点是程序设计语言、编译系统和操作系统的选择。在选择系统软件和应用软件时,均需要考虑与网络环境的适用性、支持C/S或B/S架构。

4. 数据库系统

数据库管理技术随着计算机的应用而不断发展,大体经历了三个阶段:人工管理阶段、文件管理阶段和数据库管理阶段。今天,许多企业广泛使用数据库进行人力资源信息管理。数据库系统要求在计算机硬件方面提供足够大的内存容量和海量外存储器,软件方面提供操作系统、服务程序、编译程序、通信软件等基本软件。数据库管理系统应该支持 C/S、B/S 环境。进行数据库设计,应能经济、安全、有效、可靠地存取尽可能多的数据量,能满足多个用户对人力资源信息系统的管理需求。

5. 信息网络

随着公司的业务和组织的发展,以及组织结构的变更、业务的交叉、业务地理空间的拓展,人力资源信息分布范围也越来越广,组织内本身呈现出信息流动的网络化特征;同时,通讯手段的现代化也为组织的大跨度、网络化管理提供了方便。人力资源管理信息系统必须适应并反映这种组织信息分布特征,充分利用现代手段,推进网络化信息管理。信息网络对于跨国人力资源管理及虚拟组织结构更为重要。

与单个的业务管理相比,实行组织内的人力资源管理信息系统网络化管理具有以下优点:

(1) 资源的规模经济效益。网络组织内部可以共享硬件资源、信息技术人员和数据资源,从而使系统的科研、资源配置成本下降,系统的利用效率也大大提升。

(2) 共享系统资源。组织内根据信息使用权大小,不同程度地共享、调剂数据、软件、硬件等资源,使内部劳动力市场得以建立。

(3) 实时集中管理。对地理上分散的组织,人力资源信息分布空间范围大,可以通过网络对其实现集中管理,从而了解人力资源配置,如招聘信息发布系统、内部工作分派系统等。

(4) 易于扩展现有系统。网络系统具有开放性的特征,能较好地适应组织和人力资源管理业务发展产生的数据处理需求。

三、人力资源管理信息系统的实施

建立人力资源管理信息系统,应该根据不同组织的不同情况具体设计。一般来说,需要考虑以下因素:组织发展战略及现有规模,管理人员对人力资源有关数据要求掌握的详细程度,组织内信息复制及传递的潜在可能性,人力资源管理部门对本系统的运用程度及期望程度,社会上其他组织人力资源信息系统的建立及运行情况。具体实施流程如图 8-2 所示。

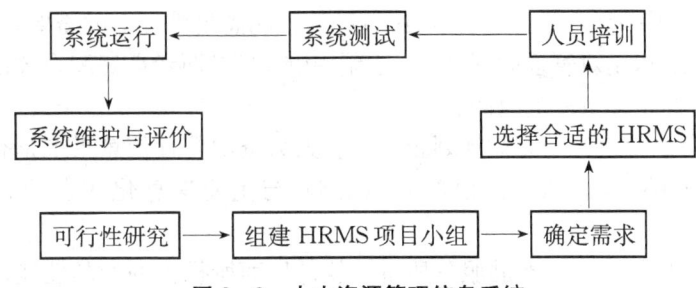

图8-2 人力资源管理信息系统

（一）可行性研究

组织有关方面的专家对企业的人力资本构成现状及期望效果预先进行分析诊断（企业自身有能力，可自行分析诊断），对开发人力资源管理信息系统的计划和实施步骤、具体措施进行可行性研究，对人力资源管理信息系统进行项目开发预算，并对实施后的可能效果进行估计。也就是要进行技术上、经济上、管理上的可行性分析。

（二）组建HRMS项目小组

当企业决定购买人力资源管理系统后，就必须组建一个精悍的项目实施小组，有效的项目小组是成功地选择和实施人力资源管理系统的一个基本因素。建立成功的项目小组需要注意：在项目立项之初就成立项目小组；确保小组成员具有代表性，能代表公司所有重要的、相关的部门，小组应包括企业管理人员、人力资源专业人员、计算机专业人员等；确保小组成员实施项目的时间；委任一个项目负责人；明确每个小组成员的工作职责。项目实施小组将主要负责整个项目的组织协调、进度控制，评估人力资源信息系统使用者的需求，选择系统供应商以及对系统进行调试和人员培训等。项目实施小组也将是企业运行人力资源管理信息系统的主要骨干和技术支持。

（三）确定需求

项目小组需要与高层管理者、各级部门管理者和人力资源管理人员进行充分沟通，并了解他们希望通过人力资源管理信息系统解决的问题，以确保人力资源管理信息系统的使命与管理人员对它的需要之间相互匹配。

（四）选择合适的HRMS

1. 选择HRMS时需要注意的问题

面对众多的人力资源管理信息系统软件，企业在选择适合自己需要的人力资源管理软件时应该注意以下几个问题：

（1）与现行的管理模式相适应。每个单位的组织形式、发展目标和管理模式是不同的，其人力资源管理水平也不一样。企业选择软件时首先要考虑本单位的人力资源处于哪一级水平,然后再考虑哪种软件能满足管理上的需要,企业一定要认清软件是工具,是对管理起辅助和支持作用的,只有两者良好配合才能起到减轻劳动强度、提高工作效率的目的。

(2) 与信息化建设的总体规划相一致。人力资源管理信息系统是企业管理信息系统的组成部分,必须与其他部分相协调,与企业信息化建设的总体规划相匹配。

(3) 考虑软件厂商的产品服务质量。软件厂商所提供的产品性能、服务能力、性价比、长期发展能力等因素是重要的考察因素。较好的人力资源管理信息系统应具备用户界面友好、标准兼容、简单易用、性能可靠等特点。

(4) 考察人力资源管理的要求。所选择的人力资源管理软件应满足本地区和行业相关部门对各基层单位人力资源管理有关政策、标准和规范的要求。

(5) 考察企业管理人员和员工的素质。软件是由人来操作使用的,人力资源管理软件的使用可能涉及全部管理者或全体员工。因此,提高相应人员的计算机应用能力是十分重要的。

2. HRMS 的评价标准

企业在选择 HRMS 时,技术服务、产品价格、产品知名度等容易根据经验判断得出结论;而对于产品的性能特色、二次开发功能等,若没有适当的标准作指导,就不太好把握。因此,企业选择 HRMS 时应有适当的标准作指导,好的 HRMS 应该是一套高效率、多功能及易学易用的解决方案,用户在选择系统时可从以下一些特征评判其功能。

(1) 完整性与集成性。全面涵盖人力资源管理的所有业务功能,且每个业务功能都是基于完整而标准的业务流程与大量配套表格来设计的;对员工数据的输入工作只需进行一次,其他模块即可共享,无需大量重复的录入工作;既可作为一个完整的系统使用,也可将模块拆分单独使用,在必要时还能扩展集成。

(2) 易用性。采用导航器界面,友好简洁,直接体现人力资源管理者的主要工作内容,且能引导用户按照优化的人力资源管理流程进行操作;基本没有弹出式对话框,一个界面就能显示所有相关信息,并操作所有功能,信息集成度高。

(3) 网络功能与自助服务。支持集团型企业用户,提供异地、多级、分层的数据管理功能;日常管理不受物理位置限制,可在任何联网计算机上经身份验证后进行操作;为非人力资源部门人员提供基于 Web 的企业内部网络应用;员工、直线经理、总经理在不同权限内的自助服务。

(4) 开放性。提供功能强大的数据接口,轻松实现各种数据的导入导出及与外部系统的无缝连接,可方便引入各类 Office 文档,并存储到数据库中;同时支持所有主流关系型数据库管理系统及各种类型的文档处理系统。

（5）灵活性。可根据用户需要进行客户化功能改造及更改界面数据项的实现；强大的查询功能，可灵活设置任意条件进行组合查询。

（6）智能化。系统的自动邮件功能可直接批量通过 E-mail 发送信息给相关人员，极大地降低管理人员的行政事务工作强度；系统设置提醒功能，以便用户定时操作，使得人力资源管理者变被动为主动，有效提高员工对人力资源部门工作的满意度。

（7）强大的报表/图形输出功能。提供强大的报表制作与管理工具，用户可直接设计各种所需报表；提供报表生成器，可快速完成各种条件报表的设计，能随时进行设计更改；报表可输出到打印机、Excel 电子表格及 ASCLL 文本文件；提供完善的图形统计分析功能，可直接导入 MS Office 文档形成人力资源工作报告。

（8）系统安全。关键数据进行加密存储，即使系统管理员也无法直接读取数据；设定用户对系统不同模块的不同级别操作权限；建立日志文件，跟踪记录用户对系统每一次操作的详细情况；建立数据定期备份机制并提供数据灾难恢复功能。

（五）人员培训

要想使人力资源管理信息系统真正发挥应有的效用，必须对相关人员进行培训。培训包含三个不同的层次：首先，转变人们特别是中高层领导的思维方式和行为方式，让他们重视人力资源管理信息系统，了解系统的功能和系统的运行方式，学会并习惯于通过系统来进行科学的管理，从而主动积极地反思现行的体系，探讨改进企业管理的方案。其次，对企业人力资源管理人员进行系统应用和简单维护的培训。最后，对企业中所有有机会接触系统的员工进行系统操作方法的培训，必须以授权访问系统权限的高低加以区别。

（六）系统测试

在系统开发完成后，项目组成员应组织有关人员对人力资源管理信息系统进行试运行，针对试运行中发现的问题，积极进行修改和完善。

（七）系统运行

在系统测试完成并正式投入使用前，项目组成员必须组织人力资源管理人员以及有关管理部门将以往手工作业的信息逐步输入系统。当所有基本数据和指令都输入系统之后，就可以启动系统。人力资源管理工作就可以由人力资源管理部门根据系统要求具体实施了。

（八）系统维护和评价

企业应当安排专门的系统维护人员，以保证该系统的平稳运行。此外，在人力资源管理信息系统运行一段时期后，还应该对它进行跟踪评价，包括技术上和经济上的评价，以不断提高人力资源管理信息系统的信息质量和管理效果。

第二节　连锁企业人力资源服务外包

1990年,Gary Hamel和C. K. Prahaoad在《哈佛商业评论》上发表题为《企业的核心竞争力》,首次提出了"外包"(Outsourcing)这个词。"外包"的核心思想是,在企业内部资源有限的情况下,为取得更大的竞争优势,仅保留其最具竞争优势的业务,而将其他业务委托给比自己更具成本优势和专业优势的企业。外包首先是在实践领域兴起的,其作为一种管理模式,早在20世纪60年代的美国就出现了,但真正发展却在20世纪80年代以后,包括研发外包、生产外包、营销外包以及管理外包等。人力资源外包作为管理外包的一种,就是企业将人力资源管理中非核心部分的工作全部或部分委托人才服务专业机构办理。

一、人力资源外包的内涵与作用

(一)人力资源外包的内涵

人力资源外包就是企业根据需要将某一项或几项人力资源管理工作或职能外包出去,交由其他企业或组织进行管理,以降低人力成本,实现效率最大化。总体而言,人力资源管理外包将渗透到企业内部的所有人事业务,包括人力资源规划、制度设计与创新、流程整合、员工满意度调查、薪资调查及方案设计、培训工作、劳动仲裁、员工关系、企业文化设计等方方面面。

人力资源外包不是简单地将人力资源含义与外包含义作组合,它有其特定的丰富含义。它是指利用组织外部的资源,更经济、更有效地解决组织内部人力资源活动所涉及的工作。"人力资源"在"人力资源外包"中含义扩大为"人力资源活动所涉及的工作"。严格来说,委托"烽火猎头"这种招聘专业机构进行的高端人才寻访服务也属于人力资源外包的范畴之内。

(二)人力资源外包的作用

人力资源外包的作用有微观企业层面的和宏观社会层面的:

(1)人力资源外包致使专业机构规模化社会运作,降低单个企业成本。多个企业相同的工作集中于一家专业机构处理,除了技术熟练程度的优势外,专业机构可使三个企业三件相同的工作转为一个企业三件相同的工作,从而在人工、时间和流程的总成本上大大下降,降低单个企业的成本。

(2)人力资源外包可使企业减轻基础性工作,更关注促进企业竞争力的核心工作。根据"20/80原则",80%的企业利润是由20%的核心工作创造的,将这非核心的工作部分外包出去,则可令企业人力资源人士有更多时间和精力关注这20%的工作,从而有效保持和提升企业核心竞争力。

(3) 人力资源外包促使社会分工进一步细化,有利于社会整体运作效率

分工的进一步细分,必然是技能的专门化和效率的提升,社会每个细胞组织的效率提升也必然促进整个社会效率的提高。

案例:2003年9月,宝洁与IBM签订了为期10年、价值约5亿美元的人力资源外包合同。从2004年1月起,宝洁全球各地的800名人力资源部门员工转入IBM,协同IBM原有员工一起为全球的宝洁员工提供包括:工资管理、津贴管理、补偿计划、移居国外和相关的安置服务、差旅和相关费用的管理以及人力资源数据管理在内的服务。IBM还将利用宝洁公司现有的全球SAP系统和员工门户网站,为宝洁的人力资源系统提供应用开发和管理服务。

通过外包,宝洁成功实现了业务转型,集中精力专注于产品的配送和公司资源的重组上。把更充足的资源放在开发核心业务上。IBM专业的外包服务使宝洁公司通过流程改造、技术集成和最佳实践来改进服务和减少人力资源成本,为高层管理人员提供统一、精确和标准化的实时员工报告,进一步改善决策质量;此外,还能够以更加实时、灵活和随需应变的方式提供各种员工服务。

二、人力资源外包的优点与缺点

(一)人力资源外包的优势分析

目前,人力资源外包已成为当今国际的一种流行趋势,适用于各个不同类型的企业。不论是对新成立的公司、处于高速发展阶段的公司还是对大中型的成熟企业,它都有其自身的独特优势,如表8-1所示。

表8-1 人力资源外包优势分析

	企业所面临的挑战	人力资源外包的优势
新成立的公司	人事工作的项目和难度依旧,需要及时圆满地运行HR工作;资金、人手和精力有限,且人事事务量相对较少;短期内企业无法考虑在人事上过多地投入。	只需要少量的费用,在最短的时间内,由熟练的人事操作人员专业而圆满地完成人事业务操作。
快速发展的公司	公司新发展地区的人事政策和操作方式与总公司有不少差异;一时无法在各地增加人事方面的人手;总部人事主管,不得不奔波在旅途,费时费力费钱。	可选在当地有分支机构的人才机构,方便人事管理;对应一名服务专员,办理全国的企业人事工作;免除差旅之苦。
大中型成熟公司	现代企业和社会的发展对人事提出新的要求;现代人事需要专注于企业策略发展和变革,凸显人事的重要性;人事工作范围和胜任力出现新的变化,以适应日益激烈的竞争。	提供全球最先进的人事运作经验、模式和技术;人事社区为专业人士提供交流、学习和进步的平台;帮助人事跨越自我,为企业更多增值。

正因为人力资源外包可以使企业实现优势互补,专注于自身具有核心竞争力的项目和事务上,进一步赢得竞争优势,因而,大多数企业对人力资源外包是持肯定态度的。华润物流的胡经理说,他们人事部门本来只有一个人负责,人少事却很多。但"人力资源外包"后,只需给人才服务中心交费,那个费用要比给员工付工资低几倍,而且可以减少人事上的纠纷。金鹰软件的宋经理也认为"人力资源外包"的推出给企业带来了方便。他说,他们公司有百把号人,公司的事比较多,没专门的人来管理这件事。他觉得人事外包后降低了企业人力成本,提高了企业的工作效率。

但是,也有一些企业对"人力资源外包"的某些优点提出了异议。如广东星宝集团的人力总监赵珂女士在接受记者电话采访时就指出:"企业架构、高层培训等若外包出去,势必要让外包机构的顾问对公司的每个岗位设置、岗位描述,对每个人员的评估及对职员的核心技能、相关技能是否达到需求进行全方位的了解,才可以设置相关的培训课程,那么,这个顾问若不熟悉公司的运作、企业文化、企业目标与政策,他是不可能设置到位的培训课程的。"如果真能做到对公司以上情况了若指掌,此顾问就必须常驻企业,而且这个顾问也不能是想换就换,那么,这样的费用会比公司内部的 HR 工作者支付的费用更少吗?这些顾问会更可信、更可靠吗?企业为什么要把 HR 管理外包出去呢?完全是为了减轻 HR 工作者的压力吗?若真是这样,完全实现 HR 业务外包的时候,也是 HR 工作者失业的时候了。目前,能够选择外包的企业大多具有一定的规模与知名度,外包工作的费用自然不低。Michael 认为:企业的目的是要尽可能地降低成本,追求利润。若企业选择的外包服务费用,并不亚于保留一个人力资源部,那么企业还会选择 HR 业务外包吗?

企业选择外包主要出于三个动机,这也是外包的优势所在。

1. 提升人力资源部的战略作用

随着人力资源对于企业的战略重要性的增加,企业要求人力资源管理部门更具有战略性和灵活性。通过人力资源外包,可以使企业人力资源管理人员从作业性、事务性工作中解放出来,把精力、时间用于思考战略需要、提升人力资源竞争力等方面。有研究表明,人力资源管理活动中的事务性活动或传统活动,通常占了全部人力资源管理活动的 65%~76%,而直接影响企业的长远发展的战略性人力资源管理活动仅占 30%左右。如果通过人力资源外包,一般认为至少可以通过交易减轻 50%~60%的人力资源工作负荷,转而集中精力专注于战略人力资源职能建设。

2. 获取先进技术和整合外部具有高超技能的人力资源专家

信息技术的发展使人力资源的运行也必须加大电子人力资源管理程序、相关应用软件和平台的技术投入力度。而通过外包,企业可以充分利用外包服务商所提供的最新的技术和系统。同时,外包服务商也已经培训出能为各种企业提供人力资源外包服务的职员。在今天的市场上,具有薪酬、福利、外派人员以及人力资源信息系统等专门知识的人力资源专家紧缺,而雇佣人力资源服务商通常比雇佣几个专家容易得多。

3. 降低经营成本,改善经营绩效

人力资源活动历来被作为重大的成本中心,而通过外包可以精简企业内部人力资源职能人员,以更好的成本效益为员工提供更满意的人力资源服务。虽然利用外包服务商需要付钱,但其往往能提供更好的服务质量,而同时成本也比雇佣或利用大批的人力资源职能人员去做这些工作所花费得要低。另外,通过外包可以减少企业人力资源管理所必需的信息支持平台等大量的技术投资,也可以消除或至少降低其日常办公预算或昂贵的资本支出。经营成本因此会全面下降,经营效益相对提高。

(二)人力资源外包的缺点

尽管外包可以给企业带来好处,但同时外包也存在一些缺点。

1. 选择外包服务商存在一定的风险

首先,目前普遍存在人力资源外包合作者参差不齐、专业化程度不高等诸多问题。企业在选择外包服务商时,由于存在信息不对称,很难对服务商的背景、资质进行准确了解,而真实的水平往往在过程中才能够被准确评估。一些非法经营的中介机构的违规经营,也使外包商的诚信度大打折扣。其次,外包可能使企业增加额外的费用支出。企业在决定哪些人力资源应该外包时,往往需要经过一定程序的评估,在决定外包业务之后,还需要选择合适的外包公司,这些都是企业新增的费用支出。再次,外包过程中沟通不良会引起雇员对变革的抵制。在企业决定将一个或多个人力资源职能外包时,有些人力资源工作人员可能会面临失去工作的威胁,同时企业也将失去对日常人力资源管理以及与雇员互动的控制。最后,目前我国尚无完善的法律法规去规范外包主体和外包合作者之间的权利和义务,使得外包服务的安全难以得到保证。

2. 企业自身与外包服务商的适应性

许多关于外包风险的研究都反映这种适应归结为企业文化问题,即服务提供商是否能够深刻理解、适应企业文化的特点,并对服务进行相应的客户化。但由于各自企业理念、员工价值观、企业文化等差异难免造成不同程度的沟通障碍甚至冲突。一个企业有自己的独特文化、价值观念,这些是由企业的历史以及企业初创者的风格等因素决定的。就算是一些中小企业由于成立时间不长、规模不大,也会形成自己独特的企业文化。外包商能否根据不同的外包主体的企业文化和特征提供服务并使之与外包主体的其他部分融为一体,成为外包成功与否的潜在的风险。

3. 企业机密信息有可能被外泄

企业在外包合作过程中,外包主体与外包商有关组织的信息透露是必然的,如企业战略、经营方案、经营指标、人员结构、人力资源管理现状。在我国,目前尚无完善的法律去规范外包行业的运作,一些动作不规范的外包商由于人员素质、职业道德以及管理水平等原因,可能存在多种泄露的机会和途径。无论是有意识的还是无意识的,都可能使企业的竞争对手获得这些信息,外包商一旦掌握了外包主体的内部信息、商业机密、技术创新等情况必然会存在泄露给竞争对手的可能性,而使外包主体陷入被动,这种风险是显而易见的。

4. 员工的不适应风险

对于人力资源管理外包,在企业中容易产生外部人控制内部人的感觉,心生抵触情绪,不利于企业的发展。作为一种对传统人力资源管理模式的深刻变革,人力资源管理外包意味着企业结构的重大调整、利益的重新配置,将引起失业等问题,难免会遭到来自员工尤其是人力资源部门等各方面的阻力,使外包遭到反对与抵制,甚至导致人心涣散,员工工作积极性下降。若对该部分员工安排不当,也会影响到其他在岗员工的工作积极性。

三、人力资源外包方式与流程

1. 确定外包的内容

企业在进行人力资源管理外包决策时,首先要考虑的是外包的内容。我国尚无相应的、完善的法律法规去规范"猎头"以及其他外包咨询行业的运作。因此,在企业准备实施人力资源管理外包之前,必须先界定清楚,某一职能是否真的适宜外包。对于企业来说,首先通常是安全性,同时要坚持不把关系企业核心发展能力的工作外包出去的原则。对于人力资源管理来讲,工作分析与岗位描述、员工招聘、培训与发展、薪酬、福利、劳动关系、人力管理信息系统等工作是可以考虑进行外包的。比如,企业对员工进行的各类在职培训,就企业本身而言一般是没有能力来全部完成的。又如,国家法定的福利制度,如养老保险、失业保险、医疗保险、住房公积金等事务性工作完全可以外包出去。

2. 选择外包的服务商

人力资源管理外包的内容确定好以后,就要考虑如何选择服务商,一般应从以下几个方面来考虑:首先,要考虑服务的价格。其次,注重服务商的信誉和质量,它将对整项工作的完成乃至对企业的正常发展起到决定性作用。企业在对涉及企业机密、员工满意度、工作流程等敏感性人力资源管理工作(比如工作分析与岗位描述、薪酬设计、人力资源管理信息系统等)选择服务商时,必须确信其可靠性。此外,企业还需根据本企业人力资源管理工作量的大小,考虑服务商的强弱,选择适合于本企业的服务商。

3. 选择外包的方式

一般来说,企业寻求人力资源管理外包服务商的方式可分为三大类:第一类是普通的中介咨询机构,它们从事的业务很广,人力资源管理外包仅仅是它们诸多业务中的一项,企业可以把人力资源管理的某项工作完全交给它们去做;第二类是专业的人才或人力资源服务机构,如英法等国新近出现的快速人员服务公司,就是专为企业人力资源外包服务的。当然,国际盛行的"猎头"公司,也属于这类公司之一;第三类是企业可以寻求高等院校、科研院所的人力资源专家或研究机构的帮助,由它们来为企业出谋划策。当然,上述三类外包的方式不是各自孤立的,在实际操作中企业往往会召集各类人员,组成一个"智囊团",力求把工作做好。

4. 外包的实施

在人力资源外包由相应的服务商来负责实施期间,作为企业的人力资源管理部门并不是消极等待,而应该是积极地参与,概括起来说也包括两方面内容:一方面,要注意人力资源外包风险的防范与控制,企业方应与服务商就相应的外包项目签订书面合同,明确双方的权利和义务以及违约赔偿等问题;在外包实施过程中,对工作的进展作定时检查,确保工作的顺利、安全实施。另一方面,企业人力资源部门还应积极参与配合,为外包服务商尽可能提供帮助,双方应建立起双赢的合作关系,共同把工作做好。

四、人力资源外包的内容选择

企业在进行人力资源管理业务外包时,要根据自身的情况对外包业务进行选择。不同类型的企业所选择的外包业务有所不同,即使是同类企业的外包业务也会有所差异。在进行人力资源管理业务外包时,首先要对本企业的每一项人力资源管理工作进行价值评价,或者对人力资源管理活动进行重新设计之后再进行价值评价;其次要对外包商进行服务质量的评价和选择。

1. 工作价值评价

企业的每一项人力资源管理工作的价值可以从两个方面进行评价:第一个方面是工作本身的价值,有些人力资源管理工作流程对企业的经营和发展产生重要的影响和价值,如绩效考评工作,除此之外,有些工作在进行时会涉及企业的机密,这类工作本身对企业也有重要价值;第二个方面是工作结果价值,就是工作结果对企业有重要影响和价值,如关键管理岗位管理人员的招聘。所以,企业的任何一项人力资源管理工作只要在符合以上两个方面中的一个方面,那么这项工作就是应该是高价值的工作。

2. 外包商的评价

对外包商的评价依据是服务质量,具体包括工作的同步与准时性、工作流程与结果和期望的一致性以及收益大于成本三个方面。如果外包商同时能够满足以上三个方面,那么其服务就是高质量的,如果其中的一个及以上的方面不能够满足,那么外包商的服务质量就是低质量的。

3. 外包业务的选择

根据工作价值和服务质量两个维度,我们可以得到人力资源管理外包业务工作价值—服务质量四分图,如图 8-3 所示。其中,对应低价值高质量区间内的人力资源管理工作是企业应该选择外包的业务,而高价值低质量区间内的工作是企业不应该外包的业务。另外,高价值高质量和低价值低质量区间内的人力资源管理工作是有风险的,企业应该尽量避免,尤其是高价值高质量区间内的工作。

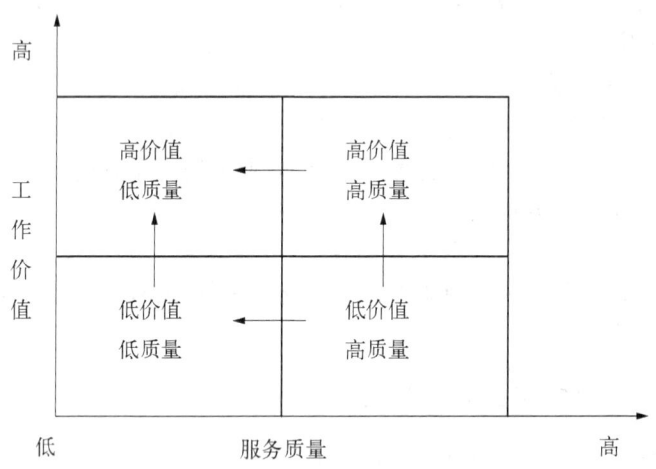

图 8-3 人力资源管理外包业务工作价值—服务质量四分图

在图 8-3 中,四个区间内的工作业务是可以相互转化的。企业可以通过改变工作价值使一些高价值的工作部分转化为低价值的工作,从而实现业务外包的可能性。例如关键管理岗位管理人员的招聘工作对企业来说是一项高价值的工作,但可以对工作进行分解,其中的信息发布等工作就是低价值的工作,这些业务就可以进行外包。

另外,连锁企业在进行人力资源管理外包业务选择时,也可以更换外包服务商,提高服务质量,扩大外包业务的范围。

本 章 小 结

人力资源管理信息系统(HRIS),是指一个由具有内部联系的各模块组成的,能够用来搜集、处理、储存和发布人力资源管理信息的系统,该系统能够为一个组织的人力资源管理活动的开展提供决策、协调、控制、分析以及可视化等方面的支持。现在不少连锁企业管理人员已经认识到采用人力资源管理系统的必要性,纷纷开发或选购适合本企业特点的人力资源管理系统。

市场环境在不断地变化,企业也应该采取相应措施以保持创造或保持竞争优势。随着人力资源管理业务外包趋势的到来,企业人力资源管理部门在关注核心业务的同时,也应该对每一项人力资源管理工作进行重新评价,并要关注外部市场的变化,择机进行人力资源管理业务外包,以此获得相对竞争优势。

1. 人力资源信息系统的发展阶段是怎样的?
2. 请描述人力资源管理信息系统的概念。
3. 人力资源管理信息系统有哪些作用?
4. 人力资源管理信息系统实施流程包括哪些步骤?
5. 人力资源外包的内涵是什么?
6. 如何理解人力资源外包的优势?
7. 如何选择人力资源外包业务?

微软的 E-HR

"你的企业 E 化了吗?"这已成为时下许多人力资源经理关心的问题。在软件业中称霸一方的微软,启用现代化手段进行人力资源管理已有一段时间了,这种手段为企业节省了人力,提高了效率,并使人力资源部完完全全从传统的事务性工作中解脱出来。

微软凭借拥有一批优秀软件人才的优势,开发出了一套适用于内部人力资源管理的系统软件,从此,微软的人力资源部不再有繁杂的纸张、厚重的材料,员工的培训发展、福利休假、薪酬、业绩考核等事务全部由互联网及系统软件代替,全球员工查找信息,只要输入自己独有的密码,各种信息一览无余。在这一领域,微软可谓是走 E 化道路的"领航者",它正引领着一种新的潮流。

招聘员工网上找。在网上发布招聘信息并不是什么稀奇的事,不过微软的招聘信息不仅对外,同时也对内,并且是全球各个国家有哪个职位空缺,都发布在网上,微软的职员可以跨国申请。据了解,如果你对哪个国家的职位感兴趣,并愿意长期移居过去，可以发申请信，那个国家的人力资源部会对你的技能、业绩做一番调查，然后在网上进行测评，如果认为你可以胜任，那么你就很幸运地成为那个国家微软公司的员工了，你的一切关系（包括保险、薪酬、福利等）都随转过去。目前微软已有不少员工通过这种方式到自己向往的国家和职位去工作了。

培训课程网上寻。员工的职业发展及技能提高可是大事，在微软的网站上，发布了各种培训课程，员工可根据自己的需求，找寻相应的课程。同时网站成为员工与人力资源部之间的桥梁，消息的更新、员工的意见，都能及时地反映出来。

休假、报销网上批。哪位员工想休假了，可到网上申请，系统上有每位员工已休天数、未休天数，获得批准后，数据就会自动更新。报销也省去了以往琐碎的票据，可直接到网上申请，省时省力。

个人绩效网上评。微软的绩效考核半年进行一次，先由员工自己为这半年来的业绩做评估打一个分数，然后放到网上，等待部门经理签字、打分，没有经过部门经理打分、评估的信息呈红色。经理打完分后，如果员工认为经理的评价比较符合事实，再进行最后的确认，确认后信息变为绿色。此外，部门经理打分的同时还要为每位员工制订下个半年的目标，这是业绩评估的整个过程。如果员工对经理的评价存有异议，可以拒绝确认，更高层经理及人力资源部的人员看到后，会与员工沟通，直至查到员工拒签的原因。

个人信息网上查。每位员工只要输入自己所持有的密码，就可以查到全方位的信息，包括职位、录用信息、升迁及调动信息、薪资福利状况等。不仅可以看到自己的，还能看到别人的，当然这是有访问权限约束的，也就是说，你仅可以看到比自己级别低的员工的信息，部门经理可以看到自己部门所有员工的个人信息，这样有助于对本部门的管理。

讨论题：

1. 你认为人力资源管理 E 化是大势所趋吗？其实质何在？为什么？

2. 人力资源管理 E 化将会带来什么样的问题？应该如何避免 E 化技术对人力资源管理"人文"精神的异化？

3. 你觉得我国企业目前实施 E 化人力资源管理的时机、条件怎样？如果你是企业人力资源总监，你将会如何面对 E 化的挑战？

参 考 文 献

[1] 王重鸣.管理心理学[M].北京:人民教育出版社,2000.
[2] 王新盈,刘子龙.连锁企业人力资源管理[M].北京:科学出版社,2008.
[3] 侯殿明.连锁企业人力资源管理[M].北京:中国劳动社会保障出版社,2009.
[4] 窦中华.连锁企业人力资源管理[M].北京:对外贸易大学出版社,2010.
[5] 吴建国.连锁企业人力资源管理[M].上海:立信会计出版社,2003.
[6] 莫寰,等.人力资源管理:原理、技巧与应用[M].北京:清华大学出版社,2007.
[7] 张佩云.人力资源管理[M].北京:清华大学出版社,2007.
[8] 涂云海.人力资源管理原理与应用[M].大连:东北财经大学出版社,2008.
[9] 金润圭.人力资源管理教程[M].上海:立信会计出版社,2004.
[10] 夏光.人力资源管理教程[M].北京:机械工业出版社,1999.
[11] 张德.人力资源开发与管理案例精选[M].北京:清华大学出版社,2002.
[12] 胡君辰,郑绍濂,等.人力资源开发与管理[M].上海:复旦大学出版社,2006.
[13] 郑晓明.现代企业人力资源管理导论[M].北京:机械工业出版社,2011.
[14] 赵曙明.国际人力资源管理[M].南京:南京大学出版社,2005.
[15] 石金涛.培训与开发[M].北京:中国人民大学出版社,2009.
[16] 顾沉珠.人力资源管理实务[M].上海:复旦大学出版社,2005.
[17] 彭剑锋.人力资源管理概论[M].上海:复旦大学出版社,2011.
[18] 张德等.人力资源管理[M].北京:中国发展出版社,2007.
[19] 张呈琮.人力资源管理概论[M].杭州:浙江大学出版社,2010.
[20] 玛丽·库克.人力资源外包策略[M].北京:中国人民大学出版社,2003.
[21] 黄维德,董临萍.人力资源管理[M].3版.北京:高等教育出版社,2009.
[22] 周文成.人力资源管理:技术与方法[M].北京:北京大学出版社,2010.
[23] 任华亮.人力资源管理外包业务选择研究[J].人力资源管理,2010(12).
[24] 陈树文,等.企业人力资源管理外包模式选择研究[J].大连理工大学学报

(社科版),2005(7).
[25] 姜振江.人力资源外包策略初探[J].就业与保障,2008(8).
[26] 郑立.本土连锁企业人力资源现状分析[J].商业文化,2008(12).
[27] 杨洁,战梦霞.创新战略导向下的人力资源管理实践内涵探析[J].生产力研究,2010(10).
[28] 岑丽阳.从连锁超市经营现状看人力资源管理的主动创新[J].广西大学梧州分校学报,2004(2).
[29] 李明,杨倩.打造连锁零售企业人力资源竞争优势[J].经济导刊,2011(8).
[30] 孙晶.关于提高连锁企业员工素质的几点思考[J].商业文化,2009(8).
[31] 祝玉峰.连锁超市人力资源管理怎样走出五大误区[J].商场现代化,2006(10).
[32] 刘兴阳.连锁零售业 HR 的四大挑战[J].HR 经理人,2008(3).
[33] 黄琳.连锁企业人力资源体系构建初探[J].企业研究,2009(7).
[34] 何培香.连锁企业应加紧人力资源能力建设[J].商场现代化,2005(11).
[35] 王文超.论连锁商业企业人力资源管理模式[J].现代商贸工业,2007(4).
[36] 岑丽阳.论商业连锁企业人力资源开发问题[J].企业经济,2001(8).
[37] 石兆.特许连锁经营人力资源管理问题研究[J].商场现代化,2006(10).
[38] 陈斌.特许连锁企业麦当劳的人力资源管理分析[J].消费导刊,2008(8).
[39] 吴津喆.我国连锁业人力资源管理问题与对策[J].江苏商论,1998(1-2).
[40] 黄芳.我国连锁零售企业的人力资源管理问题探讨——以 R 公司为例[D].厦门大学,2009.
[41] 王粒权.沃尔玛——连锁性经营标准化管理[J].HR 经理人,2008(3).
[42] 常凤波,柴中畅.连锁企业人力资源管理的特点[J].企业活力,2004(12).
[43] 周潇隆.建立连锁企业的三级人事管理系统[J].连锁·特许,2007(5).
[44] 韩冰.现代人力资源管理作用与现实意义[J].就业与保障,2006(1).
[45] 黄维德.人力资源管理的内涵及其变革趋势[J].人才开发,2000(7).
[46] 薛书彦.人力资源管理的特征及发展趋势[J].河北能源职业技术学院学报,2008(6).
[47] 石磊,张寒莉.战略性人力资源管理的特征、内容及实践[J].四川大学学报(哲社版),2006(1).
[48] 赵曙明.人力资源管理理论研究新进展评析与未来展望[J].外国经济与管理,2011(1).